Claudio Freidzon

De Gloria En Gloria

GRUPO NELSON

Una división de Thomas Nelson Publishers

Desde 1798

NASHVILLE   DALLAS   MÉXICO DF.   RÍO DE JANEIRO   BEIJING

Betania es un sello de Editorial Caribe, Inc.

© 2002 Editorial Caribe, Inc.
Una división de Thomas Nelson, Inc.
Nashville, TN-Miami, FL, EE.UU.
www.caribebetania.com

ISBN: 978-1-60255-428-3

08 09 10 11 12 RRD 10 9 8 7 6

«Por tanto, nosotros todos, mirando a cara descubierta como en un espejo la gloria del Señor, somos transformados de gloria en gloria en la misma imagen, como por el Espíritu del Señor» (2 Corintios 3:18).

Quiero invitarte a vivir diariamente *de gloria en gloria*.

Cada día es una oportunidad, una ocasión sublime para descubrir lo hermoso que es estar vivos y tomados de la mano del Maestro, un tiempo escogido para ver a Cristo en la comunión del Espíritu Santo. De rodillas, queremos contemplarlo en la hermosura de su santidad, observarlo poderoso reinando sobre nuestras pruebas, descubrirlo en la sonrisa de un niño o en nuestro prójimo que nos necesita. ¡Anhelamos ver a Cristo en nuestro día y ser transformados de gloria en gloria en su misma imagen!

Este devocionario me ha llevado una vida escribirlo. Las predicaciones, enseñanzas, vivencias, anécdotas, ilustraciones que he presentado a lo largo de muchos años se reflejan en sus páginas. Lo he escrito con el propósito de ofrecerte cada día una reflexión que te deje una enseñanza, una Palabra de Dios que te aliente en medio de las pruebas, un mensaje que te inspire para buscar el rostro del Señor y meditar en su Palabra.

Me emociona saber que a través de estas páginas podré estar cerca de ti en tiempos de gozo y aún en momentos de prueba. ¡Ruego a Dios que las palabras de este libro sean específicas y oportunas para cada tiempo! Que traigan consuelo, dirección y esperanza. Que te hagan pensar y también sonreir.

Si este libro puede despertar en ti una mayor hambre por el Espíritu Santo y un nuevo celo por vivir la verdad de Dios en tu cotidiano vivir, mis oraciones habrás sido contestadas con crecer.

¡Camina de día en día, y de gloria en gloria!

REV. CLAUDIO J. FREIDZON

Agradecimientos

A mi Señor Jesucristo por darme la oportunidad de
conocerlo y servirle.

Gracias a mi familia:
Betty, sos un regalo de Dios para mi vida.
Daniela , Sebastián y Ezequiel, son hijos especiales.
Gracias por todo el amor que nos han brindado
durante estos años y por la oportunidad
de servir a Dios como Familia.
Gracias a mi madre Beba,
por sus oraciones permanentes a nuestro favor.
A mis suegros Vitorio y Cele por ser
columnas de oración de intercesión para nosotros.
A toda la iglesia Rey de Reyes.
A todo el personal de la oficina y pastoral.
Ustedes son únicos.
¡Gracias!

Enero

«Y fueron todos los días de Enoc trescientos sesenta y cinco años.
Caminó, pues, Enoc con Dios, y desapareció, porque le llevó Dios».

GÉNESIS 5.23,24

CAMINAR CON DIOS es una experiencia incomparable. En este mundo de lo instantáneo, en el que pocos invierten su tiempo en buscar la presencia de Dios, los que caminamos en amistad y comunión con el Espíritu Santo estamos cada día más enamorados de Dios.

Enoc tenía pasión por Dios. Tan cerca caminó del Señor, tanto se alejó de las cosas del mundo, que Dios, tal vez, le dijo: «Enoc, ya es tarde y estás más cerca de mi casa que de la tuya. Quédate a vivir conmigo».

Enoc elevó tanto su corazón para ver a Dios que Él le permitió que lo viera en plenitud, atravesando la frontera de los cielos.

Un pastor amigo, muy querido y respetado, me preguntó hace unos años: «¿Cuánto tiempo dedicas a oír la voz del Espíritu Santo?» Esta pregunta cambió el rumbo de mi vida. Descubrí una comunión con Dios que no conocía y que hoy disfruto en mi caminar diario.

La presencia del Espíritu vendrá cada vez que te decidas a buscarlo y te enseñará «cosas grandes y ocultas que tú no conoces» (Jeremías 33.3).

¿Es, en verdad, tu anhelo caminar con Dios en amistad y verle un día cara a cara? Enoc vivió 365 años y caminó con Dios. El número 365 es más que un símbolo. Es un desafío a que tengas comunión con el Espíritu Santo los 365 días del año.

Señor, vengo a ti confesando mi decisión de caminar contigo
durante este año. Anhelo que tu presencia y tu Palabra
me guíen en mi caminar diario. Amén.

Únicos para Dios

«Antes bien los miembros del cuerpo que parecen más débiles, son los más necesarios».

1 CORINTIOS 12.22

HACE UNOS DÍAS, atendí una sorprendente consulta pastoral. ¡Vino a verme el dedo gordo del pie!

—Nadie me quiere —dijo él—. Todos me critican que soy muy gordo, que soy muy largo, que soy torcido.

La obra de Dios se debilita por causa de muchos que piensan que nada tienen para dar. Se comparan con otros y, porque no tienen el carisma o la capacidad de cierta persona, piensan que no tienen nada.

Estas comparaciones jamás dejan un saldo positivo. Si te comparas con otro y te ves superior, caerás en el pecado del orgullo. En cambio, si te comparas con otro y te ves inferior, fácilmente puedes caer en los pecados de envidia, competencia o autocompasión.

Tú eres único y especial para Dios. No solamente Dios te ha dado dones, tu vida misma es un don de Dios para este mundo. Nadie puede amar como tú. Nadie puede sonreír con tu boca. Tu capacidad de dar en Cristo es ilimitada.

No olvides que «toda buena dádiva y todo don perfecto desciende de lo alto, del Padre de las luces» (Santiago 1.17).

¿Hay algo bueno en tu vida? ¡Dios te lo dio para que lo uses!

¡Ah! Olvidaba contarte cómo terminó la consulta con el dedo gordo del pie. Gracias a Dios, se fue feliz. Se dio cuenta que, sin él, el cuerpo no podría alcanzar su máxima estatura. ¡Y eso no es poco!

Señor, gracias por haberme creado tal como soy.
Renuncio a toda comparación y me pongo a tu servicio.
Usa mi vida. En el nombre de Jesús. Amén.

¡A Dios sea la gloria!

«Porque ¿quién te distingue? ¿o qué tienes que no hayas recibido? Y si lo recibiste, ¿por qué te glorías como si no lo hubieras recibido?»

1 CORINTIOS 4.7

UN ELEFANTE Y UNA hormiga tenían que cruzar un largo puente. A medida que avanzaban, más se movía, y el temor de que se rompiese aumentaba. Afortunadamente, llegaron al otro extremo sanos y salvos. La hormiga suspiró profundamente y exclamó: «¡Cómo movimos el puente!»

Nosotros también en ocasiones, no le damos a Dios la gloria debida y pensamos que fuimos los artífices de los logros obtenidos.

«¿Quién te distingue?» ¿Has recibido algún reconocimiento o halago por tu labor? Si es así, reconoce que es por la gracia de Dios que has progresado en tu camino.¡Dios es quien nos distingue!

Hace unos años, en una cruzada, nos entregaron las llaves de la ciudad. Fue emocionante. En el avión de regreso a Buenos Aires pensaba en llegar a la iglesia y decirles a mis hermanos: «¡He recibido las llaves de la ciudad en esta cruzada!» Entonces el Espíritu Santo habló a mi corazón: «Claudio, las llaves me las dieron a mí». Emocionado, dije: «Es verdad, Señor. Tú lo hiciste todo».

«¿Qué tienes que no hayas recibido?» ¡No tienes nada que Dios no te haya dado primero! Todo lo bueno que tienes lo has recibido de Dios.

Entonces, «¿por qué te glorías como si no lo hubieras recibido?» Dios te hace un llamado a ser humilde.

Guarda tu corazón del orgullo y dale toda la gloria a Dios.

Señor, vengo simplemente a decirte que todo lo bueno que tengo en la vida es por tu gracia y por tu amor. ¡Tuya es la gloria por siempre! Amén.

«El hacer tu voluntad, Dios mío, me ha agradado, y tu ley está en medio de mi corazón».

SALMO 40.8

EN UN GALLINERO, las gallinas se la pasan picoteando el suelo todo el día y, apenas anochece... ¡a dormir!

Las águilas, por el contrario, siempre miran hacia arriba. Conquistan las alturas y ponen sus nidos en las cumbres montañosas.

Muchos cristianos tienen su mirada puesta hacia abajo. Solamente ven sus derrotas e incapacidades. Piensan que jamás podrán alcanzar el éxito. Viven enumerando todas sus limitaciones. Pero Dios nos llama a ser como el águila, a poner nuestros ojos en el Señor que nos capacita para ser victoriosos.

¿Qué es el éxito? Ciertamente, no es las imágenes y conceptos que promueven la portada de las revistas. El éxito en la vida es conocer a Cristo y vivir en su perfecta y agradable voluntad.

El profeta Jeremías llamó al arrepentimiento y previno acerca del juicio. Hasta donde conocemos, ninguno se convirtió. ¿Fue un fracaso por eso su ministerio? De ninguna manera. Él hizo la voluntad de Dios. Ese fue su éxito.

No juzgues tus logros de acuerdo a los parámetros del mundo. No midas tu éxito por el dinero, las propiedades, la fama o el reconocimiento de los demás. Pregúntate mejor: «¿Conozco a Jesucristo? ¿Día a día me parezco más a Él? ¿Disfruto de su comunión? ¿Le sirvo cada día? ¿Predico su Palabra?» En síntesis: «¿Hago su voluntad?»

Este es tu éxito en la vida. Eres como el águila.

Padre amado, en este día quiero hacer tu voluntad, serte fiel. Quiero tu aprobación más que la de los hombres. Quiero ser exitoso para ti. En el nombre de Jesús, amén.

Visión en grande

> «Ensancha el sitio de tu tienda, y las cortinas de tus habitaciones sean extendidas; no seas escasa; alarga tus cuerdas, y refuerza tus estacas».

ISAÍAS 54.2

TRES AMIGOS FUERON de pesca. Uno de ellos obtuvo una buena pieza, pero la arrojó de nuevo al río. Luego, pescó un pez aún más grande, pero, nuevamente, lo devolvió a las aguas. Sus amigos se miraban extrañados. Pescó el tercer pez, que era muy grande, y también lo arrojó al río. Sus compañeros explotaron de impaciencia: «¿Por qué haces eso? ¿No eran suficientemente grandes para ti esos peces?» El hombre respondió: «No, el problema es que mi sartén es muy pequeña».

Esta historia ilustra el problema de la falta de visión. Dios quiere darnos grandes cosas, pero no estamos preparados para recibirlas.

Hace años, hablaba por teléfono antes de los cultos con uno de mis colaboradores para saber cómo estaba todo por la iglesia. Él contestaba: «Excelente. Las multitudes hacen una fila para ingresar al templo».

En 1992, vino sobre nuestra congregación un poderoso mover del Espíritu Santo. Desde horas tempranas llegaban decenas de ómnibus. El salón estaba repleto de personas, y, afuera, filas de trescientos metros esperaban para ingresar.

Debemos prepararnos con fe para recibir la bendición de Dios. La mujer estéril debía agrandar su tienda, debía dar pasos de fe anticipadamente.

Dios te desafía hoy a guardar con fe las promesas que has recibido y a esperar cosas grandes.

Ensancha tu visión. ¡Tira esa sartén pequeña y cómprate otra bien grande!

*Padre amado, dame una nueva visión de todo lo que quieres hacer
con mi vida. Que guarde con fe tus promesas.
Para la gloria de tu nombre, amén.*

Oración contestada

«La oración eficaz del justo puede mucho».   SANTIAGO 5.16

OSCAR, UN QUERIDO JOVEN consagrado a Dios y obrero activo en nuestra iglesia, era un cristiano fogoso que predicaba la Palabra de Dios por las calles y ganó muchas almas para el Señor.

Por el año 1990, en la manzana de nuestra iglesia, se instalaron dos discotecas que se llenaban de jóvenes. Estos jóvenes sin Cristo traían toda clase de disturbios al barrio. Oscar les predicaba la Palabra de Dios. Ponía sus manos sobre las paredes de estos lugares y oraba: «Señor, te los pido para la obra de Dios. Que no sean más lugares de perdición para la juventud, sino sitios donde se predique de tu amor».

En 1992, nos enteramos con dolor que Oscar tenía cáncer. Sus últimos meses de vida entre nosotros fueron un testimonio para toda la iglesia. Hasta el último día sirvió al Señor.

Hoy, nuestra iglesia alquiló uno de esos lugares y tiene allí células de discipulado para adolescentes y jóvenes, y se ofrece ayuda especial a los drogadictos y las personas de bajos recursos. ¡Gloria a Dios! La otra discoteca no la alquilamos, ¡la compramos! Ahora forma parte de nuestro proyecto de ampliación del templo. Dios es fiel y maravilloso.

La oración de Oscar se cumplió más allá de su muerte.

Ninguna de tus oraciones pasa desapercibida para Dios. Sigue confiando y sirviendo al Señor con fidelidad. A su tiempo, verás la gloria de Dios.

La oración eficaz del justo puede mucho.

Padre amado, gracias porque escuchas mi clamor, porque todo lo que pido en oración, creyendo, lo voy a recibir de tu mano. ¡gracias! Tú eres fiel. En el nombre de Jesús, amén.

Fuerzas al cansado

«Entonces clamó Moisés a Jehová, diciendo: ¿Qué haré con este pueblo? De aquí a un poco me apedrearán».

ÉXODO 17.4

EN LAS COMPETENCIAS de levantamiento de pesas triunfa el que levanta unos pocos gramos más que los demás. Para los perdedores, estos pocos gramos significan ir más allá de sus posibilidades, y fracasan.

Muchos cristianos han llegado al límite de sus fuerzas. Están agotados por la carga que los abruma. Como los levantadores de pesas, llevan en sus hombros sus conflictos y preocupaciones. Su resistencia espiritual y anímica está al límite, y una pequeña carga que se les añade los termina de derrumbar.

Este cansancio produce irritación. El pueblo de Dios, en nuestro relato, estaba cansado, sediento, al borde de sus fuerzas. Y comenzó a culpar a Moisés por la situación.

Así sucede en las familias, en los trabajos, incluso en la iglesia. Se producen conflictos, reproches mutuos y fricciones porque el cansancio pone irritable a las personas.

Moisés mismo estaba cansado. Se quejó delante de Dios. Tal vez esperaba recibir consuelo, pero Dios le ordenó seguir. Lo confortó, le dio esperanza y lo envió a continuar sus labores.

Quizás estás cansado. Sobrecargado por tus presiones. Te sientes al límite de tus fuerzas. Unos pocos gramos te desestabilizan y logran ponerte irritable. ¡Necesitas acudir a tu refugio! Dios da fuerzas al cansado. Él no te eximirá de tus responsabilidades, ni dejará que te entregues a la autocompasión. El Señor te dará la dirección y las fuerzas para seguir adelante.

Bendito Padre, te entrego las cargas que me afligen. Perdona mi queja, mi irritabilidad. Recibo tus fuerzas, tu gracia para seguir adelante. Quiero serte fiel. En el nombre de Jesús, amén.

Mira las estrellas

«Cuando veo tus cielos, obra de tus dedos, la luna y las estrellas que tú formaste, digo: ¿Qué es el hombre, para que tengas de él memoria, y el hijo del hombre, para que lo visites?»

SALMO 8.3-4

EL ORGULLO ES UN MAL que padecen todos los hombres, sin importar su edad o condición social.

¿Cómo volver a la humildad cuando la soberbia nos ataca? Busca una noche estrellada, observa la inmensidad del universo y toma conciencia de que tú, parado sobre el planeta tierra, eres como un microbio sobre una pelota de fútbol. Mas aún, considerando que la tierra es solamente un planeta dentro del sistema solar y que el sistema solar es parte de la vía láctea, una galaxia entre millones de galaxias, te darás cuenta que la tierra es apenas un punto en el espacio ¡y que eres un punto dentro de un punto!

Esa era la actitud de David. En sus noches de vigilia junto a su rebaño de ovejas, al ver la inmensidad del universo, sentía su pequeñez. No comprendía cómo ese Dios creador del cielo tuviera interés en relacionarse con él, un pequeño y simple mortal.

Pero los hombres buscan exaltarse elevándose a posiciones de prestigio, cargos importantes, oficinas lujosas. En cambio, cuando Dios quiso glorificarse, no pudo ir más alto. ¡Él está sobre todo! ¿Qué hizo entonces? Envió a Jesús, quien se humilló, siendo rico se hizo pobre por ti y por mí. Y, por su entrega, Dios lo exaltó hasta lo sumo.

Sé humilde, sirve a tu prójimo y no codicies lo que otros tienen. A su tiempo, Dios te exaltará.

Bendito Rey, me humillo delante de ti.
Gracias por amarme. Guárdame humilde y fiel a tus propósitos.
En el nombre de Jesús, amén.

«Respondió Jesús: De cierto, de cierto te digo, que el que no naciere de agua y del Espíritu, no puede entrar en el reino de Dios».

JUAN 3.5

UN CRIADOR DE CERDOS estaba seguro de que podía cambiar los hábitos de un cerdo si lo criaba desde pequeño en una ambiente limpio y confortable. Acostó al pequeño cerdo en sábanas limpias. Lo bañaba y perfumaba diariamente. Lo mantenía en jardines verdes y le daba de comer en platos de porcelana.

Cuando el cerdo creció, para ver si había cambiado, lo soltó en un campo donde había un mugroso chiquero... ¿y qué crees? ¡Fue directamente a disfrutar revolcándose en el cieno!

Así mismo, sucede con el hombre; aunque trate de cambiar por su cuenta, tarde o temprano, irá a revolcarse al cieno porque el pecado es parte de la naturaleza caída del hombre.

Jesús dijo: «Lo que es nacido de la carne, carne es; y lo que es nacido del Espíritu, espíritu es». Solamente la obra regeneradora del Espíritu Santo puede cambiar nuestra naturaleza pecadora y darnos el carácter de Cristo.

Quizás te encuentres frustrado peleando contra algún pecado. Tal vez has pensado que nunca podrás vivir en santidad. ¡Necesitas el poder del Espíritu Santo! Él es quien te ayuda y capacita para vivir en la voluntad de Dios y en santidad.

Si Jesús vive en tu corazón, no vivas en derrota. Déjalo actuar. Llénate de su presencia, y su naturaleza santa se manifestará en ti.

Búscalo a Él.

Bendito santo, te pido perdón por mis pecados.
Quiero agradarte en todo. Necesito tu presencia,
el poder del Espíritu Santo, la vida nueva.
¡Lléname y transfórmame a tu imagen!
En el nombre de Jesús, amén.

¿La carne o el Espíritu?

«Porque el que siembra para su carne, de la carne segará corrupción; mas el que siembra para el Espíritu, del Espíritu segará vida eterna».

GÁLATAS 6.8

UN HOMBRE RECORRÍA los pueblos organizando peleas de perros y levantando apuestas entre los asistentes. Tenía dos perros: uno blanco y otro negro. Uno de los asistentes notó que este hombre podía determinar cuál de sus perros iba a ganar. Un día, le preguntó a solas cómo hacía para ganar todas las apuestas. Él sonrió y le dijo: «Es muy simple, cuando quiero que gane el perro blanco, lo alimento con las mejores comidas y al perro negro no lo alimento, para que se debilite. Y, cuando quiero que gane el perro negro, hago a la inversa».

Esta ilustración representa el conflicto que existe en el corazón de cada cristiano entre la carne y el Espíritu. ¿Quién prevalecerá en esta lucha? ¿La carne o el Espíritu? ¿Mi voluntad o la de Dios? ¿El pecado o la santidad? Aquello que alimentemos prevalecerá al final.

Tus viejas pasiones y deseos no podrán dominarte si alimentas tu vida espiritual. Tu vida de oración, la alabanza, la lectura bíblica diaria, tu comunión con la iglesia, te fortalecen en el Espíritu.

Pero tienes que dejar «con hambre» a la carne. Cuando te niegas a ti mismo de esta forma y haces morir lo terrenal, la presencia del Espíritu Santo inunda tu ser y su fruto es amor, gozo, paz, paciencia, benignidad, bondad, fe, mansedumbre y templanza (Gálatas 5.22-23).

¡Alimenta tu vida espiritual! ¡Sé un cristiano victorioso!

Amado Dios, dame la porción escogida para caminar en el Espíritu y hacer morir las obras de la carne. Quiero andar en tu santidad. En el nombre de Jesús, amén.

Morir para llevar fruto

«De cierto, de cierto os digo, que si el grano de trigo no cae en la tierra y muere, queda solo; pero si muere, lleva mucho fruto».

JUAN 12.24

EN 1979, YA CASADO con Betty, un misionero nos compró una propiedad en el barrio Parque Chás, en Buenos Aires, en la que comenzamos nuestra primera iglesia.

Enfrente de la propiedad había una plaza donde pensamos realizar algunas actividades evangelísticas. Así, pusimos algunas sillas en la plaza y comenzamos a predicar. Ni siquiera una persona se acercó para oír. Luego proyectamos una película. Ante la novedad, algunas personas se acercaron. Entusiasmado, esperaba que terminase la película para predicarles un mensaje poderoso. Pero, al terminar la película, ¡todos se fueron corriendo! Muy pronto, comencé a entender que mis capacidades, mi preparación teológica eran insuficientes. Necesitaba quebrantarme para que fluyera la vida de Jesús, esa vida que el mundo necesitaba conocer.

Jesús, hablando de sí mismo, nos enseñó que el grano de trigo, para dar fruto, debe morir. Nosotros somos llamados a morir a nuestro orgullo, a nuestra autosuficiencia, a nuestra vida carnal independiente de Dios. Debemos aprender a caminar bajo la unción y gracia del Espíritu Santo. Reconoce que, sin Dios, no puedes lograr nada perdurable. Pero no desestimes tus fracasos, sino aprende de ellos; son parte de la escuela de Dios.

Que tu quebranto te lleve a buscar su rostro y de tu interior fluyan los ríos de agua viva.

Amado Dios, hazme una persona profunda en tus caminos, madura.
Que sepa morir a lo carnal y depender solamente de tu Espíritu Santo.
Separado de ti nada puedo hacer. En el nombre de Jesús, amén.

«Y dije: No me acordaré más de él, ni hablaré más en su nombre; no obstante, había en mi corazón como un fuego ardiente metido en mis huesos; traté de sufrirlo, y no pude».

JEREMÍAS 20.9

EN EL CORAZÓN del hombre que ha sido llamado por Dios arde el fuego del compromiso, de la consagración.

Una gallina le dijo a un cerdo:

—Tú y yo podríamos hacer algo para ayudar a resolver el problema del hambre en el mundo.

—Me parece bien, ¿qué podríamos hacer? —preguntó el cerdo.

—Yo podría poner unos huevos, y tú puedes poner el jamón —dijo la gallin

a.—Muy lista —dijo el cerdo—. A ti poner unos huevos no te cuesta mucho; a mí, el jamón me cuesta la vida.

¿Cuál es tu compromiso en la obra de Dios? ¿Compromiso «de gallina» o compromiso «de cerdo»? ¿Das algo de ti o has rendido toda tu vida a Dios?

Jeremías le había rendido todo al Señor. En el capítulo uno, el Señor le reveló su llamado: «Antes que te formase en el vientre te conocí, y antes que nacieses te santifiqué, te di por profeta a la naciones» (v. 5). La primera reacción de Jeremías fue resistirse al compromiso. No se sentía preparado ni maduro para semejante tarea. Pero Dios lo retó y le aseguró su respaldo divino para el ministerio.

No le pongas límites a Dios. Él ha prometido ungirte y respaldarte si eres fiel a su llamado. Ve y dile a tu pastor que cuente contigo.

¡Cumple con tu ministerio! Que tu compromiso sea total.

Amado Dios, te entrego mi vida por completo para que cumplas tu plan en mí. Úsame para tu gloria. ¡Pon tu fuego ardiente en mi corazón! Lo pido en el nombre de Jesús, amén.

En el mismo lugar

«No apaguéis al Espíritu».   1 TESALONICENSES 5.19

EL MATRIMONIO VIAJABA en automóvil. El marido iba conduciendo, y ella miraba pensativa por la ventana. En un momento, ella lo miró y suspirando le dijo: «Querido, te acuerdas cómo, cuando éramos novios, yo te abrazaba tiernamente mientras conducías». El marido, luego de un breve silencio, le contestó: «En lo que a mí respecta, todavía estoy sentado en el mismo lugar».

Así sucede en nuestra relación con Dios. Algunos viven añorando los tiempos de su conversión cuando no tenían ojos ni oídos que no fueran para Él. ¿Y después que pasó? Dios sigue estando en el mismo lugar.

La relación con el Espíritu Santo se cultiva tan tiernamente como el romance en el matrimonio. Dios siempre está dispuesto a llenarnos con su presencia, a dialogar en el secreto de nuestra oración. Somos nosotros los que nos alejamos de Él, los que a veces no cultivamos una relación más íntima.

¿Dónde está nuestra adoración, nuestro corazón enamorado?, ¿y el silencio en su presencia?, ¿y el momento de escuchar su voz? Ese nivel de comunión se cultiva.

La disposición de Dios para el encuentro es total. Su Espíritu nos anhela celosamente. Su amor quiere derramarse sobre nuestra vida, pero nuestra actitud distante lo impide.

No vivamos de las experiencias del pasado. Sigamos buscando a Dios con pasión. Él solamente quiere que pases tiempo en su presencia cultivando el romance.

Deja de mirar por la ventana y abrázalo otra vez.

Aviva el fuego del Espíritu Santo en tu corazón.

Bendito santo, aviva el fuego del Espíritu en mí. Quiero vivir en el fuego del primer amor, en una comunión profunda contigo. ¡Llévame a ese nivel de relación! Lo pido en el nombre de Jesús, amén.

«Entonces dijo Moisés a Jehová: ¡Ay, Señor! nunca he sido hombre de fácil palabra [...] porque soy tardo en el habla y torpe de lengua. Jehová le respondió: ¿Quién dio la boca al hombre? [...] Ahora pues, ve, y yo estaré con tu boca, y te enseñaré lo que hayas de hablar».

ÉXODO 4.10-12

UN BARCO SURCABA un mar repleto de tiburones en un día tormentoso. Súbitamente, una tremenda ola arrastró hacia el mar a una niña. Muchos se apretaban contra la barandilla del barco procurando verla. Impetuosamente, un hombre se lanzó a las aguas y con gran dificultad logró rescatar a la niña. Cuando ambos estuvieron a salvo, la tripulación los rodeó para celebrar el rescate y felicitar al valiente hombre. El capitán dijo al hombre: «Díganos cómo se atrevió a lanzarse a este mar tan bravío y lleno de tiburones». El hombre, todavía temblando de frío, dijo: «Yo solamente quiero hacer una pregunta: ¿Se puede saber quién fue el que me empujó?»

A menudo, los hombres que han hecho grandes obras para Dios fueron empujados para iniciarlas. Sus propios complejos y temores les impedían involucrarse en la tarea. Y Dios tuvo que empujarlos al agua.

En 1986, pregunté al Señor qué evangelista predicaría en la campaña evangelística que Él me había mostrado en una visión. Él me contestó: «Tú lo vas a hacer». Igual que Moisés, luché con Dios. Era tímido por naturaleza y nunca había predicado al aire libre. Pero Dios me empujó al agua; me capacitó con sus dones y renovó mi ministerio.

No es lo que tú puedes hacer. Es lo que Dios puede hacer contigo si te pones en sus manos.

Si dudas demasiado, quizás te empuje.

Oración: Bendito Dios, ¡cumple tus preciosos planes en mi vida!
En el nombre de Jesús, amén.

«Pero el centurión daba más crédito al piloto y al patrón de la nave, que a lo que Pablo decía».

HECHOS 27.11

«ESTOY ENAMORADA DE ÉL, pastor, es un hombre bueno, que respeta mi fe», me dijo aquella joven. Con paciencia intenté explicarle los riesgos que corría al formar pareja con un hombre incrédulo, hacer un «yugo desigual» (2 Corintios 6.14), pero estaba cegada. Ella daba más crédito a sus emociones que a las sanas advertencias de la Palabra de Dios. Meses después volví a verla. Se había casado y apenas me vio rompió a llorar arrepentida de no seguir mi consejo. Luego me contó que su esposo casi no le permitía congregarse y que resultó ser un hombre agresivo, entre otras cosas. Sentí una gran compasión por ella y, aunque no debió rechazar el consejo bíblico, la animé para que confiara en el Señor, que es poderoso y tiene misericordia de nosotros.

Son muchos los que desestiman la Palabra de Dios. El apóstol Pablo le había advertido al centurión acerca de los peligros de continuar la navegación. Sin embargo, el centurión le dio más crédito a los «expertos», y decidieron zarpar. «Pero no mucho después dio contra la nave un viento huracanado» (Hechos 27.14). Vino la tempestad, la angustia y finalmente el naufragio.

Hoy se levantan muchas filosofías modernas, creencias que promueven una manera de vivir contraria a la Palabra de Dios. La Biblia dice claramente: «Hay camino que al hombre le parece derecho; pero su fin es camino de muerte» (Proverbios 14.12).

No juegues con tu vida. Dale crédito a la Palabra de Dios.

Señor, quiero guardar siempre tu Palabra. Muéstrame en qué áreas no estoy obedeciendo por completo. En el nombre de Jesús, amén.

«No os hagáis tesoros en la tierra, donde la polilla y el orín corrompen, y donde ladrones minan y hurtan; sino haceos tesoros en el cielo, donde ni la polilla ni el orín corrompen, y donde ladrones no minan ni hurtan».

Mateo 6.19-20

UN CRISTIANO PARTIÓ a la presencia de Dios y llegó a la Jerusalén celestial. Un ángel salió a recibirle: «En momentos podrá estar cara a cara con el Señor Jesús, pero mientras tanto permítame ubicarlo en su morada». Extasiado, el hombre seguía al ángel por las calles de oro, pasando por mansiones celestiales. Sin embargo, a medida que avanzaban, las casas eran más sencillas. Finalmente, allá donde el cielo parecía terminar, se divisó una casucha rústica y destartalada. «Aquí es», le dijo el ángel. Aquel cristiano dijo sorprendido: «Tiene que haber un error. ¡Esto es el cielo! Debe existir una casa mejor para mí». El ángel suspirando le contestó: «Mire, lo lamento mucho, pero con los materiales que usted nos envió de abajo fue lo único que le pudimos construir».

¡Hagamos tesoros en el cielo! El Señor Jesús dijo: «Porque donde esté vuestro tesoro, allí estará también vuestro corazón» (Mateo 6.21).

¿Dónde está tu corazón? Muchos viven en el mundo ajenos a los intereses del reino de Dios. Buscan tener riquezas, ganar prestigio profesional, y estas metas se convierten en lo máximo en su vida, en ídolos que ocupan el lugar de Dios.

No vivas para ti mismo. A veces, nos metemos tanto en nuestros propios asuntos que nos olvidamos de cumplir con la misión que Dios nos ha dado.

¡Haz tesoros en el cielo!

¡Que muchas almas conozcan a Cristo a través de tu vida!

Señor, líbrame de todo egoísmo. Quiero vivir para ti.
En el nombre de Jesús, amén.

Agua de una roca

«He aquí yo estaré delante de ti allí sobre la peña en Horeb; y golpearás la peña, y saldrán de ella aguas, y beberá el pueblo. Y Moisés lo hizo así en presencia de los ancianos de Israel».

ÉXODO 17.6

UNA ANCIANA MUY piadosa estaba pasando una prueba económica tan difícil que, en ocasiones, ni siquiera tenía para comer. Su vecino, un hombre malo que se jactaba de no creer en Dios, no perdía oportunidad para maldecir y burlarse de la fe de la anciana. No obstante, la ancianita, con sus ventanas abiertas, oraba: «Señor, tú eres fiel. Has prometido darme el pan de cada día. No sé cómo lo harás, pero te doy gracias y te alabo con todo mi corazón». Y su vecino la oía. Un día, cansado de escucharla, compró dos grandes bolsas repletas de alimentos y las llevó a casa de la ancianita: «Mire, ¡yo compré estos alimentos! Aquí los tiene a ver si deja esa fe absurda». Entonces, la anciana comenzó a dar gracias a Dios. El hombre no lo podía creer: «¡Qué Dios, ni Dios! Yo se los compré». La mujer le contestó: «Le doy gracias a Dios ¡porque a veces usa hasta al diablo para cumplir sus planes!»

En Eclesiastés 2.26 dice: «[...] mas al pecador [Dios] da el trabajo de recoger y amontonar, para darlo al que agrada a Dios».

Tal vez estás atravesando una gran dificultad. Has estudiado todas las posibilidades, pero no encuentras la solución. ¡No temas! Dios tiene fuentes imprevistas de recursos. Él te sorprenderá sacando agua de una roca.

Preséntale a Dios tu necesidad, ¡y prepárate para el milagro!

Padre, no sé cómo harás el milagro, pero creo con todo mi corazón que el milagro sucederá. En el nombre de Jesús, amén.

¡Aprovecha tu tiempo!

«Mirad, pues, con diligencia cómo andéis, no como necios sino como sabios, aprovechando bien el tiempo, porque los días son malos».

EFESIOS 5.15-16

LA SEÑORA SE QUEJA de que ya no le cabe más ropa en el armario, así que decide ordenarla. Coloca aparte aquella ropa que no usa hace años y puede regalar. Clasifica y vuelve a guardar en su lugar el resto, ¡y ahora sobra espacio! El problema no era la falta de espacio. Era la falta de orden.

Algo similar nos sucede con el tiempo. ¡No tengo tiempo para orar! ¡No tengo tiempo para mis hijos! ¡No tengo tiempo para servir a Dios! ¿Será verdad? ¿O deberíamos decir: No he sabido ordenar correctamente mi tiempo?

Uno invierte su tiempo en aquello que considera valioso. ¿Cuánto tiempo le dedicas a la televisión? ¿Cuánto tiempo a la oración? ¿Cuánto tiempo a tus hijos y a tu cónyuge? ¿Cuánto tiempo a evangelizar?

Haz este ejercicio:

Analiza tus prioridades: ¿Hay algo que sobra en tu vida? ¿Alguna actividad que no te edifica y roba tu tiempo? ¿Algún programa de televisión para desechar? ¿Alguna hora de sueño para dejar a un lado?

Ahora, clasifica las prioridades: Primero, ubica al comenzar tu día un tiempo con Dios, tu vida de oración y lectura bíblica. Luego, medita dónde ubicarás el tiempo necesario para compartir con tus hijos y estar a solas con tu pareja. Piensa después cómo aprovechar mejor tu tiempo de trabajo. Además, no olvides servir a Dios e involucrarte en las actividades de la iglesia. Finalmente, necesitas tiempos de descanso y sano esparcimiento. ¡Ubícalos en el estante correspondiente!

No digas «No tengo tiempo». Se sabio y ordénalo correctamente.

Padre, dame la sabiduría para ser un buen administrador del tiempo.
En el nombre de Jesús, amén.

Jehová te restaurará

«Y vendrán con gritos de gozo en lo alto de Sion, y correrán al bien de Jehová, al pan, al vino, al aceite, y al ganado de las ovejas y de las vacas; y su alma será como huerto de riego, y nunca más tendrán dolor».

JEREMÍAS 31.12

EN MI PAÍS, casi todos tenemos un abuelo o bisabuelo inmigrante europeo. Estos hombres de bien le dieron valor a la tierra, y era común ver algún italiano, aun en el jardín de su casa, destinar una parcela para usarla como huerta. Hoy día, al bajar el sol, he entrado en una de esas huertas recién regadas. ¡Qué experiencia aromática! Uno puede percibir la humedad del suelo en ese ambiente de verdor y muchos frutos.

Cuando Dios nos restaura, así de próspera y fructífera es nuestra alma.

Dios le había dado al de pueblo de Israel esta promesa cuando estaban en la cautividad, lejos de su tierra y añorando las bendiciones pasadas. El pueblo de Dios regresaría a su heredad como el peregrino cansado y sediento que divisa un oasis y corre jubiloso a las aguas. Atrás quedarían las lágrimas de la esclavitud. Atrás quedaría la pobreza, la derrota y la indignidad.

Quizás, como los israelitas en el cautiverio, estás lamentándote por lo que perdiste. Las bendiciones pasadas, la abundancia material, el gozo, tu lugar de privilegio, quedaron atrás, y te sientes desolado, dolido. Si te vuelves a Dios de todo corazón, tu alma seca se convertirá muy pronto en un huerto de riego. El agua del Espíritu Santo inundará tu corazón y sanará tu dolor. Dios te restaurará.

El día de tu restauración está amaneciendo.

Señor, haz de mi alma un huerto de riego. ¡Visítame con tu Espíritu Santo! En el nombre de Jesús, amén.

> «Sé diligente en conocer el estado de tus ovejas, y mira con cuidado por tus rebaños».

PROVERBIOS 27.23

UNA VEZ ACOMPAÑÉ a mi hijo menor, Ezequiel, para verlo jugar un partido de fútbol con sus amigos. En la mitad del partido, me distraje por un momento. De inmediato, los gritos de Ezequiel me volvieron a la realidad: «¡Papá! ¡Quiero que me mires!» Nuestros hijos se sienten seguros e importantes cuando los miramos a los ojos y les ponemos atención.

Así sucede también con nuestros hijos espirituales. A veces, estamos tan activos en muchos proyectos que dejamos de relacionarnos correctamente con las personas. El saludo cordial, el diálogo, el interesarnos en sus problemas quedan relegados a un segundo plano en nuestra agitada carrera. Pero el Señor quiere despertar en ti el celo pastoral, el amor por aquellos que están a tu cuidado y te necesitan.

Jesús escogió a sus doce discípulos «para que estuviesen con él, y para enviarlos a predicar» (Marcos 3.14). Él compartió su vida con los discípulos, les dio todo su tiempo. No los convocó solamente para trabajar, los llamó para estar con Él. Jesús los cuidó diligentemente: «Cuando estaba con ellos en el mundo, yo los guardaba en tu nombre; a los que me diste, yo los guardé, y ninguno de ellos se perdió, sino el hijo de perdición [...]» (Juan 17.12). ¿Podremos nosotros decir lo mismo?

No podemos conocer el estado de nuestras «ovejas» si no pasamos tiempo con ellas. Dios te llama a valorar a tus hijos espirituales y a todos los que te rodean.

Las personas son lo más importante para Él. ¿Les estás dedicando tu tiempo, tu atención? ¿Estás compartiendo con ellos tu vida?

Señor, ordena mi vida para que no olvide tus prioridades.
En el nombre de Jesús, amén.

La verdad no es negociable

«Compra la verdad, y no la vendas».

PROVERBIOS 23.23

EL DUEÑO DE UNA cadena de librerías en Inglaterra le consagró su corazón a Cristo y se negaba a vender en sus librerías los libros de un conocido personaje, dirigido a niños y adolescentes, cuya temática incluye fuertes ingredientes de ocultismo y brujería. Su decisión le iba a costar una pérdida de un millón de dólares, pero él, con su actitud, sostenía este principio: La verdad no es negociable.

La mentira es uno de los males más arraigados en la sociedad. La gente se ha acostumbrado a mentir, y la verdad para muchos se ha convertido en un valor relativo. Pero Jesús aclaró explícitamente el origen de la mentira: «[...] el diablo [...] no ha permanecido en la verdad, porque no hay verdad en él. Cuando habla mentira, de suyo habla; porque es mentiroso, y padre de mentira» (Juan 8.44).

Básicamente, la finalidad de la mentira es engañar al prójimo. Puede ser un recurso fácil para salir del paso, o un ardid premeditado para engañar.

Algunos mienten para aparentar ser lo que no son. Otras personas mienten para eludir el castigo o la disciplina. Otros pueden mentir para evitar el rechazo de los demás. Y otros, finalmente, mienten para descalificar a ciertas personas a las cuales celan o con las cuales compiten. Pero el apóstol Pablo dice: «[...] desechando la mentira, hablad verdad cada uno con su prójimo; porque somos miembros los unos de los otros» (Efesios 4.25).

El cristiano sincero no considera la mentira. Es fiel a la verdad cueste lo que cueste, ¡no la vende!

La verdad nunca es negociable.

Padre, hoy renuncio a la mentira y renuevo mi compromiso con la verdad. En el nombre de Jesús, amén.

> «Hermanos, si alguno fuere sorprendido en alguna falta, vosotros que sois espirituales, restauradle con espíritu de mansedumbre, considerándote a ti mismo, no sea que tú también seas tentado».
>
> GÁLATAS 6.1

ME ENCONTRABA PREDICANDO en un retiro con hermanos de nuestra iglesia cuando alguien corrió a decirme que mi hijo Ezequiel se había accidentado. Ezequiel se había colgado de un caño que estaba bastante alto y resbaló cayendo y quebrándose ambos brazos. Pasado el susto y las corridas, vino el tiempo de restauración. Estuvo un buen tiempo con los dos brazos enyesados. Para un niño activo como él fue difícil verse privado de hacer tantas cosas, pero la prioridad era sanar.

En la familia de Dios también puede suceder que algún hermano tenga un accidente en su caminar con el Señor. Se produce una caída, un golpe que quebranta su vida y necesita que lo atendamos y «le pongamos un yeso». El dolor, la culpa, las consecuencias del pecado, se ven por todas partes, y la iglesia debe estar preparada para la restauración del caído.

El apóstol Pablo hace un llamado a «los espirituales» para que lleven adelante esta tarea. Serán ellos los responsables de «enyesar» al hermano que cayó, aconsejándole para que sane y sea restaurado. Serán ellos los que oren con él y revisen con amor las causas del accidente. Serán los espirituales los que ayuden al caído con temor de Dios, sabiendo que no son mejores que el otro, que ellos mismos, sino fuera por la misericordia de Dios, podrían estar en su lugar.

Que la misericordia y la verdad habiten en nuestros corazones para cumplir fielmente con nuestro llamado.

¡Atendamos al caído!

Señor, usa mi vida como un instrumento para la restauración de muchos. Te lo pido en el nombre de Jesús, amén.

Elegidos como morada

«¿O ignoráis que vuestro cuerpo es templo del Espíritu Santo, el cual está en vosotros, el cual tenéis de Dios, y que no sois vuestros?»

1 CORINTIOS 6.19

UN MISIONERO PLANTABA una iglesia en una ciudad cuyos habitantes sienten orgullo por una enorme e imponente catedral que se levanta allí, y adonde muchos peregrinos viajan para conocerla. Un día este misionero recorría la plaza frente a la catedral predicando el evangelio cuando se fijó en un hombre completamente ebrio que se encontraba tirado en el lugar. Vestía harapos y despedía un fuerte hedor. La imagen era contrastante: el borracho, con toda su miseria, tirado en el piso y, al fondo, la imponente catedral en todo su esplendor. En aquel momento el Señor habló al corazón del misionero. Mostrándole al borracho le dijo: «Allí es donde yo quiero vivir. Ése es el templo en el que quiero habitar».

Dijo el rey Salomón al dedicar el templo: «Mas ¿es verdad que Dios habitará con el hombre en la tierra? He aquí, los cielos y los cielos de los cielos no te pueden contener; ¿cuánto menos esta casa que he edificado?» (2 Crónicas 6.18). El templo hecho de manos de hombre no puede contener a Dios, pero la iglesia, el Cuerpo de Cristo, es el verdadero templo de Dios, y Él habita en ella.

El Dios de los cielos, el creador de todo, el alto y sublime, ¡nos ha escogido por su morada! ¡Nos ha elegido para ser su templo! ¿Has comprendido tu privilegio? ¡Dios, que es rico en misericordia, te amó y te escogió por morada porque te vio a través de Cristo!

¡El Espíritu Santo habita en ti!

Señor, que mi vida sea una habitación agradable para ti.
Te lo pido en el nombre de Jesús, amén.

«Sabiendo Jesús que el Padre le había dado todas las cosas en las manos, y que había salido de Dios, y a Dios iba, se levantó de la cena, y se quitó su manto, y tomando una toalla, se la ciñó. Luego puso agua en un lebrillo, y comenzó a lavar los pies de los discípulos, y a enjugarlos con la toalla con que estaba ceñido».

JUAN 13.3-5

ESTABA REUNIDO con mi familia leyendo en la Palabra el pasaje en el que Jesús lavó los pies de sus discípulos. Meditábamos en el hecho que Jesús tomó el lugar del esclavo que lavaba los pies, el más insignificante de la época. Entonces, un pensamiento me vino a la mente, pero no dije nada. Sin embargo, mi hijo Sebastián habló: «Papi, estoy sintiendo en mi corazón el deseo de lavarte los pies, que todos nos lavemos los pies». Era exactamente lo que Dios me había mostrado, y tuvimos un tiempo único en la presencia de Dios, donde lloramos de emoción y quebrantamiento.

El servicio cristiano implica estar dispuesto a quitarte la túnica y tomar la toalla, despojarte de tus honores y privilegios para realizar la tarea que nadie quiere hacer. Jesús sabía que era el Señor y el Maestro. Sabía que había salido de Dios y a Dios iba y que el Padre le había dado todas las cosas. Pero Él escogió tomar la toalla y el lebrillo. ¡Qué sublime ejemplo de amor! Jesús nos enseñó el camino que a Dios le agrada: El camino del servicio.

Si estás dispuesto a quitarte la túnica y tomar la toalla, serás de gran utilidad para el Señor.

Él te ha dado ejemplo.

Señor, quiero seguir tu ejemplo. Tomo la toalla y me pongo a tu servicio. En tu nombre amado, amén.

«Las muchas aguas no podrán apagar el amor, ni lo ahogarán los ríos».

CANTARES 8.7

UN MATRIMONIO VIAJABA en automóvil sin dirigirse la palabra. El esposo iba conduciendo muy serio, y su esposa, no menos seria, iba mirando por la ventanilla. Finalmente el marido, señalando unas mulas, le dijo a su esposa: «Mira, allí están tus parientes». A lo que ella respondió: «Sí, por parte de mi marido».

¡Cuántos matrimonios han dejado apagar el amor! Pero el amor de Dios, que ha sido derramado en nuestros corazones por el Espíritu Santo (Romanos 5.5), no se apaga.

Las aguas, los ríos, simbolizan las pruebas a las que será sometido nuestro matrimonio. Las diferencias de carácter, los problemas económicos, la relación con los familiares son como aguas que pueden apagar el fuego del amor si no nos apoyamos en Dios. Producen una barrera espiritual en el matrimonio. Pero Dios quiere sanarte. Él conoce el dolor y gravedad de tus heridas, pero necesita tu disposición a perdonar, que cambies de actitud. Alguien tiene que estar dispuesto a amar sin condiciones. Alguien tiene que estar dispuesto a hacer su parte, aun cuando el otro no la haga. ¡Alguien tiene que ser obediente a Dios! Aunque pienses que tu pareja no se lo merece, debes amar de pura gracia, como Dios te ama a ti.

El amor que no se apaga ama a pesar de las situaciones que se presentan. Este es el amor de Dios que ha sido derramado en tu corazón por el Espíritu Santo, y debes dejarlo fluir.

Él sanará tus heridas y te ayudará a perdonar. Hará un milagro en tu matrimonio.

*Señor, que tu amor me llene para hacer mi parte, aun cuando otros no
la hagan. Te lo pido en el nombre de Jesús, amén.*

> «Sois carta de Cristo expedida por nosotros, escrita no con tinta, sino con el Espíritu del Dios vivo; no en tablas de piedra, sino en tablas de carne del corazón».
>
> 2 CORINTIOS 3.3

JESÚS IBA DONDE estaban los enfermos terminales, a sitios de lamentos porque su corazón estaba con los necesitados. Él quería tocar la necesidad. Hoy Jesús vive en nosotros. ¿Nos dejaremos llevar por Él hacia el corazón necesitado?

Cuando el misionero Rafael Hiatt era apenas un niño, su madre lo llevaba, junto con sus hermanos, al puerto de la ciudad. En ese lugar, le predicaban el evangelio a los borrachos que salían de los bares y a otros que deambulaban por allí. En muchas oportunidades terminó con su madre arrodillado en aquellas oscuras calles junto a un hombre alcohólico que le entregaba su corazón a Cristo. Muchos le reprochaban a su madre: «No debe traer a un niño a estos lugares. Le va a crear un trauma, le va a dejar marcas». ¡Y verdaderamente le dejó marcas! El hermano Rafael nunca más pudo dejar a un lado a una persona necesitada.

Podemos pasar por la vida inadvertidamente o podemos escoger dejar huellas en nuestra generación. El apóstol Pablo les recuerda a los corintios que él fue un instrumento de Dios para ellos. El Señor, a través de Pablo, escribió una nueva historia en aquellos hombres. Los marcó para siempre.

Cristo te llama a ser como Él, a atender la necesidad. Tú también, a través del Espíritu Santo, puedes dejar huellas, marcas de Cristo, en las personas que están a tu alrededor.

Escribe un mensaje de amor en el corazón necesitado.

Bendito santo, te entrego mi vida para que la uses. Llévame donde tú quieras llevarme. En el nombre de Jesús, amén

«Nadie te podrá hacer frente en todos los días de tu vida; como estuve con Moisés, estaré contigo; no te dejaré, ni te desampararé».

Josué 1.5

ARGENTINA TUVO UN CAMPEÓN mundial de boxeo famoso por eludir los golpes del contrario. A menudo, desafiante, dejaba caer sus brazos, ofreciendo su rostro para que el otro lo golpease, y esquivaba hábilmente los golpes de su rival. En una pelea, mientras hacía esto mismo, su contrario logró conectarle un tremendo golpe en el rostro. Sorprendido, dio un paso atrás y sonriendo se burló de su rival sacándole la lengua.

Al terminar la pelea, los periodistas le preguntaron por aquel golpe y su reacción, y él contestó: «Aquel golpe casi me manda a la lona. Estaba completamente mareado, pero fingí haciendo burla para hacerle creer que no me había afectado».

El diablo a menudo hace lo mismo. Se sabe derrotado, pero viene delante de ti haciendo alardes de grandeza y fingiendo que tus oraciones no le hacen daño. Te saca la lengua como diciendo: «¡No me dolió! ¡No me hiciste nada!», pero lo cierto es que tus oraciones en el nombre de Jesús están minando su resistencia y tiene que soltar aquello que ya no le pertenece.

Jesús lo dijo claramente: «He aquí os doy potestad de hollar serpientes y escorpiones, y sobre toda fuerza del enemigo, y nada os dañará» (Lucas 10.19). ¡Proclama la autoridad de Cristo! Detrás de situaciones de conflicto y enemistad, el enemigo se mueve para generar caos, confusión y ruina. Pero, en el nombre de Jesús, tienes poder para vencer.

Persevera en oración hasta vencer y no recibas las mentiras del enemigo.

Él no podrá hacerte frente.

𝒫adre, proclamo que me das la victoria sobre toda potestad de las tinieblas. 𝓔n el nombre de Jesús, amén.

«¿Quién conoció la mente del Señor? ¿Quién le instruirá? Mas nosotros tenemos la mente de Cristo».

1 CORINTIOS 2.16

UN JOVEN OBSERVABA cómo un gigantesco elefante era apenas retenido por una simple cadena en su pata atada a una estaca. Se acercó al cuidador y le preguntó sobre el asunto. Este le dijo: «Cuando el elefante era pequeño, le pusimos un grillete en la pata y lo atamos con una cadena a un poste imposible de mover. Durante meses el pequeño elefante trató infructuosamente de liberarse. Cada tirón hacía que el grillete lastimase su pata, y gritaba de dolor. Con el tiempo se convenció de que era imposible librarse y desistió de su intento. Ahora, apenas siente que la cadena se tensa, el recuerdo del dolor y de los intentos inútiles lo detienen de ir más allá».

Muchos cristianos están atados a una pequeña estaca. El Señor los ha hecho libres y cuentan con su poder para romper las ataduras del pasado y enfrentar los desafíos, pero su mente no renovada les sigue diciendo: «Jamás lo lograrás». Sus fracasos de ayer los han marcado, y el enemigo ha logrado construir una fortaleza en sus mentes convenciéndolos de una mentira.

Tal vez en el pasado fuiste preso del dolor. Intentaste ser feliz, pero todo fue inútil. Hoy tu mente debe reconocer tu nueva condición. Los complejos que te retenían, los temores que te paralizaban, las heridas que te retraían ya no deben gobernar tu vida.

Deja que el Espíritu Santo tome control de tus pensamientos y te muestre la verdad. Una pequeña estaca, una dificultad, no puede retenerte. ¡Dios te ha hecho libre!

Tú tienes la mente de Cristo.

Señor, renueva mi mente con tu verdad.
En tu nombre haremos proezas. Amén.

«Quiero, pues, que los hombres oren en todo lugar, levantando manos santas, sin ira ni contienda».

1 TIMOTEO 2.8

SEGURAMENTE HEMOS VISTO, en la vida real o en alguna película, un operativo policial en el que la policía rodea a un individuo sospechoso y lo obliga a salir con sus manos en alto. Entonces, la persona sale y se acerca a los policías en una actitud de rendición y preparada para que la inspeccionen.

En la vida de oración sucede algo similar. Dios nos invita a acudir a su presencia con las manos en alto, rendidos ante Él y dispuestos a ser examinados. Nos quiere «palpar», ver si escondemos una actitud de ira o de contienda con alguna persona debajo de la apariencia tranquila, del temperamento dócil.

Hoy, Dios ha montado un gran operativo espiritual sobre tu vida. Está buscando específicamente dentro de tu corazón un enojo, una contienda con alguna persona. ¡Déjate inspeccionar! Acude a la presencia de Dios y dile como David: «Examíname, oh Dios, y conoce mi corazón; pruébame y conoce mis pensamientos; y ve si hay en mí camino de perversidad, y guíame en el camino eterno» (Salmos 139.23-24).

No podemos tener comunión con Dios si nuestras manos están manchadas con resentimientos y enojos. El Señor busca un corazón rendido, adorador y dispuesto a ser examinado. Nuestro Dios es un Dios paz y somos responsables de mantener esa paz con todos.

La oración que transforma es aquella en la que el Espíritu Santo tiene lugar para alumbrar el alma e incluye siempre la confesión y el arrepentimiento.

Padre, examina mi corazón. Rindo mi vida por completo a ti.
Perdona mis ofensas, mis pecados. Líbrame de la ira y el enojo.
En el nombre de Jesús, amén.

Padecer como cristiano

«Porque he venido para poner en disensión al hombre contra su padre, a la hija contra su madre, y a la nuera contra su suegra; y los enemigos del hombre serán los de su casa».

MATEO 10.35-36

EL ESPOSO DE UNA HERMANA de nuestra congregación, apenas ella se convirtió, decidió hostigarla como fuera posible. Cuando ella regresaba de la iglesia por la tarde, él examinaba la comida que había en la heladera ¡para pedirle lo que no había! Así, tenía la excusa para iniciar una discusión violenta y llena de reproches. Al tiempo, ¡gloria a Dios!, él también se convirtió y hoy sirve al Señor junto con su esposa.

Cuando confesamos a Jesús como Señor de nuestra vida, es normal que muchos no compartan la decisión que hemos tomado. El enemigo de nuestra alma se levanta contra nosotros incitando a muchas personas para que nos censuren y rechacen, aun para que mientan y nos desprestigien. De esta manera, él procura que abandonemos la fe. El apóstol Pedro señala: «si alguno padece como cristiano, no se avergüence, sino glorifique a Dios por ello» (1 Pedro 4.16).

Si la oposición viene de tu familia, demuéstrale a los tuyos tu cambio de vida a través de tu conducta, sin palabras (1 Pedro 3.1). Además, no te aísles de ellos, ni te resientas. Ámalos, respétalos y bendícelos siempre. Refúgiate en Dios e intercede por ellos. «De modo que los que padecen según la voluntad de Dios, encomienden sus almas al fiel Creador, y hagan el bien» (1 Pedro 4.19).

¡No te desanimes! Con todo, Jehová te recogerá (Salmos 27.10). ¡Dios te dará la victoria!

Amado Dios, acepto pasar la prueba de padecer como cristiano. Confío que veré con mis ojos la victoria. En el nombre de Jesús, amén.

Rendirse por completo

«Jesús le dijo: Si quieres ser perfecto, anda, vende lo que tienes, y dalo a los pobres, y tendrás tesoro en el cielo; y ven y sígueme. Oyendo el joven esta palabra, se fue triste, porque tenía muchas posesiones».

MATEO 19.21-22

KATHRYN KUHLMAN, UNA gran mujer de Dios, luego de atravesar momentos difíciles en su vida, oró diciendo: «Señor, soy nada. Si quieres tomar la nada y con la nada hacer algo, aquí estoy». Su entrega incondicional fue la clave para una vida poderosa en las manos de Dios.

El joven rico que se encontró con Jesús actuó muy diferente. Tenía buena conducta moral, estaba dispuesto a hacer muchas cosas para Dios, excepto rendirse por completo. Amaba más el dinero que a Dios.

A veces, nos encontramos con personas con un corazón dividido. Aman a Dios, pero también aman el mundo. Vienen a la iglesia, adoran, ofrendan, pero luego se van y adoran otros dioses. No renuncian a una práctica de pecado. No dejan la mentira o el materialismo.

En los sacrificios del antiguo pacto, un animal, luego de ser sacrificado a Dios, era quemado hasta convertirse en cenizas. Así mismo, nuestra vida, convertida en cenizas por nuestra completa entrega, puede ser llevada por el viento del Espíritu Santo en los caminos de su perfecta y agradable voluntad.

Aquel joven rico se alejó triste. Hoy, Jesús te sale al encuentro. ¿Qué harás? ¿Te irás triste o contento?

Entrégale lo que Él te pide y sigue gozoso tu camino.

Padre, si existen áreas en mí que no te he consagrado, si tengo aún algún ídolo, házmelo saber. Quiero rendir todo mi ser en el altar. En el nombre de Jesús, amén.

Febrero

Vivir en armonía

> «¡Mirad cuán bueno y cuán delicioso es habitar los hermanos juntos en armonía!»

SALMOS 133.1

PIENSA EN ALGUNA rica comida que te guste mucho. ¿La imaginas? Luego, oye una voz que te invita a disfrutarla: «¡La comida esta lista! ¡Ven, está deliciosa!» Así mismo, la Palabra de Dios te invita hoy a comprobar lo delicioso que es habitar en armonía con tus semejantes.

Cuando estamos en paz con todos, la vida cristiana es preciosa. En cambio, cuando nuestras relaciones no están sanas, es una vida gris, sin brillo. La clave está en tener armonía, no en estar juntos.

Si no perdonamos a nuestros deudores, Dios no nos perdona. Además, si nos llenamos de ira y no nos reconciliamos, damos lugar al diablo. Y ten por cierto que «darle lugar al diablo» no es una pequeñez.

Cuando nuestro corazón está herido, no quiere perdonar, entonces, no está en armonía.. Puedes irte lejos del ofensor, pero seguirás atado espiritualmente a él. Quizás estás alegre, cantando alabanzas, pero basta recordar para que pierdas la paz. A lo mejor convives con esa persona, vives una vida normal, tranquila, pero en tu interior sabes que algo anda mal. Esto te puede llevar a preguntarle a Dios: «Señor, ¿por qué me siento así? ¿Debo perdonar a alguien?» Tal vez pienses que ya lo perdonaste. ¿Estás seguro? ¿Disfrutas de armonía?

¡Es delicioso vivir en armonía! ¡Qué rico es!

No te pierdas este manjar para tu alma.

Señor, en este día vengo a mirarme en el espejo de tu Palabra.
¿Estoy herido con alguien? ¿Debo perdonar a otro? Por favor,
muéstramelo y ayúdame a caminar en la dicha del amor.
En el nombre de Jesús, amén.

Cada uno en su lugar

«Es como el buen óleo sobre la cabeza, el cual desciende sobre la barba, la barba de Aarón, y baja hasta el borde de sus vestiduras».

SALMOS 133.2

¡QUIÉN NO HA QUEDADO admirado en un concierto sinfónico! Todo se desarrolla en un marco de armonía tan perfecta que nos deleita y emociona. Cada uno hace su parte, pero la suma de todos en perfecta armonía produce como resultado una música bellísima.

El salmo 133 invita a comprobar lo delicioso que es vivir en armonía con nuestro prójimo, pero, además, debemos estar en armonía con relación a los dones del cuerpo de Cristo.

Un prócer de la historia argentina dijo: «Serás lo que debas ser o, si no, serás nada». En la iglesia de Cristo, como en toda la vida, somos llamados a ocupar un lugar. Dios nos dio dones que debemos desarrollar para el provecho de otros, y debemos hacerlo en perfecta armonía. Para ello, debes reconocer la parte que te toca.

La humildad es una de las claves para vivir en armonía. El humilde conoce su lugar y sus límites. Acepta vivir bajo autoridad y, al estar en el lugar que le fue asignado por Dios, recibe el óleo de la unción que baja de la cabeza. Dios te dará la unción, su respaldo divino y poderoso, para hacer aquello que te ha encomendado.

¡Que se oiga la más bella melodía para que el mundo crea en Jesucristo!

Señor, dame un corazón humilde y obediente para servirte en armonía.
Gracias por el lugar que me has dado en el cuerpo de Cristo.
Sé que, si soy fiel, tu mano poderosa me dará nuevas oportunidades.
En el nombre de Jesús, amén.

Hay bendición y vida en la unidad

«Como el rocío de Hermón, que desciende sobre los montes de Sion; porque allí envía Jehová bendición, y vida eterna».

SALMOS 133.3

DICEN LOS CONOCEDORES que el rocío hace que los montes se mantengan cubiertos por una verde vegetación durante gran parte del año.

Así sucede cuando vivimos en armonía con nuestros hermanos. La comunión con ellos, el disfrutar mutuamente los unos de los otros, bendice nuestra alma y nos provoca a tener un renovado amor hacia los perdidos.

Durante muchos años tuve el privilegio de ser Presbítero de las Asambleas de Dios en Buenos Aires. Compartíamos momentos hermosos en nuestras reuniones. Orábamos. Nos animábamos unos a otros. Eran tiempos de fresca comunión.

Algunos estudiosos sostienen que el salmo 133 lo recitaban los israelitas en la fiesta de los tabernáculos. Eran momentos de júbilo. Las familias, apretadas bajo las rústicas tiendas, celebraban la fidelidad de Dios y el tenerse unos a otros, reconociendo que todo su tesoro era su familia, su pueblo y el Dios fiel que los sustentaba.

Quizás estás atravesando un duro desierto. Te sientes solo o cansado. Dios te llama a valorar tu familia; tanto la que convive contigo como tu familia espiritual. Si caminas en armonía con ellos, encontrarás un lugar donde refrescarte y recibir nuevas fuerzas.

Es delicioso vivir en armonía con nuestros hermanos; es como un fresco rocío que desciende para bendecir y dar vida.

No te quedes solo.

Padre, bendice a mi familia en este día. Gracias porque la tengo. Gracias por tu iglesia. Ayúdanos a vivir en unidad para disfrutar las cosas simples de la vida con alegría y paz. En el nombre de Jesús, amén.

Tardos para la ira

«El necio da rienda suelta a toda su ira, mas el sabio al fin la sosiega».

PROVERBIOS 29.11

CIERTAS PERSONAS PARECE que nacieron enojadas. Caminan siempre con el ceño fruncido intimidando a todos los que les rodean. Justifican su actitud diciendo: «A mí me gusta llamar a las cosas por su nombre. No soy hipócrita». Pero la Biblia condena a la persona iracunda. Dice en Santiago 1.19-20: «Por esto, mis amados hermanos, todo hombre sea pronto para oír, tardo para hablar, tardo para airarse; porque la ira del hombre no obra la justicia de Dios».

La ira te hace decir cosas que no deberías decir. Por eso, Dios nos dio dos orejas y una sola boca: Para que escuchemos más y hablemos menos.

La ira es un pecado que produce mucho daño a quien tiene el hábito arraigado, y muy especialmente a todos los que le rodean. Dice Proverbios 22.24-25: «No te entremetas con el iracundo, ni te acompañes con el hombre de enojos, no sea que aprendas sus maneras, y tomes lazo para tu alma». El hombre absorbe la frustración, el enojo de los demás, y lo descarga a su vez en otros, generando un círculo vicioso que parece no tener fin.

¡Dios te llama a romper con este pecado! La ira no debe dominarte. Debes controlarla por la obra del Espíritu Santo antes que derive en otros pecados, porque la ira te impide oír la voz de Dios provocando así que tomes malas decisiones.

Vive una vida en el Espíritu para que puedas renunciar a este hábito pecaminoso. Sé humilde, tolerante y perdonador. Verás cómo Dios te da la libertad.

Señor, líbrame del pecado de la ira. Enséñame a vivir en el amor.
En el nombre de Jesús, amén.

Cosas nuevas

«No os acordéis de las cosas pasadas, ni traigáis a memoria las cosas antiguas. He aquí que yo hago cosa nueva; pronto saldrá a luz; ¿no la conoceréis? Otra vez abriré camino en el desierto, y ríos en la soledad».

ISAÍAS 43.18-19

CUANDO LE DICES a un niño «Tengo una sorpresa para ti», sus ojos se abren bien grandes y su rostro parece iluminarse.

Así sucede con Dios. Él te dice que tiene una sorpresa para ti: «He aquí que yo hago cosa nueva; pronto saldrá a luz». Quizás pienses que en tu vida todo está muy claro y definido, y nada nuevo sucederá. ¡No lo creas! Dios quiere alterar tu rutina, abrir un camino nuevo en tu desierto y ríos de gozo en tu soledad.

Por el año 1991, yo creía que todo en mi vida y ministerio estaba dicho. Estaba feliz pastoreando la iglesia. Pero Dios tenía cosas nuevas para mí. Puso dentro de mí una sed espiritual intensa. Quise conocer al Espíritu Santo, cultivar una intimidad gloriosa con Dios, y Él tenía más sorpresas. Revolucionó mi vida y mi ministerio. De pronto, me encontraba predicando y orando por multitudes. Me llegaban invitaciones de todas partes, y el Señor ponía en marcha nuestro ministerio a las naciones. ¡Dios tiene grandes sorpresas!

Es tiempo de volver a empezar con Dios. El Señor dice: «No os acordéis de las cosas pasadas, ni traigáis a memoria las cosas antiguas». Deja que el Señor sane tus heridas y renueve tu mente con su Palabra. ¡Él tiene una sorpresa por delante!

No digas: «En mi vida, todos los días es lo mismo». Dios te dice: «Yo hago cosa nueva».

¡Sonríe!

Padre, me preparo con fe para lo nuevo que tienes para mi vida.
En el nombre de Jesús, amén.

Para Dios no hay imposibles

«No con ejército, ni con fuerza, sino con mi Espíritu, ha dicho Jehová de los ejércitos».

ZACARÍAS 4.6

HACE MUCHOS AÑOS, una jovencita llegó a la iglesia a través de una campaña evangelística, pero aunque asistía a los cultos, todavía no le había rendido su corazón a Cristo por completo. Ella me comentó que le gustaba ir a bailar a las discotecas. Como yo quería dejar actuar al Espíritu Santo, le comenté mi punto de vista, pero le dije que solamente ella podía tomar la decisión. Que siguiera buscando al Señor. Ella entonces venía a los cultos y, al finalizar, se cambiaba de ropa en el baño de la iglesia y se iba a bailar. Pero un día, estando en la discoteca, Dios le habló a su corazón preguntándole: «¿Qué haces aquí?» De inmediato, ella supo que ya no pertenecía a ese lugar. A partir de allí comenzó otra relación con Dios y se comprometió con el ministerio. Todavía sigue firme en el Señor junto a toda su familia. ¡Dejemos actuar al Espíritu Santo!

«No con ejército, ni con fuerza, sino con mi Espíritu, ha dicho Jehová de los ejércitos». Estas palabras se dirigieron a Zorobabel cuando tenía por delante el desafío de reconstruir el templo de Jerusalén.

Quizás tú también te encuentras frente a un desafío. Observas las ruinas de lo que una vez fue hermoso, los escombros de una relación, de una persona que amas y no quiere cambiar. Hiciste con tus fuerzas todo lo posible, pero no fue suficiente. Ahora, deja a Dios actuar. Tú no puedes cambiar a nadie, pero Dios es especialista en cambiar los corazones. No puedes revertir esa situación adversa, ¡pero Dios todo lo puede!

Confía en el Señor.

Padre, te encomiendo mis imposibles.
En el nombre de Jesús, amén.

¿Tienes envidia?

«¿No me es lícito hacer lo que quiero con lo mío? ¿O tienes tú envidia, porque yo soy bueno?»

MATEO 20.15

LO CONTRATARON POR un denario, así que muy de mañana fue a trabajar a la viña. Le esperaba una larga jornada de rudo trabajo.

Durante el día fueron llegando más trabajadores; unos incluso casi al terminar la jornada, trabajando solamente la última hora.

Al llegar la noche, el administrador los mandó llamar para darles su paga, comenzando por los últimos en llegar, quienes recibieron un denario. Estos se fueron sorprendidos y felices, agradecidos del señor de la viña. El obrero que estaba desde temprano pensó: «Si a estos, que trabajaron una sola hora, le pagaron un denario, ¡cuánto más nos pagarán a nosotros que trabajamos todo el día!», pero le pagaron un denario como fue convenido. El obrero enojado protestó: «¡No es justo! ¡Estos trabajaron una sola hora y les pagaron lo mismo que a los que soportamos el calor y el trabajo todo el día!» Entonces, el dueño de la viña, tomándolo aparte, le dijo: «Amigo, no te hago agravio; ¿no conviniste conmigo en un denario? Toma lo que es tuyo, y vete; pero quiero dar a éste postrero, como a ti. ¿No me es lícito hacer lo que quiero con lo mío? ¿O tienes tú envidia, porque yo soy bueno?» (Mateo 20.13-15).

Querido hermano, ¿alguna vez has pensado que Dios es injusto, que otros que han hecho menos que tú, fueron igual o más bendecidos? ¡Ten cuidado! Nada de lo que tenemos realmente lo merecemos. Sé agradecido con Dios y gózate con la bendición de otros.

Que la envidia nunca encuentre lugar en tu corazón.

Señor, si la envidia afectó mi vida, te pido que me perdones
y me limpies. En el nombre de Jesús, amén.

Ser agradecidos

> «Dad gracias en todo, porque esta es la voluntad de Dios para con vosotros en Cristo Jesús».
>
> 1 TESALONICENSES 5.18

CUANDO LE PREGUNTABAN cómo estaba, Art De Moss solía contestar: «Mejor de lo que merezco». Esta original respuesta es el ejemplo de un corazón agradecido.

La Palabra de Dios dice que debemos darle gracias a Dios por todo.

Es sencillo ser agradecidos cuando recibimos un favor o un regalo, pero en ocasiones nos resulta difícil mantener una actitud agradecida cuando las circunstancias se tornan dolorosas y no alcanzamos a comprenderlas. El cristiano amante de Dios siempre encuentra motivos para estar agradecido.

Cuando un niño no ve satisfechos sus deseos, de inmediato llora, protesta o hace una rabieta. Su visión es que todo está a su servicio, que todos deben satisfacer sus caprichos. El cristiano maduro ha dejado atrás las cosas de niño. Sabe que su Padre celestial tiene el control sobre todas las circunstancias de la vida. Ha aprendido a confiar en su amor. Tal vez llora o sufre, pero no le atribuye despropósitos a Dios. Sabe decir: «Gracias aun por esto, porque sé que voy a ver tu gloria, porque estoy aprendiendo a confiar en ti, ¡porque te tengo a ti!»

No esperes grandes milagros, algo espectacular de parte de Dios para decirle «gracias». La palabra «todo» incluye hasta lo más pequeño y rutinario. La sal de la vida está en ser agradecidos y saber disfrutar las pequeñas bendiciones cotidianas como una hermosa mañana, un rico café o tu trabajo.

El diablo no puede contra un cristiano agradecido. Contra aquel que, incluso en su noche más oscura, levanta los ojos al cielo y dice:

—¡Gracias por todo, Padre!

Padre, hoy más que nunca, te digo: ¡gracias!
En el nombre de Jesús, amén.

No más temor

«Aunque ande en valle de sombra de muerte, no temeré mal alguno, porque tú estarás conmigo; tu vara y tu cayado me infundirán aliento».

SALMOS 23.4

CUANDO ERA NIÑO, Juan Mc. Neil, el famoso predicador escocés, trabajaba lejos de su hogar. Para poder volver a su casa debía atravesar un denso bosque. Y muchas veces le sorprendía la noche estando de regreso. Él contaba: «Nunca pasaba por aquel bosque sin temblar de miedo. Una noche, cuando era completamente oscuro, sentí que algo o alguien se movía cerca de mí. Oí una voz, y mi corazón latió con violencia; pensé que todo había terminado para mí. Entonces vino un segundo grito, y esta vez pude reconocer la voz que me decía: "Juan, ¿eres tú?". Era la voz de mi padre; él sabía cuánto temía pasar por el bosque oscuro y había venido al encuentro. Me tomó por la mano y puso su otro brazo alrededor de mi cuello. Nunca he hecho un paseo más dulce en mi vida».

Por momentos, nuestro camino en la vida cristiana se hace oscuro y escabroso. No vemos claramente cómo seguir, y el temor aprieta nuestra alma. De repente, todo se vuelve complicado y no sabemos qué hacer.

Dios ha prometido estar a nuestro lado y llevarnos de su mano como un Padre a un hijo. Él ha dicho: «No temas, porque yo estoy contigo» (Isaías 41.10).

El buen pastor camina a tu lado. Aunque no veas claramente la senda, no te preocupes; Él te está llevando. Disipará tu temor y te devolverá la confianza.

Si la noche te ha alcanzado, ¡no temas! Él está contigo.

Encuéntrate con la presencia de Dios y tómate fuertemente de su mano.

Señor, renuncio al temor y confío enteramente en ti.
En el nombre de Jesús, amén.

«Heme aquí»

«Después oí la voz del Señor, que decía: ¿A quién enviaré, y quién irá por nosotros? Entonces respondí yo: Heme aquí, envíame a mí».

ISAÍAS 6.8

WILLIAM BOOTH, fundador del Ejército de Salvación, decía: «No digas que no has sido llamado. "No he oído el llamado", debieras decir. Él te ha estado llamando desde el momento en que perdonó tus pecados, suplicándote y rogándote que seas su embajador».

Dios necesita hombres y mujeres dispuestos como Isaías, que oigan la voz de Dios mostrándoles la necesidad y digan: «Heme aquí, envíame a mí»; corazones sensibles y entregados que no deleguen en otros la responsabilidad que Él les ha conferido.

Cuando Moody fue a Inglaterra, un gran amigo le dijo: «El mundo está listo para ver lo que Dios puede hacer a través de un hombre que se ponga en sus manos». Con gran humildad, Moody le respondió: «Yo seré ese hombre».

Moody no fue un hombre educado formalmente. No era alguien que hablara un inglés perfecto. Nunca lo ordenaron como ministro, pero hizo temblar a los Estados Unidos y Europa, porque era un hombre lleno del Espíritu Santo, dispuesto a ponerse en las manos de Dios.

Cristo viene pronto. Y un gran avivamiento se está manifestando en las naciones. ¿Ha comenzado el avivamiento en tu corazón? Dios solamente busca corazones dispuestos para llenarlos con su gloria. Él quiere usarte, entrenarte como un soldado en sus filas. Quiere equiparte y edificarte para la obra del ministerio.

Eres luz del mundo, la fuerza espiritual que impacta con el poder del evangelio a las naciones.

Hay un llamado de Dios sobre ti. Dile: «Heme aquí, ¡a tus órdenes, Señor!»

Señor, quiero ser obediente a tu llamado. «Heme aquí».
En el nombre de Jesús, amén.

Lluvia de bendiciones

«A la séptima vez dijo: Yo veo una pequeña nube como la palma de la mano de un hombre, que sube del mar. Y él dijo: Ve, y di a Acab: Unce tu carro y desciende, para que la lluvia no te ataje».

1 REYES 18.44

EN OCASIONES, DIOS nos adelanta aquello que va a hacer. Son pequeñas nubes que presagian una gran lluvia de bendición.

Una nueva atmósfera en tu comunión con Dios, una palabra de la Biblia que Él te da son pequeñas señales que te dan la convicción de que algo grande está a punto de suceder.

Una vez, un joven de la iglesia me compartió una Palabra que Dios puso en su corazón mientras oraba por mí: «Pídeme, y te daré por herencia las naciones, y como posesión tuya los confines de la tierra» (Salmos 2.8). Por aquel tiempo, estaba conforme con mi ministerio local. No obstante, comencé a pedirle a Dios las naciones. Años después, llegaron las invitaciones y los viajes para predicar en diferentes partes del mundo. Aquella Palabra fue la nubecita que anunciaba una gran lluvia.

Dios le había prometido a Elías que llovería, y Elías comenzó a orar. Su siervo, que observaba el cielo, trajo un informe negativo en seis oportunidades. ¿No te resulta familiar? Dios te prometió grandes cosas, pero llevas orando mucho tiempo y no pasa nada. No te desanimes; persevera en la oración. Te estás acercando a la séptima vez; la respuesta se avecina. Pronto, Dios te permitirá ver una nubecita, una pequeña señal de lo grande que está a punto de suceder. Estás en el camino de la bendición.

¡Una gran lluvia se avecina!

Padre amado, renuncio a desanimarme. Sigo creyendo que todas tus promesas se cumplirán en mí. En el nombre de Jesús, amén.

Velemos por nuestros niños

«Viéndolo Jesús, se indignó, y les dijo: Dejad a los niños venir a mí, y no se lo impidáis; porque de los tales es el reino de Dios».

MARCOS 10.14

¡Niños! Dios tiene un gran dolor por los niños y hoy quiere compartir su carga contigo.

La violencia familiar, el abandono, la explotación infantil o las cambiantes parejas de sus padres impulsan a los niños a abandonar sus hogares. La calle les parece más segura y menos dolorosa. Se mueven en grupos o pandillas. Deambulan por las calles pidiendo dinero. Han perdido la infancia. Escapan de la policía, se pelean entre ellos, se drogan, son violados y violan... ¡Pero son niños! ¡Y Jesús los ama y sufre por ellos! No es justo que vivan así y nosotros miremos para otro lado.

Dios quiere que su iglesia se mueva a donde está la necesidad. Los hermanos de nuestra iglesia salen en las noches a buscar a estos chicos. Les hablan de Jesús y les muestran, sobre todo, su amor, lo que más necesitan. Los invitan a nuestro «rincón de amigos» donde pueden comer, asearse, lavar y cambiar sus ropas, oír de Jesús y recibir amor. Sí, otra vez, amor. Saben que hay un lugar donde pueden relajarse y estar seguros. Oramos por ellos y tratamos de ayudar en su situación familiar.

Dios quiere que veas a los niños con otros ojos, que les des el valor que tienen para Él. Comenzando por tus hijos y siguiendo por donde está la necesidad.

¿Puedes hacer algo por los pequeños del Señor?

Padre amado, creo que tú puedes usar mi vida para bendecir a los niños que te necesitan. Dame el amor y las oportunidades para hacerlo.
En el nombre de Jesús, amén.

La senda del justo

«Mas la senda de los justos es como la luz de la aurora, que va en aumento hasta que el día es perfecto».

PROVERBIOS 4.18

VIVIMOS A UN RITMO vertiginoso; todo sucede rápidamente. Comida rápida, café instantáneo, aviones cada vez más veloces... ¡no hay tiempo que perder!

Sin embargo, no podemos esperar que el crecimiento cristiano y las respuestas a la oración siempre vengan de manera instantánea.

Algunos esperan que Dios actúe de la misma forma que ellos operan un horno de microondas. «Santidad: ¡pip! ¡pip!», y la respuesta en minutos en su mesa. «Sanidad: ¡pip! ¡pip!», y servido. «Ministerio ungido: ¡pip! ¡pip!», ¡listo en pocos minutos!

Si alguno espera encontrar semejantes atajos, sufrirá terribles decepciones. La vida cristiana es un proceso de crecimiento. Nacemos a la vida cristiana como niños en lo espiritual y vamos creciendo, atravesando diferentes etapas y madurando. La presencia de Dios afecta y transforma nuestro ser, haciendo que su carácter se manifieste cada vez más en nosotros.

Estás creciendo; quizás no en el sentido que esperas, pero no temas: Dios sabe lo que hace. Está tratando tu carácter, moldeando tu vida, enseñándote a vivir por fe.

Si pasas por pruebas, si has fallado en algo, el alfarero amoroso y paciente aún te tiene en su mano y no te dejará hasta acabar su obra. Y esas promesas de plenitud se cumplirán.

No te desanimes.¡Renueva tus fuerzas!

A su tiempo, verás el fruto de la siembra de hoy.

Amado Dios, gracias por comenzar la obra en mí y perfeccionarla hasta el final. Dame la fortaleza para atravesar las pruebas y ser fiel en mi presente. Sé que cumplirás tus promesas en tu tiempo.
En el nombre de Jesús, amén.

Vivir en el primer amor

«Yo soy de mi amado, y conmigo tiene su contentamiento».

CANTARES 7.10

A SIMPLE VISTA, uno puede notar los matrimonios que han sabido mantener el romance y la buena comunicación. Con una mirada, ya saben lo que el otro piensa. Hablan como buenos amigos. A pesar de los años, se percibe que se aman y, cada día, se parecen más.

¡Así es también nuestra relación con Dios! Se cultiva diariamente y crece con los años.

Cuanto más lo conozco, más me enamoro de Él. Aprendo a conocer aquellas cosas que le agradan, que lo satisfacen; y también aquellas que lo ofenden y no debo hacer. Apenas un toque suave del Espíritu Santo me hace entender cuáles son sus intenciones y qué camino debo tomar. Estar con Él es un placer. Orar no es una carga pesada. Es compartir mi vida en un amor profundo, maduro, que me une a Él y me hace cada vez más semejante. ¡Es vivir en el primer amor!

Pero, al igual que en el matrimonio, tenemos que invertir tiempo y poner lo mejor de nosotros para disfrutar de una comunión íntima con el Señor y conocerle y agradarle. No permitas que se te vaya la vida sin disfrutar del amor de Dios. Cultiva esa relación. A medida que pase el tiempo, será más profunda. Tu tiempo de oración será un deleite. Querrás estar siempre con Él.

Tú eres del Amado.

Bendito Dios, quiero vivir siempre en el primer amor.
Ayúdame a construir una relación profunda y amorosa con
tu Espíritu Santo. En el nombre de Jesús, amén.

Amarga desilusión

«Y llegaron a Mara, y no pudieron beber las aguas de Mara, porque eran amargas; por eso le pusieron el nombre de Mara».

ÉXODO 15.23

HACE RATO QUE las reservas de agua se terminaron. No podrán resistir mucho más así. De pronto, alguien grita: «¡Hemos hallado agua!» Sin embargo, comprueban que las aguas no se pueden beber; son amargas. Y la amarga desilusión embarga el animo de todos.

La desilusión puede golpear a tu puerta. Estabas a punto de concretar una gran operación comercial, pero todo se cae. Aquel empleo que te prometieron, nunca se concreta. Se interrumpe tu relación sentimental y la otra persona se aleja. Un amigo o familiar te lastima. ¿Qué pasó? Y allí comienzas a beber las aguas amargas de tu desilusión.

El pueblo de Israel se enojó, murmuró contra Moisés. Pero él, siguiendo las instrucciones de Dios, cortó un árbol y lo echó en las aguas. Y las aguas se endulzaron.

Dios quiere endulzar tu corazón. Ese árbol cortado nos señala la obra de Jesús en la cruz muriendo por nosotros. Él ya bebió tu trago amargo. La desilusión a veces es necesaria para ver la realidad, aunque no nos guste o nos duela. No bebas el agua de la queja, del dolor, del resentimiento. Actúa con madurez. Refúgiate en Dios y bebe del agua pura. Deja que Jesús endulce tu alma y comienza un nuevo día.

Padre amado, en este día te entrego toda frustración y las desilusiones que me amargaron. Perdono a quienes me fallaron y te ruego que endulces mi alma con tu presencia. A su tiempo, tú abrirás la puerta que tienes para mí. En el nombre de Jesús, amén.

Compasión por los perdidos

«Pero el padre dijo a sus siervos: Sacad el mejor vestido, y vestidle; y poned un anillo en su mano, y calzado en sus pies. Y traed el becerro gordo y matadlo, y comamos y hagamos fiesta; porque este mi hijo muerto era, y ha revivido; se había perdido, y es hallado. Y comenzaron a regocijarse».

LUCAS 15.22-24

VARIOS MATRIMONIOS DE PASTORES nos habíamos puesto de acuerdo para pasar un día de campo en familia. Todo se desarrollaba según lo planeado hasta que Ezequiel, el menor de mis tres hijos, desapareció. Los demás niños no nos sabían decir adónde había ido. Fui con Betty a buscarlo por las inmediaciones, y, al ver que no estaba, todos los pastores salieron con nosotros a buscarlo.

Oraba en mi corazón pidiéndole a Dios poder encontrarlo. Mientras caminaba, los peores pensamientos atormentaban mi mente. La angustia de perder un hijo es indescriptible. Pero Dios tuvo misericordia de nosotros. El pequeño Ezequiel apareció jugando, ajeno a todo, en un lugar más alejado del campo. ¡Cómo lo abrazamos! ¡Cómo lloramos de alegría por haberlo encontrado!

Este difícil momento me sirvió para comprender mejor el corazón de Dios hacia las millones de personas que viven perdidas lejos de Él. Dios sufre por los borrachos, los drogadictos, los homosexuales, los delincuentes y tantos otros. Él los ama y quiere encontrarlos. Quiere que vuelvan al hogar.

Hoy más que nunca, ¡predica el evangelio! ¡Que se llene la casa de Dios y haya fiesta en los cielos!

Bendito santo, dame el mismo amor y aflicción que tú tienes por los perdidos. Concédeme el denuedo para predicar el evangelio todos los días de mi vida. En el nombre de Jesús, amén.

Consagrados a Dios

> «Entonces Jehová dijo a Moisés: El corazón de Faraón está
> endurecido, y no quiere dejar ir al pueblo».
>
> ÉXODO 7.14

HACE MUCHOS AÑOS, leí un libro interesante. Trataba acerca de unas cartas que escribía un demonio viejo para dar «sabios» consejos a un demonio novato. Uno de sus consejos decía: «Nunca te acerques a un cristiano consagrado y lleno del Espíritu Santo. ¡Te sacará corriendo! Espera a que se enfríe. Aguarda hasta que le dé lugar al pecado y entonces sí, ¡atácalo y lograrás vencerlo!»

El diablo luchará para evitar que te consagres. Así como Faraón intentó impedir la salida del pueblo de Israel de Egipto, el diablo intentará evitar que dejes por completo sus dominios y te consagres por entero a Dios.

Luego que Dios envió las primeras plagas contra Egipto, Faraón comenzó a negociar: «Yo os dejaré ir para que ofrezcáis sacrificios a Jehová vuestro Dios en el desierto, con tal que no vayáis más lejos» (Éxodo 8.28). El diablo tratará de impedir que le entregues tu corazón a Cristo por completo, que «vayas más lejos». Él quiere que sirvas a Dios, ¡pero en Egipto! Tratará de mantenerte al margen de una entrega completa al Señor y terminará alejándote de Él por completo.

No negocies con el enemigo, conságrate completamente a Dios. Si las cosas del mundo te han atrapado y el Señor y su obra han dejado de ser tu prioridad, ¡aviva la llama de tu corazón! No te quedes en la orilla de tu cristianismo. Busca una relación más estrecha y comprometida con Dios. ¡Ve a aguas profundas!

Padre amado, le doy la espalda al mundo y al pecado para correr
a tu encuentro. Aviva la llama del primer amor.
En el nombre de Jesús, amén.

El gran premio

«Sin fe es imposible agradar a Dios; porque es necesario que el que se acerca a Dios crea que le hay, y que es galardonador de los que le buscan».

HEBREOS 11.6

HAY GALARDÓN EN BUSCAR a Dios. No significa que Él te vaya a dar un premio por buscarlo; ¡encontrarlo a Él es el premio!

Dios se revela a los humildes, a los quebrantados, a aquellos que, sin hallar satisfacción en este mundo, se atreven a buscarlo.

Dios es tan grande y tan sublime que no necesita de nada. Dice el apóstol Pablo: «ni es honrado por manos de hombres, como si necesitase de algo; pues él es quien da a todos vida y aliento y todas las cosas» (Hechos 17.25). Y esto es lo misterioso: Que sin necesitar de nada, quiera tener comunión con nosotros; que espere nuestro amor y adoración como un padre espera a su hijo.

Nuestra búsqueda diaria de la presencia de Dios pone de manifiesto cuánta hambre y pasión tenemos por conocerle. Por el contrario, nuestra falta de oración refleja nuestro orgullo, nuestra comodidad o nuestra indiferencia para con Dios. Pero Él siempre está con sus brazos abiertos y nos dice: «y me buscaréis y me hallaréis, porque me buscaréis de todo vuestro corazón» (Jeremías 29.13).

Él te está esperando. Si lo buscas, lo encontrarás. Te sorprenderá su amor, su gozo. Te alzará en sus brazos y, sin reproches, te dirá: «Tú eres mi hijo».

Búscalo y deléitate en Él.

Amado Padre, ¡qué maravilloso es poder llamarte así! Hoy quiero buscarte con todo el corazón y encontrarme a solas contigo. Quiero disfrutar de tu amor y adorarte. En el nombre de Jesús, amén.

Billeteras consagradas

«Entonces Faraón hizo llamar a Moisés, y dijo: Id, servid a Jehová; solamente queden vuestras ovejas y vuestras vacas; vayan también vuestros niños con vosotros».

ÉXODO 10.24

EN UN CULTO DE BAUTISMO, un hermano esperaba su turno para ser bautizado. Una persona notó que este hermano todavía tenía la billetera en el bolsillo y lo alertó: «Tiene la billetera en el bolsillo. Se le va a mojar». Este flamante hermano replicó: «Sí, ya lo sé. Lo hice a propósito. ¡Ella también necesita convertirse!»

Faraón pretendía retener al pueblo de Dios pidiéndole que dejara sus ovejas y sus vacas en Egipto. Asimismo, el diablo no querrá que consagres tu vida económica a Dios. Pero Jesús es el Señor de todo, incluyendo nuestro dinero y nuestros talentos. No podemos decidir con lo nuestro como si nos perteneciera. Somos apenas administradores de los bienes del Señor porque todo le pertenece. Y si administramos nuestro dinero con sabiduría buscando primero el reino de Dios y su justicia, Él nos añadirá, nos dará aun abundante prosperidad.

El cristiano que ha salido de Egipto no vive solamente para hacer dinero, por el contrario, pone generosamente su dinero al servicio del Señor. Lo lleva también al altar. Como le dijo Moisés a Faraón: «Nuestros ganados irán también con nosotros; no quedará ni una pezuña; porque de ellos hemos de tomar para servir a Jehová nuestro Dios» (Éxodo 10.26).

Así como nuestro corazón debe estar enteramente consagrado a Él, nuestro dinero también debe ser santificado, dedicado a los propósitos de Dios.

¡Consagra a Dios tu billetera!

Amado Dios, te corono como Señor de mi vida y de todo lo que tengo.
Enséñame a ser un buen administrador de tus bienes.
Te lo pido en el nombre de Jesús, amén.

Que nada empañe
nuestro gozo

«Y la multitud de los que habían creído era de un corazón y un alma; y ninguno decía ser suyo propio nada de lo que poseía, sino que tenían todas las cosas en común».

HECHOS 4.32

POR TODAS PARTES se oye de la crisis económica. Personas desocupadas se afligen por su familia. Los que contrajeron deudas buscan con desesperación la salida. Los que quieren progresar económicamente chocan contra la realidad adversa. Muchos cristianos están con profundos niveles de stress o deprimidos. Las familias pierden el gozo, y la tensión mina la unidad en los matrimonios y provoca angustia y temor en los hijos.

Indudablemente para la Iglesia primitiva el dinero no era lo más importante en sus vidas. Gozaban de una relación tan profunda con Jesús, que ni siquiera lo serían sus propias vidas. Perseveraban en la oración, en la doctrina, en la comunión, en la alabanza y en el partimiento del pan.

Cierra la puerta de tu casa y de tu corazón a la crisis y haz que tu familia sea un oasis en el desierto, un lugar de descanso y refrigerio en medio del descreimiento y el pesimismo reinante.

Tal vez pases por una situación económica que te aflige. Dios es fiel y poderoso para librarte. ¡No temas! ¡Confía en Él! Pero mientras llega la respuesta, cuida tu familia. Cuida tu propio corazón. Puede faltar el dinero, pero no el amor o el gozo de la salvación. El diablo te mostrará lo que te falta, pero Dios hoy quiere que valores y cuides lo que tienes. Especialmente tu familia y tu relación con el Espíritu Santo.

Padre, que las dificultades económicas no me quiten el gozo y la fe.
En ti confío. En el nombre de Jesús, amén.

Conquistadores para Dios

«Después de éste, Eleazar hijo de Dodo, ahohíta, uno de los tres valientes que estaban con David cuando desafiaron a los filisteos que se habían reunido allí para la batalla, y se habían alejado los hombres de Israel. Este se levantó e hirió a los filisteos hasta que su mano se cansó, y quedó pegada su mano a la espada».

2 Samuel 23.9,10

CUANDO DIOS ME llamó a fundar una iglesia en el Barrio de Belgrano, Buenos Aires, todos dijeron: «Es imposible. Es cementerio de pastores». Pero Dios había tratado con mi vida de una manera especial. Me había dado una visión clara, me había dado su Espíritu, que transformó mi carácter tímido y reservado, dándome la audacia para ser un conquistador.

Una característica distintiva de un conquistador es que dice «Sí» cuando los demás dicen «No». Este «Sí» es el resultado de la obediencia a Dios en algo que sabemos que Él nos pide. Como dijo el apóstol Pablo: «no fui rebelde a la visión celestial» (Hechos 26.19).

Este es el caso de Eleazar, uno de los tres valientes de David. Todos dijeron «no» y huyeron, pero él dijo «sí» y alcanzó la victoria.

Dios te llama a hacer grandes cosas. Mira a Eleazar: de tanto batallar, su mano se le pegó a la espada. Así debes tomarte de las promesas de Dios. Él tiene una gran victoria para ti. ¡Atrévete a decirle que «Sí» y conviértete en un conquistador para Dios!

Señor, te pido que me cambies, quita mis temores y complejos,
y lléname de tu Espíritu Santo. Dame el arrojo, el denuedo,
para hacer grandes cosas para ti. En el nombre de Jesús,
digo «Sí» a tu perfecta voluntad para mi vida. Amén.

Ricos en generosidad

«Asimismo, hermanos, os hacemos saber la gracia de Dios que se ha dado a las iglesias de Macedonia; que en grande prueba de tribulación, la abundancia de su gozo y su profunda pobreza abundaron en riquezas de su generosidad».

2 CORINTIOS 8.1-2

LA CLAVE NO ES LO que tienes, sino qué haces con lo que tienes. Luego de convertirme al Señor, el pastor anunció: «el martes todos están invitados a un estudio bíblico». El pastor nos enseñó acerca del señorío de Cristo, que todo le pertenece a Él, y que nosotros somos administradores de nuestra vida y de todo lo que tenemos. También compartió acerca de dar al Señor nuestros ofrendas y diezmos. Desde entonces abracé estos principios para mi vida.

En algunas iglesias en India, a pesar de su pobreza extrema, un grupo de fieles cristianos, con lo poco, hacen mucho. A pesar de alimentarse casi exclusivamente con arroz en raciones mínimas, en cada comida ponen aparte un puñado como ofrenda a la misiones ¡Qué maravilloso ejemplo!

El apóstol Pablo alababa a las iglesias de Macedonia que a pesar de las pruebas y su profunda pobreza, abundaban en generosidad, sobrepasando incluso a otras congregaciones en mejor situación económica.

No se trata de la cantidad, sino de practicar el dar como parte de nuestra vida. Con lo poco, en las manos de Dios, puedes hacer mucho. Puedes apoyar la obra de Dios y ayudar a muchos necesitados. Además pondrás en marcha el principio activo de la siembra y la cosecha. En el reino de Dios «el alma generosa será prosperada, y el que saciare, él también será saciado» (Pr 11.25).

Padre celestial, enséñame a sembrar generosamente en tu obra. ¡Que mi ofrenda se multiplique en almas! En el nombre de Jesús, amén.

El fuego del altar

«Y el fuego encendido sobre el altar no se apagará, sino que el sacerdote pondrá en él leña cada mañana, y acomodará el holocausto sobre él, y quemará sobre él las grosuras de los sacrificios de paz. El fuego arderá continuamente en el altar; no se apagará».

LEVÍTICO 6.12-13

TODO FUEGO TIENDE a apagarse, así que mantenerlo requiere un esfuerzo de nuestra parte. Imaginemos al sacerdote levantándose en una fría madrugada para buscar leña, llevarla hasta el altar, sacar todas las cenizas y llevarlas fuera del campamento (Levítico 6.10-11). Luego, colocar la leña, avivar el fuego y acomodar el holocausto. ¿Le costará trabajo y atención esta tarea? ¡Por supuesto! Pero la orden divina es clara: «El fuego arderá continuamente en el altar; no se apagará» (v. 13).

Así mismo, el fuego del Espíritu Santo en nuestro corazón requiere un cuidado especial diario. Cada mañana debemos retirar «las cenizas», aquellas actitudes de nuestro pasado que impiden que el fuego arda en plenitud. En el altar, hacemos morir nuestro viejo hombre cada día. Nos limpiamos de toda contaminación del pecado.

Luego, debemos acomodar los leños, invertir tiempo sobre nuestras rodillas, hasta que el fuego de Dios nos envuelva por completo y su gloria se manifieste en nuestra vida. La comunión con el Espíritu Santo será íntima y profunda pero no se produce sin una actitud decidida de tu parte. Debes «trabajar» para ello.

Un cristiano que arde con el fuego del Espíritu Santo es un cristiano feliz y victorioso.

Señor, vengo a tu presencia para avivar el fuego de tu Espíritu Santo.
Que el gozo de tu presencia me inunde otra vez.
Quiero buscarte y serte fiel. En el nombre de Jesús, amén.

Esperar en Dios

«Humillaos, pues, bajo la poderosa mano de Dios, para que él os exalte cuando fuere tiempo».

1 PEDRO 5.6

DIOS QUIERE LLEVARNOS a la plenitud en todas las áreas de nuestra vida. Por eso, es bueno esperar «la exaltación de Dios», no como un deseo carnal de vanagloria, sino como un anhelo de madurez y plenitud; un deseo de ser muy usados por Él y de dejar huella en este mundo. Esa es la voluntad de Dios.

Pero, para que Él te exalte, primero debes estar dispuesto a esperar «bajo la poderosa mano de Dios».

¿Cómo debemos esperar? Con humildad, sujeción (1 Pedro 5.5) y fidelidad, manteniendo el sano equilibrio y la cordura, la cual nos permite soñar sin eludir nuestras responsabilidades del presente.

Además, debemos esperar sin ansiedad, con toda nuestra fe, sabiendo que nuestra vida está en las manos de Dios, y todo lo que Él tiene para nosotros se cumplirá a su tiempo.

Hace años recibí la visita de un tío de Betty (mi esposa). Él sabía que, a pesar de todos los años de esfuerzos, no lograba que mi iglesia creciera. Oramos juntos y me dijo que veía multitudes que venían a mi ministerio.

Aunque era difícil de creer, guardé esa palabra en mi corazón. Y déjame decirte algo: Las multitudes llegaron. En los últimos años, he podido predicar para 50.000 personas en estadios colmados en muchas partes del mundo. Y, por la gracia de

Dios, nuestra congregación en Belgrano tiene varios miles de miembros, ¡y seguimos creciendo!

Señor, enséñame a ser fiel en mi presente, a caminar en obediencia.
Gracias porque todo lo has hablado a mi corazón se cumplirá a su
tiempo. Tu poderosa mano está conmigo. ¡Tú lo harás! Amén.

Como un niño

«En aquel tiempo los discípulos vinieron a Jesús, diciendo: ¿Quién es el mayor en el reino de los cielos? Y llamando Jesús a un niño, lo puso en medio de ellos, y dijo: De cierto os digo, que si no os volvéis y os hacéis como niños, no entraréis en el reino de los cielos».

MATEO 18.1-3

EL CAPÍTULO 18 DE MATEO contiene una sola enseñanza del Señor Jesús: La responsabilidad que tenemos los mayores en la fe para con los nuevos creyentes.

Los discípulos habían tenido una fuerte discusión entre ellos acerca de quién era el mayor en el reino de los cielos y le preguntaron a Jesús. En este contexto de contienda entre líderes, el Señor entrega una de las enseñanzas más preciosas del Evangelio.

Jesús nos revela que para entrar al reino de Dios debemos tener las virtudes de un niño: humildad, credulidad. ¡Todo lo contrario a la actitud de los discípulos en aquel momento! Nadie que rehúse humillarse ante Dios podrá conocerle y ser salvo.

Los discípulos, como muchos líderes de hoy, estaban preocupados por ocupar buenas posiciones, ser reconocidos y honrados. Y Jesús debe enseñarles que esas actitudes hacen un tremendo daño a la iglesia, especialmente a los pequeños en la fe.

Cuando los líderes estamos más preocupados por nuestra posición que por la necesidad de las almas, los débiles tropiezan y se lastiman. Cuando somos ásperos con ellos, indiferentes, egoístas, esos niños que Dios puso en nuestras manos quedan desamparados y a merced del maligno.

Dale al nuevo creyente el valor que Dios le da. ¡Apacienta sus corderos!

Señor, guarda mi corazón del orgullo y la competencia y dame un amor especial por los nuevos en la fe. En el nombre de Jesús, amén.

> «Entonces vinieron unos judíos de Antioquia y de Iconio, que persuadieron a la multitud, y habiendo apedreado a Pablo, le arrastraron fuera de la ciudad, pensando que estaba muerto».
>
> HECHOS 14.19

EN OCASIONES PASAMOS del éxito a la crisis en un abrir y cerrar de ojos de ojos.

Luego de que Pablo sanara a un paralítico, toda la ciudad se amontonó alrededor de los apóstoles proclamando que eran dioses y querían ofrecerles sacrificios (Hch 14.8-18). Pero al versículo siguiente, los mismos que los aclamaban, persuadidos por unos judíos de Antioquia, apedrearon a Pablo.

A veces pasamos por situaciones que consideramos injustas. Nos preguntarnos: «¿Por qué haciendo la voluntad de Dios me sobreviene esta batalla?» Es parte del propósito de Dios.

Las pruebas son la oportunidad para vivir la Palabra de Dios y ver el poder del Señor en acción. El mismo Dios que sanó al paralítico en Listra, es el que levantó a Pablo luego de la pedrada. Estuvo con él en las buenas y en las malas, mostrándole su poder y dándole un testimonio que aún nos impacta (2 Co 11.24-31).

Dios te pone en situaciones incómodas, de soledad y rechazo, para que su Palabra sea real en ti. Para que tú mismo tengas un testimonio de su fidelidad y puedas decir como aquel ciego: «una cosa sé, que habiendo yo sido ciego, ahora veo» (Jn 9.25).

En las luchas Dios quiere que te tomes de su Palabra, que estés seguro de que Él será glorificado en tu debilidad.

No desmayes. Aquello que para otros es una tragedia es una oportunidad para ti de ver la gloria de Dios.

Padre, creo que por medio de esta prueba voy a recibir un testimonio de tu fidelidad y tu poder. En el nombre de Jesús, amén.

«Ensancha el sitio de tu tienda, y las cortinas de tus habitaciones sean extendidas; no seas escasa; alarga tus cuerdas y refuerza tus estacas. Porque te extenderás a la mano derecha y a la mano izquierda; y tu descendencia heredará naciones y habitará las ciudades asoladas».

ISAÍAS 54.2-3

TRES HOMBRES CONSTRUÍAN un edificio. Una persona se acercó al primero con curiosidad y le preguntó: «¿Qué hace?» «Estoy colocando ladrillos», le respondió. La persona avanzó hasta el segundo trabajador y le hizo la misma pregunta. «Estoy levantando una pared», le contestó éste. Finalmente llegó hasta el tercer obrero y le preguntó también qué hacía. Este hombre le dijo resueltamente: «Estoy construyendo una iglesia para la gloria de Dios». Los tres hombres hacían la misma tarea, pero tenían una visión diferente de su labor.

Hay personas que tienen dificultades para ver de lejos. El problema es que al no ver más allá de lo inmediato corren el peligro de no entender la importancia de lo que están haciendo.

Uno se desanima cuando no tiene un sueño, un ideal. La mujer estéril de Isaías capítulo cincuenta y cuatro, debía trabajar con fe, esperando los hijos que Dios milagrosamente le iba a dar. Si dudaba de la promesa de Dios, bien podía pensar que todo su esfuerzo era en vano. Pero Dios la exhorta: «No seas escasa» (Is 54.2). ¡Dios quiere usarte en esta generación y darte muchos hijos espirituales!

¿Piensas a menudo que lo que haces para Dios no es muy valioso? ¿Crees que Dios no tiene nada importante para ti? ¡Remueve esos pensamientos! Pídele a Dios una nueva visión para que veas los maravillosos planes que tiene para ti.

Amado Dios, ayúdame a servirte teniendo una visión de fe.
En el nombre de Jesús. Amén.

Discernamos el tiempo

«Todo tiene su tiempo [...]»

ECLESIASTÉS 3.1

«[...] y el corazón del sabio discierne el tiempo y el juicio».

ECLESIASTÉS 8.5

CUANDO UNO ENTIENDE el tiempo que está viviendo, actúa en consecuencia. Si es tiempo de trabajar, trabaja. Si es tiempo de orar, ora. Si es tiempo de descansar, descansa. Es una virtud de sabiduría discernir los tiempos.

Este tiempo que vivimos tiene cuando menos dos características distintivas. En primer lugar, es un tiempo de gracia: «[...] no recibáis en vano la gracia de Dios. Porque dice: En tiempo aceptable te he oído y en día de salvación te he socorrido. He aquí ahora el tiempo aceptable; he aquí ahora el día de salvación» (2 Corintios 6.1-2). Alcanzamos la salvación en Cristo y disfrutamos de las abundantes bendiciones de Dios por su gracia. Esta gracia te permite disfrutar de una comunión única con Dios. Te permite vivir en santidad. Te permite ser usado por Dios para cumplir sus planes. ¡Aprovecha este tiempo de gracia!

En segundo lugar, es tiempo de ser llenos del Espíritu Santo: «Mirad, pues, con diligencia cómo andéis, no como necios sino como sabios, aprovechando bien el tiempo, porque los días son malos. [...] sed llenos del Espíritu Santo» (Efesios 5.15,16,18).

Vivimos días malos. La maldad se multiplica, y ser cristiano más que nunca es ir contra la corriente. No podemos vivir neciamente. Este es el tiempo que anunció Joel: «sobre mis siervos y mis siervas en aquellos días derramaré de mi Espíritu» (Hechos 2.18). El reloj del Señor te señala que es la hora de la gracia. Dios quiere llenarte con el Espíritu Santo.

Aprovecha este tiempo.

Padre, quiero ser sabio y no menospreciar tu gracia ni tu unción.
Gracias por derramar tu Espíritu en mi vida. Amén.

«Mi comida es que haga la voluntad del que me envío, y que acabe su obra».

Juan 4.34

DIOS BUSCA CORAZONES que tengan pasión por las almas. Jesucristo, nuestro perfecto modelo, ardía de amor por los perdidos. Con este anhelo trabajaba sin cesar. No se detenía en la comodidad ni lo inquietaban las distancias. «Su comida», aquello que saciaba por completo su alma, era hacer la voluntad de Dios: "Y esta es la voluntad del Padre, el que me envió: Que de todo lo que me diere, no pierda yo nada». (Jn 6.39).

John Wesley, el gran predicador del avivamiento, tenía esa pasión. Con ardor dijo: «Dame cien predicadores que no teman a nada sino al pecado, y nada deseen sino a Dios... Ellos estremecerán las puertas del infierno y exaltarán el reino del cielo en la tierra».

¿Eres tú un ganador de almas? ¿Arde tu corazón por ellas? La vida cristiana y aún el ministerio, pierden su sentido y su color cuando no predicamos el evangelio.

Jesucristo vivía volcado hacia la necesidad. Era atraído como un imán por los corazones quebrantados y eternamente perdidos. Donde estaban los enfermos, los pobres, los marginales, los pecadores, allí estaba Jesús ofreciendo la nueva vida.

Imagina cómo se sentiría Jesús al ver las multitudes: ¡tanta necesidad y no poder llegar hasta cada uno! «¿Cómo puedo lograrlo?», se habrá preguntado. «¿cómo puedo tocarlos a todos?» Y de inmediato vino la respuesta: «¡Necesito obreros! ¡Oren para que Dios envíe obreros!» (Mt 9:35-38).

Dios necesito hombres y mujeres con el corazón de Jesús.

¿Serás tú uno de ellos?

Padre, ¡enciéndeme con el fuego de tu amor y úsame para la salvación de los perdidos! En el nombre de Jesús, amén.

Marzo

El poder de Dios

> «Y hablaron contra Dios, diciendo: ¿Podrá poner mesa en el desierto? He aquí ha herido la peña, y brotaron aguas, y torrentes inundaron la tierra; ¿Podrá dar también pan? ¿Dispondrá carne para su pueblo?»
>
> SALMOS 78.19-20

EN LOS DIFÍCILES comienzos de mi ministerio, nos propusimos hacer unas reparaciones en nuestro pequeño templo porque estaba en pésimas condiciones. Pero, como los recursos económicos eran insuficientes, pensar en construir era realmente un proyecto de fe.

Una mañana, fui al banco a pagar unas cuentas y le pedí al empleado el saldo de mi cuenta corriente. Cuando vi la suma tan grande de dinero que figuraba en mi cuenta, me sorprendí. Expliqué que había un error porque yo no había depositado esa gran suma de dinero. Esta persona revisó cuidadosamente todos los papeles y me dijo: «Ese dinero es suyo. Alguien vino y depositó esa cantidad a su nombre». ¡Gloria a Dios! Salí del banco corriendo de pura alegría.

Jamás supe quién depositó ese dinero, pero sí sé que Dios me mostró su fidelidad proveyéndomelo de donde menos lo esperaba.

El pueblo de Dios en el desierto, a pesar de haber visto salir aguas de una roca, desafió a Dios preguntando: «¿Podrá poner mesa en el desierto?» Y la respuesta es: ¡Sí! ¡Dios puede poner su mesa de provisión abundante en medio de tu desierto! Solamente debes confiar en Él.

Quizás tienes necesidades y no sabes cómo suplirlas. Has estudiado tu situación, tus posibilidades, y no encuentras la respuesta. La provisión de Dios vendrá de donde menos lo esperes. Solamente debes creer.

Bendito Dios, te doy gracias porque eres poderoso para suplir todas mis necesidades. ¡Gracias por tu provisión abundante! En el nombre de Jesús, amén.

El cuerpo de Cristo en acción

«Mejores son dos que uno; [...] porque si cayeren, el uno levantará a su compañero; pero ¡ay del solo! que cuando cayere, no habrá segundo que lo levante».

ECLESIASTÉS 4.9,10

LA CARRERA DE LA SANTIDAD no es una carrera solitaria. Ciertamente, en ocasiones, será imposible vivir la santidad sin la ayuda del cuerpo de Cristo.

Muchos cristianos pelean en soledad batallas difíciles contra el pecado: un mal hábito que practican en lo oculto, una crisis en su matrimonio, complejos y temores no confesados, una tentación que se agiganta y a la que temen ceder, pensamientos incorrectos, raíces de amargura y muchas otras situaciones.

He visto a cristianos caminar por la cornisa y a otros que cayeron y no pueden levantarse. Y no es que no quieran. Son amados hermanos que están en problemas y necesitan ayuda. ¡El problema es que no la piden!

Quizás estás pasando un momento difícil. Sientes que le estás fallando a Dios, y te atormenta la culpa. ¡No te quedes solo! Tienes una familia en la fe que te ama y quiere ayudarte. Si lo has probado todo: oraste, leíste la Biblia, te congregaste, y, aún así, estás en problemas, todavía queda la comunión del cuerpo de Cristo: «si andamos en luz, como él está en luz, tenemos comunión unos con otros, y la sangre de Jesucristo su Hijo nos limpia de todo pecado» (1 Juan 1.7).

¡La victoria también es para ti!

Amado Dios, ayúdame a vivir una vida cristiana íntegra y transparente, que honre tu nombre. Dame siempre el valor de enfrentar los problemas y pedir ayuda a tiempo. Gracias por darme hermanos que pueden levantarme si lo necesito. Gracias por tu iglesia. Amén.

Y los montes se moverán

«En el primer tratado, oh Teófilo, hablé acerca de todas las cosas que Jesús comenzó a hacer y a enseñar».

HECHOS 1.1

UNA MUJER LEYÓ en la Biblia que, si tuviésemos fe como un grano de mostaza, podríamos ordenarle a los montes que se muevan y nada nos sería imposible (Mateo 17.20). Justo frente a su casa había un gran monte. Dispuesta a poner por obra la Palabra, comenzó a orar: «Monte, te ordeno que te muevas de ese lugar». Inmediatamente miró por la ventana. Como el monte seguía allí, cerró su Biblia diciendo: «¡Yo sabía que no se iba a mover!»

La iglesia hoy vive con una fe muy pequeña. No tomamos seriamente la Palabra de Dios. En su Evangelio, Lucas relató «las cosas que Jesús comenzó a hacer y enseñar». Y esa es la clave: Primero debemos hacer y luego enseñar. Nosotros a veces hablamos, pero no lo vivimos.

La iglesia primitiva era íntegra, caminaba en santidad bajo el temor de Dios. Por eso era una iglesia llena del poder del Espíritu Santo que anunciaba el evangelio con señales y milagros extraordinarios.

Hoy, Dios quiere levantar a su iglesia con el mismo poder y autoridad que tuvo la iglesia naciente. Para que esto suceda debemos recuperar el temor de Dios, caminar en santidad. Si vienes a la luz con un corazón abierto, Dios te mostrará áreas de tu vida que no están de acuerdo con Él. Podrás poner en orden tu vida y recibir la poderosa unción que te capacita para ser su testigo en este mundo.

Amado Señor, examíname y muéstrame si no estoy andando bajo tu temor. Quiero ser un canal para revelar tu poder y gloria al mundo. En el nombre de Jesús, amén.

Tiempo de cosecha

«Tiempo de arrancar lo plantado». ECLESIASTÉS 3.2

LA COSECHA ES un tiempo de gozo, de fiesta. Sin embargo, en ocasiones la fiesta frustra, a veces por situaciones ajenas a nuestra voluntad, pero otras veces por nuestra propia pasividad, por no entender que ha llegado el tiempo de arrancar lo plantado.

El Señor Jesús les dijo a sus discípulos: «¿No decís vosotros: Aún faltan cuatro meses para que llegue la siega? He aquí os digo: Alzad vuestros ojos y mirad los campos, porque ya están blancos para la siega. Y el que siega recibe salario, y recoge fruto» (Juan 4.35-36). Indudablemente, Jesús estaba hablando de las almas, de los millones que se pierden sin conocerlo. Mucha de esta cosecha queda ahogada por las excusas de los cristianos: «Que no es mi llamado, que todavía no estoy listo...» ¿Estás poniendo alguna excusa para no predicar el evangelio a los perdidos?

También es tiempo de cosechar lo que sembraste en tu vida familiar, material, afectiva o ministerial. Estuviste sembrando por medio de la oración, de tu planificación y de tus acciones, ¡ahora es el momento de arrancar lo plantado! Hay cosechas que están listas para ser levantadas y solamente necesitas determinación y confianza en Dios.

El Señor quiere que te extiendas, que progreses. Él quiere darte el crecimiento, pero debes estar abierto para recibirlo. Dios te dice: «¡Ve y tómalo! ¡Actúa!» Es el momento de la cosecha, y no debes poner dilaciones ni estar distraído.

Hoy es el día de recoger el fruto tan deseado. No lo dejes pasar.

El gozo de la cosecha está llegando a tu vida.

Padre, recibo con gozo la cosecha que anhelaba. Gracias por darme el fruto tan esperado. En el nombre de Jesús, amén.

Cuando la vida se derrumba

«Y ella les respondía: No me llaméis Noemí, sino llamadme Mara;
porque en grande amargura me ha puesto el Todopoderoso».

RUT 1.20

NOEMÍ ESTABA EN EL peor momento de su vida. Su esposo y sus dos
hijos habían muerto. No tenía posesiones ni forma alguna de
sostenerse. Apenas Rut, la moabita, permanecía fiel a su lado para
mitigar su desamparo.

Al verla entrar en Belén, los viejos conocidos se preguntaban:
«¿No es esta Noemí?» Pero ella se apresuraba a aclarar: «No me
llaméis Noemí, sino llamadme Mara; porque en grande amargura me
ha puesto el Todopoderoso». Noemí significa «dichosa», y su vida ya
no era así. Ahora todo se había convertido en Mara, en amargura: «Yo
me fui llena, pero Jehová me ha vuelto con las manos vacías. ¿Por qué
me llamaréis Noemí, ya que [...] el Todopoderoso me ha afligido?»
(Rut 1.21).

Quizás te identificas con Noemí. En otro tiempo tenías gozo, la
unción de Dios estaba sobre ti y tu familia; tu ministerio y tus
negocios prosperaban, pero lo has perdido todo. Un duro golpe, una
desilusión trajo quebranto a tu alma y la llenó de amargura. Y ya no
puedes alabar a Jesús como antes.

Cuando un corazón herido se llena de amargura necesita con
urgencia la intervención de Jesús. Él es experto en sanar corazones
quebrantados. Conoce tu dolor. Sabe exactamente cuánto te cuesta
vivir sin aquello que perdiste. ¡Pero Él quiere llenar tu vacío con su
amor! Solamente debes estar dispuesto a perdonar a quienes te
dañaron y cambiar de actitud ante la vida. Con Jesús puedes volver a
empezar.

No camines en amargura. Busca a Jesús.

*Bendito santo, vengo a ti con mi corazón quebrantado. Sáname y
devuélveme la esperanza. En el nombre de Jesús, amén.*

Instrumentos del Señor

«Y enviaron a Bernabé que fuese hasta Antioquia. Este, cuando llegó, y vio la gracia de Dios, se regocijó, y exhortó a todos a que con propósito de corazón permaneciesen fieles al Señor. Porque era varón bueno, y lleno del Espíritu Santo y de fe».

HECHOS 11.22-24

NINGUNO DE NOSOTROS podrá olvidar a aquellos hermanos que amorosamente invirtieron tiempo en nuestra vida. Recuerdo especialmente a un joven de la Iglesia que en mis primeros pasos en la fe me fue de tanta bendición. Él fue uno de los instrumentos que Dios usó para atraerme a sus caminos.

Dios está llamando a los «Bernabé» de este tiempo. El nombre Bernabé significa literalmente «hijo de consolación». Y este siervo de Dios hacía honor a su nombre. Cuando Saulo de Tarso se convirtió al Señor y recibió su llamado al apostolado, fue Bernabé lo recibió con amor e intercedió por él ante los apóstoles (Hch 9.26-27).

Cuando un grupo de gentiles se convirtió al Señor en Antioquía, esto provocó alarma en la Iglesia de Jerusalén y enviaron a Bernabé.

Bernabé no vaciló aún en oponerse a Pablo por causa del joven Marcos, a quien Pablo no quería en el equipo por haberse vuelto atrás en el primer viaje misionero (Hch 15.36-39). Pero Bernabé quería darle otra oportunidad.

¡Dios nos de un corazón como el de Bernabé! En estos tiempos difíciles, donde tantos sufren el rechazo y las pruebas, tu abrazo, tu palabra de ánimo, tu llamada a tiempo, tu oración por el débil, el ponerte a su lado, dejarán huellas de amor para toda la vida.

Levántate como un Bernabé.

Padre, úsame para traer consuelo y ánimo a todos los que me rodean.
En el nombre de Jesús, amén.

«Entonces Jesús fue llevado por el Espíritu al desierto, para ser
tentado por el diablo. Y después de haber ayunado cuarenta días y
cuarenta noches, tuvo hambre».

MATEO 4.1-2

LA BIBLIA NOS ENSEÑA que el ayuno es básicamente un acto de
humillación, de postrarnos en la presencia de Dios reconociendo que
lo necesitamos más que a cualquier alimento. Ayunamos porque
queremos dedicar el tiempo de comer para orar y buscar el rostro de
Dios. Ayunamos porque tenemos hambre de Él y queremos ser
purificados y transformados por Él.

En los años previos a la gran visitación del Espíritu Santo sobre mi
ministerio y la iglesia, Dios me llamó en varias ocasiones a ayunar
semanas completas. Cuando ayunaba, mi único objetivo era pasar
más tiempo con Él. Esos momentos tuvieron mucha importancia,
«araron la tierra» para el mover del Espíritu Santo que se desató.

¡Ayuna! El ayuno te da una gran oportunidad para ejercitar el
dominio propio. La práctica del ayuno y la oración te ayuda a
encausar aquellas áreas que están desbordadas en ti. Tu comunión
con Dios te fortalece para poner en orden tus hábitos de vida. ¡Vale la
pena ayunar!

El ayuno no es mágico. No es un rito. Es la expresión del hambre
espiritual de un hijo de Dios que anhela conocerle más, que está
dispuesto a ir con perseverancia a su presencia para oír su voz y hacer
los ajustes necesarios.

No desestimes el ayuno y la oración. Los grandes hombres de
Dios ayunaban. Jesucristo, tu Señor, ayunaba.

¡Hay poder a través del ayuno y la oración!

*Señor, dame la sensibilidad para oír tu voz llamándome al encuentro.
Que valore el ayuno y la oración como un camino más que me lleva a tu
presencia. En el nombre de Jesús, amén.*

Valoremos a quienes nos aman

«Entonces Joab vino al rey en la casa, y dijo: Hoy has avergonzado el rostro de todos tus siervos, que hoy han librado tu vida, y la vida de tus hijos y de tus hijas, y la vida de tus mujeres, y la vida de tus concubinas, amando a los que te aborrecen, y aborreciendo a los que te aman».

2 SAMUEL 19.5-6

A VECES, NO LE damos el valor suficiente a aquellas personas que de verdad nos aman y están a nuestro lado.

David enfrentó con dolor la rebeldía de su propio hijo Absalón que quería destronarlo y que finalmente murió en un combate. Al saber de la muerte de Absalón, hizo duelo públicamente e incomodó a sus leales tropas. Joab lo confrontó duramente: «Amas a los que te aborrecen, y aborreces a los que te aman».

¡Cuántos tienen favores y sonrisas para todos, pero para su familia solamente tienen impaciencia, irritabilidad e indiferencia! Sin embargo, cuando tienen una verdadera necesidad, quien está a su lado es su familia.

Dales el valor debido a tu familia, tus hermanos de la iglesia, aquellos que Dios puso a tu lado para cuidarte y apoyarte en tu necesidad. Ellos te aman por quien eres.

Si has sido áspero con ellos acércate hoy y háblales bondadosamente. Diles cuánto los amas y dales las gracias por todo lo que hacen por ti.

El que es un buen cristiano en el hogar es, en verdad, un buen cristiano.

Bendito Dios, perdóname si no he dado el valor suficiente a mis familiares, pastores y hermanos de la iglesia. Ayúdame a honrarles y decirles cuánto los amo. En el nombre de Jesús, amén.

«Sé vivir humildemente, y sé tener abundancia; en todo y por todo estoy enseñado, así para estar saciado como para tener hambre, así para tener abundancia como para padecer necesidad. Todo lo puedo en Cristo que me fortalece».

FILIPENSES 4.12-13

HACE UNOS DÍAS nos visitó desde el continente africano un reconocido pastor. Vino motivado por el Espíritu Santo para compartirnos una Palabra de Dios acerca de la crisis económica y social que vive nuestro país por estos días. Era un mensaje de esperanza, pero también de reflexión. El Señor nos dijo que esta crisis, así como tuvo su principio, tendría también su fin. Pero también nos llamó a la reflexión sobre el por qué de la crisis. Se trata de un especial trato de Dios con el corazón materialista de nuestra sociedad.

Si el dinero es lo que proporciona paz, alegría, confianza...O por el contrario, la falta de dinero produce inquietud, tristeza, inseguridad...; entonces el dinero se ha convertido en un Dios para nuestra vida.

El apóstol dijo sabiamente: «he aprendido a contentarme cualquiera que sea mi situación. Sé vivir humildemente y sé tener abundancia» (Fil 4.11-12). Dios nos enseña a vivir por fe. Es una escuela. ¿Qué es lo que debemos aprender? A estar contentos más allá del dinero.

Días atrás un hermano, que estuvo casi dos años sin empleo, me dijo: «Pastor, cuando me quedé sin trabajo me sentí morir. Los primeros meses viví angustiado, pero luego me fui acostumbrando a ver milagros. Comprobé que de algún modo Dios siempre suplía mi necesidad».

Busca el reino de Dios, ¡no pierdas el gozo ni la esperanza!. Dios hará milagros en tu vida.

Padre amado, enséñame el gozo del contentamiento y glorifícate haciendo milagros en mi vida. En el nombre de Jesús, amén.

Cuando la debilidad asoma

«Pues he aquí que concebirás y darás a luz un hijo; y navaja no pasará sobre su cabeza, porque el niño será nazareo a Dios desde su nacimiento, y él comenzará a salvar a Israel de mano de los filisteos».

JUECES 13.5

SANSÓN ERA NAZAREO, alguien apartado para Dios. Su cabello largo era un símbolo de la sujeción a Dios, una señal de estar bajo autoridad. Sin embargo Sansón no fue fiel a sus votos. Se llegaba a mujeres extranjeras, participaba de banquetes mundanos... su corazón licencioso e impulsivo no reconocía ningún límite. Finalmente, le cortaron el cabello y con él perdió la unción de Dios, el respaldo divino.

El fracaso de Sansón nos permite examinarnos y tomar medidas a tiempo para revertir una caída.

Un cristiano que está en peligro no presta atención a una debilidad evidente de su carácter. En el caso de Sansón, su debilidad era la inmoralidad sexual, las mujeres. No tenía reparos en acostarse con una ramera (Jueces 16.1) y elegía sus esposas con solamente mirarlas (Jueces 14.3).

El problema no es tener un punto débil, todos lo tenemos, el problema es ignorarlo. ¿Cuál es tu debilidad? Debes reconocerla y protegerte, estar alerta a no ceder a ella. Debes tener cerca de ti hermanos mayores que te ayuden cuando la tentación o el conflicto se torne irresistible para ti. No permitas que tu debilidad te domine.

Sansón tenía debilidad por las mujeres y cayó en manos de una mujer. Nunca le dio importancia a su debilidad, y esa actitud negligente le costó todo: su vida y su ministerio.

No caigas en la misma trampa.

Padre, guárdame de la soberbia y la autosuficiencia. Que siempre sepa pedir ayuda en mi debilidad. En el nombre de Jesús, amén.

> «Y he aquí vino un leproso y se postró ante él, diciendo: Señor, si quieres, puedes limpiarme. Jesús extendió la mano y le tocó, diciendo: Quiero; sé limpio. Y al instante su lepra desapareció».
>
> MATEO 8.2-3

UNA MAÑANA, UN hombre descubrió una llaga en su cuerpo. Con temor, fue a ver al sacerdote, quien le dijo: «Es lepra. Lo siento». Caminó hacia su casa. Llamó a su esposa y, lloroso y dolido, se despidió: «No te acerques; tengo lepra. Purifica nuestra casa. Por favor, besa por mí a los niños. Siempre te amaré. Lo siento». Y se marchó. Mientras caminaba hacia el lugar de los leprosos, recordó que el día anterior recibió una caricia de su esposa: la última caricia de amor que recibiría en su vida.

Vivía rechazado por todos, sin amor y sin hogar. Pero alguien le habló de Jesús, de su amor, del poder que tenía para sanar, y el hombre recobró la esperanza.

Sabía que al acercarse a Jesús quebraría las normas, pero estaba seguro que Él podía sanarlo. Corrió hacia Él y, postrándose, le dijo: «Señor, si quieres, puedes limpiarme». Jesús lo miró y lo tocó; una caricia de amor para aquel que rechazaban. Y le dijo: «Quiero; sé limpio». Y fue sanado al instante.

Ignoro el problema que estás atravesando, las heridas de rechazo que quedaron en tu alma. Quizás lo has perdido todo y no sabes cómo continuar. Solamente quiero decirte que el mismo amor de Jesús está disponible para ti. Él te dice: «Quiero ayudarte».

Recibe su toque de amor en este día.

Señor, vengo a refugiarme en tu amor. Tú conoces mi necesidad y cómo me siento. ¡Tócame con tu poder! En el nombre de Jesús, amén.

«Porque tú dices: Yo soy rico, y me he enriquecido, y de ninguna cosa tengo necesidad; y no sabes que tú eres un desventurado, miserable, pobre, ciego y desnudo».

APOCALIPSIS 3.17

STANLEY JONES DECÍA con acierto que una hoja seca mantiene la misma forma y la misma estructura que una hoja verde. La diferencia es que está seca y muerta. Así es la vida de un creyente que no vive en el fuego del primer amor. Mantiene su forma, su estructura, sus actividades, pero está seco, se ha vuelto un tibio en la fe.

Iglesias, cristianos que en otro tiempo disfrutaron de un maravilloso mover del Espíritu Santo no mantuvieron la llama del primer amor encendida. Hoy, solamente guardan el recuerdo de una pasada visitación de Dios. Son hermanos que cuentan testimonios de hace muchos años atrás porque nada nuevo ha sucedido últimamente. ¿Qué ha pasado?

Quizás piensas que un cristiano tibio es uno que se revuelca en el pecado, pero no. Es uno que dice «así estoy bien», o, como dice nuestro texto de hoy, «yo soy rico, y me he enriquecido, y de ninguna cosa tengo necesidad».No espera que suceda algo nuevo en su relación con Dios. Ha perdido la capacidad de asombro con Dios, y esto es grave. Si no puedes asombrarte de lo grande y poderoso que es Él, tampoco podrás darle la adoración que se merece.

Él quiere hacer algo nuevo en tu vida. Si el fuego de tu corazón se está apagando, vuelve a encenderlo en oración.

Padre santo, vengo a tus pies a pedirte que enciendas mi corazón con el fuego del Espíritu Santo. Llévame a experimentar una vida ferviente, llena del Espíritu para ti. Amén.

Oro puro

> «¿Y quién podrá soportar el tiempo de su venida? ¿o quién podrá estar
> en pie cuando él se manifieste? Porque él es como fuego purificador,
> y como jabón de lavadores. Y se sentará para afinar y limpiar la plata;
> porque limpiará a los hijos de Leví, los afinará como a oro».

> MALAQUÍAS 3.2-3

EL ORO SE RELACIONA con lo divino en la Biblia. Dios desafía a sus
hijos para que seamos «oro puro» para Él.

¿Cuánto de la presencia de Dios, de su santidad, hay en tu vida? La
mezcla con las cosas del mundo puede pasar inadvertida para otros,
pero no para Dios. Él es «fuego purificador».

¿Qué cosas influyen en tu vida? Si tu corazón se mezcla con «los
metales» del mundo, tendrás la apariencia del oro pero, en tu interior,
te habrás endurecido a la comunión con el Espíritu Santo.

«La religión pura y sin mácula delante de Dios el Padre es esta:
Visitar a los huérfanos y a las viudas en sus tribulaciones, y guardarse
sin mancha del mundo» (Santiago 1.27). La «religión pura», «el oro
puro», se evidencia en el amor práctico y la santidad verdadera.

¿Eres oro puro? ¿La manera de vivir y de pensar del mundo ha
influenciado tu vida y te parece normal aquello que sabes que a Dios
no le agrada?

El Señor es «fuego purificador». Vayamos hoy a su presencia y
dejemos que Él nos purifique para comenzar una nueva relación con
Él.

Que tu vida sea pura y brillante, como una joya del Rey.

*Bendito Padre, purifícame para ser oro puro en tus manos. Que no
haya mezcla en mí. En el nombre de Jesús, amén.*

«He aquí que para justicia reinará un rey, y príncipes presidirán en juicio. Y será aquel varón [...] como refugio contra el turbión».

ISAÍAS 32.1-2

ERA UN DÍA como todos. Se despertó y dijo: «Gracias Señor por este nuevo día». Desayunó, tomó un tiempo para orar y leer la Biblia, y se dispuso a lavar la ropa sucia.

Cuando revisó los bolsillos del pantalón de su hijo creyó que se iba a desvanecer al mirar absorta aquel cigarrillo de marihuana. ¡Su hijo tenía problemas con la droga! Definitivamente, ese no era un día como todos.

¿Qué es un turbión? Es un temporal repentino de agua y viento. Viene cuando nadie lo espera, dura poco, pero produce mucho daño. Todo estaba tranquilo, pero, repentinamente, llega una carta con un aviso de despido. Todo transcurría normalmente hasta que una llamada telefónica comunica la pérdida de un ser querido o un terrible accidente. ¿Quién está preparado para noticias como estas? ¿Quién no se quebranta frente a esas pruebas repentinas y difíciles?

Jesús es nuestro refugio contra el turbión. Él puede sanar y reconstruir una vida que, cual vasija quebrada, no ha podido soportar el peso de una prueba imprevista.

Refúgiate en la presencia de Dios hasta que pase la tormenta. Solamente Él puede comprender lo que sientes. Es normal que necesites asimilar tu nueva realidad, pero no te resientas ni tengas lástima de ti. Tampoco te condenes. Dios te sigue amando.

Él es tu refugio contra al turbión.

Amado Señor, te doy gracias porque, en los momentos más difíciles de mi vida, estás a mi lado. Mi vida, todo lo que soy y tengo lo pongo en tus manos. En el nombre de Jesús, amén.

El poder de la oración

«¿Está alguno entre vosotros afligido? Haga oración».

SANTIAGO 5.13

LA CONOCIDA ESCRITORA cristiana Basilea Schlink dijo: «Cada vez que le das lugar a lo malo y miras lo malo, edificas el reino de la maldad en tu vida». ¿Cómo evitar mirar lo malo si vivimos en este mundo? La respuesta está en la oración.

La oración trae resultados asombrosos para tu vida, te transforma. El apóstol Santiago menciona a Elías, un hombre semejante a nosotros, como un ejemplo de oración (5.17). Elías a veces se desanimaba, igual que tú. A veces sentía temor, igual que tú. Oraba fervientemente... ¿igual que tú? Por eso Elías llegó a ser quien fue y es lo que marcará la diferencia en tu vida.

Cuando te relacionas con Dios, la apatía, el temor, los complejos, las dudas le dan paso a la gloriosa presencia del Espíritu Santo que te imparte el carácter y la victoria de Cristo. ¿Estás afligido? ¡Ora! Es el remedio de Dios.

La oración también te vuelve a los planes originales de Dios. Dice Jeremías 29.11: «Porque yo sé los pensamientos que tengo acerca de vosotros, dice Jehová, pensamientos de paz, y no de mal, para daros el fin que esperáis». ¿Cómo asir los planes de Dios para tu vida? A través de la oración. Allí recibirás discernimiento para seguir los pasos correctos.

Elías nos dejó un modelo de oración eficaz (1 Reyes 18.42-45). Él se postró sobre sus rodillas con un corazón humilde. Oró con perseverancia, esperando la respuesta porque confiaba en Dios. Así debe ser tu oración.

La oración conforme al corazón de Dios mueve el mundo celestial y te rescata de la aflicción. ¡Hay poder en la oración!

Señor, cámbiame en oración. Muéstrame tus planes. ¡Abre los cielos!
En el nombre de Jesús, amén.

«Entonces se enojó, y no quería entrar. Salió por tanto su padre, y le rogaba que entrase. Mas él, respondiendo, dijo al padre: He aquí, tantos años te sirvo, no habiéndote desobedecido jamás, y nunca me has dado ni un cabrito para gozarme con mis amigos».

LUCAS 15.28-29

UN PERSONAJE A menudo olvidado en la parábola del hijo pródigo es el hijo mayor. El padre es el personaje principal de esta parábola. Su amor y el deseo de recuperar a su hijo, acaparan toda nuestra atención mostrándonos el inmenso amor de Dios hacia la humanidad perdida. También el hijo pródigo capta nuestra atención pues nos señala la esperanza que hay en el arrepentimiento. Pero poco se habla del hijo mayor. ¿Quién es el «hijo mayor» hoy?

Es uno que hace tiempo está en la casa de Dios. Conoce sus responsabilidades en la iglesia y las cumple a pie juntillas. Llega temprano a las actividades, cumple con sus diezmos y ofrendas, y es obediente a sus autoridades. Pero guarda en su alma una silenciosa frustración.

El hijo mayor piensa que la fiesta es para los demás, y que Dios no es lo suficientemente justo con él. Se muestra celoso ante la inocencia y el gozo del recién convertido que arde con el fuego del primer amor.

Pero quiero decirle a los hijos mayores: La fiesta también es para ti. El mismo amor y poder que se manifiesta sobre un pecador arrepentido, es el que Dios quiere mostrarte en este día. Quizás debas recuperar la inocencia y el asombro de tu conversión. Volver definitivamente al primer amor, vivir sólo por Cristo.

¡Regocíjate! La fiesta es para ti.

Padre amado, llévame otra vez al fuego del primer amor.
En el nombre de Jesús, amén.

«Mi corazón ha dicho de ti: Buscad mi rostro. Tu rostro buscaré, oh Jehová».

SALMOS 27.8

LOS MOLINOS, QUE se yerguen de cara al viento, ilustran de alguna manera cuál debe ser nuestra actitud como cristianos en la vida: Siempre de cara al viento divino, recibiendo su brisa y moviéndonos con su fuerza.

¿Cómo se está moviendo Dios? ¿Qué quiere decirme el Señor? El cristiano amante de la presencia de Dios siempre se eleva buscando la brisa del Espíritu Santo. Siempre está atento a sus giros y dispuesto a moverse como el Espíritu Santo se lo indique. Así, obediente como el molino, su corazón busca la presencia de Dios, su alma anhela contemplarlo y gira a su encuentro para recibir sus fuerzas, para que en su vida fluyan los ríos de agua viva que sacian la sed de su corazón.

Imagínate como un molino, buscando recibir siempre el viento de Dios, la vida de Dios en tu corazón.

Algunos han invitado a Jesús a vivir en su corazón, pero lo dejaron sentado en un sillón de la casa y se han olvidado que Él está allí para recibir toda la alabanza y toda la adoración. No le damos el honor a nuestro gran invitado, que, más que invitado, es el dueño de nuestra vida.

Hoy, quiero desafiarte a buscar la presencia de Dios, a que pongas tu mirada en las cosas del Espíritu. Pon tu rostro en dirección al Espíritu Santo y sáciate del agua que salpica para vida eterna. ¡Mira a Jesús! Recibe hoy su viento de vida.

Señor, tengo sed de tu presencia. Quiero contemplar tu rostro y ser guiado por tu Espíritu. En el nombre de Jesús, amén.

Velar en oración

> «Vino luego a sus discípulos, y los halló durmiendo, y dijo a Pedro:
> ¿Así que no habéis podido velar conmigo una hora?»
>
> MATEO 26.40

CUANDO ME PUSE de novio con Betty, mi futuro suegro llevaba 25 años esperando para que le colocaran un teléfono en la casa, y yo me ofrecí para ayudarle. Fui a las oficinas de la compañía del teléfono e hice el reclamo a una empleada. Ella fue a unos grandes y viejos archivos y al rato me dijo: «Va a tener que seguir esperando». ¡Increíble! Gracias a Dios, con la llegada de las computadoras, esto ha cambiado, y los pedidos se resuelven en pocas horas. No obstante, ahora que los adelantos en la tecnología nos facilitan las cosas, ya no queremos esperar por nada, todo lo queremos al momento.

Pero en la oración no hay atajos. Los adelantos tecnológicos no los podemos trasladar a la vida de oración. No es «aprieto un botón y tengo comunión con Dios». Hace falta tiempo de búsqueda.

La disciplina en la oración es la clave para una vida victoriosa. Debemos permanecer constantes orando todos los días sin faltar. «Orad sin cesar» es el mandato (1 Tesalonicenses 5.17). Cuando oramos diariamente, los frutos se hacen evidentes en nuestra vida.

Quiero desafiarte para que te fijes una meta de oración diaria que sea alcanzable pero que te requiera un cierto esfuerzo. Aunque parezca pequeña, comienza con ella y persevera. Al tiempo, verás cómo la disciplina se transforma en deleite y querrás pasar más y más tiempo con el Señor.

¡No hay nada mejor que estar con Él!

Amado Dios, quiero velar contigo en oración, buscar cada día más de tu presencia. Me deleito en ti. En el nombre de Jesús, amén.

«Por lo cual, como dice el Espíritu Santo: Si oyereis hoy su voz, no endurezcáis vuestros corazones».

HEBREOS 3.7-8

EN CIERTA OCASIÓN, N. Grubb dijo: «Avivamiento es obedecer al Espíritu Santo y nada más. Él nos indica que debemos humillarnos y quebrantar nuestro duro corazón, que andemos en luz confesando nuestros pecados y yendo a la preciosa sangre de Cristo para ser completamente limpios. Si le obedecemos, entonces encontramos que en ese mismo momento el Espíritu está libre para avivar nuestra propia vida y nuestra comunidad. El avivamiento es vaciarnos de nosotros mismos y permitir que el Espíritu Santo tenga el dominio de todo nuestro ser. Es una experiencia de gozo indescriptible, de amor sublime experimentado en plenitud».

El avivamiento comienza por la iglesia. El Señor se revela vivamente a su pueblo llamándolo a la consagración, restaurando el altar y ocupando el lugar que le corresponde en su casa. Luego, ese mismo fuego se propaga a los perdidos por el testimonio vigoroso y cristalino de los cristianos. Entonces, toda la sociedad cambia radicalmente por la presencia de Cristo en la comunidad.

John Wesley dijo: «Si fuéramos santos de corazón y de vida, totalmente consagrados a Dios, ¿no arderíamos todos los predicadores y propagaríamos este fuego por todo el país?»

El avivamiento debe comenzar por tu corazón. Cuando el Espíritu Santo gobierne tu vida, lo sobrenatural pasará a ser lo cotidiano. Su paz te inundará, tendrás gozo, el fruto abundante del Espíritu Santo se manifestará en ti. ¡La unción del altísimo te capacitará para ser un testigo fiel de Jesucristo!

No endurezcas tu corazón, ríndelo ante Dios. Él te bendecirá, y serás de bendición a otros.

Señor, te entrego toda mi vida. ¡Enciéndeme con el fuego del Espíritu Santo! En el nombre de Jesús, amén.

«Tiempo de callar». ECLESIASTÉS 3.7

DICE PROVERBIOS 17.28: «Aun el necio, cuando calla, es contado por sabio; el que cierra sus labios es entendido».

¿Cuántas veces nos hemos lamentado por haber hablado lo que no debíamos? ¿Cuándo debemos callar?

Es necesario saber callar cuando uno no tiene nada bueno que decir. Hay personas que no pueden mantener la boca cerrada y de tanto abrirla terminan pecando. La crítica, el chisme, la murmuración, la queja son expresiones pecaminosas que abundan en aquel que no domina su lengua.

Es necesario también saber callar por amor. En ocasiones pensamos que debemos señalarle constantemente a los otros sus errores o defectos. Como consecuencia, las personas resultan heridas y mortificadas. En cambio, el amor calla, sabe esperar, comprender. Confía en la obra del Espíritu Santo.

Es importante, además, saber callar para lograr una buena comunicación. Algunos no dialogan, simplemente hablan. No están dispuestos a callarse y oír con atención al otro. Quizás tu familia reclama de ti ese oído atento, que comprendas sus sentimientos, que simplemente calles y la escuches.

Por último, es necesario saber callar en la presencia de Dios: «Mas Jehová está en su santo templo; calle delante de él toda la tierra» (Habacuc 2.20). Hay momentos para estar en silencio en la presencia de Dios y reconocer quién es Él y contemplar la hermosura de su santidad. Hay momentos para ahogar toda queja, silenciar las voces de nuestra mente y aceptar que Él es soberano y tiene el control de nuestra vida. Hay momentos para callar y dejar que Él tome la Palabra.

Aprende el valor de tu silencio. Es tiempo de callar.

Padre, mis oídos están atentos a tu voz. Quiero aprender a callar, saber escuchar. En el nombre de Jesús, amén.

«He aquí, yo estoy contigo, y te guardaré por dondequiera que fueres, y volveré a traerte a esta tierra; porque no te dejaré hasta que haya hecho lo que te he dicho».

GÉNESIS 28.15

¡QUÉ HERMOSA PROMESA! ¿Quién es el destinatario de estas palabras de bendición? ¿Alguien que se destaca por sus virtudes de carácter? No. Se trata de Jacob, un hombre astuto y engañoso que venía huyendo de la ira de su hermano. Pero Dios puede tomar a un hombre carnal y pecador y transformarlo en un hombre espiritual que sirve a sus propósitos.

En ocasiones, después de algún fracaso, pensamos que Dios nunca va a utilizarnos como quisiéramos. Consideramos nuestra vida pobre y limitada. ¡Qué gran error! Donde hay un corazón dispuesto a arrepentirse, deseoso de agradar a Dios, hay un Dios poderoso, dispuesto a terminar la obra, capaz de transformarte diariamente si lo dejas actuar.

Tu fe debe estar puesta en Él porque no te dejará hasta que todas sus promesas se cumplan en tu vida. Debes estar persuadido de que «el que comenzó en [ti] la buena obra, la perfeccionará hasta el día de Jesucristo» (Filipenses 1.6).

Jacob en sus comienzos era un hombre astuto, seguro de sí mismo. Su relación con Dios no era profunda, pero Dios tenía un destino para él. Dios dejó que Jacob se golpease con sus propias decisiones y, en ese caminar, lo fue quebrantando y moldeando para llegar a ser Israel, el padre de las doce tribus; un hombre de Dios aprobado que terminó sus días profetizando en una dulce comunión con Dios.

Si Dios lo hizo con Jacob, ¡lo hará también contigo!

Señor, confieso que eres poderoso para completar tu buena obra en mi vida. En el nombre de Jesús, amén.

Los valientes de Dios

«Después de éste fue Sama hijo de Age, ararita. Los filisteos se habían reunido en Lehi, donde había un pequeño terreno lleno de lentejas, y el pueblo había huido delante de los filisteos. El entonces se paró en medio de aquel terreno y lo defendió, y mató a los filisteos; y Jehová dio una gran victoria».

2 SAMUEL 23.11-12

UNA CARACTERÍSTICA QUE distingue a los conquistadores de Dios para el nuevo milenio y los convierte en «sus valientes» es que son hombres y mujeres que pelean por aquello que les pertenece.

Dios ha puesto muchas cosas en tu mano. Como un buen administrador suyo, debes cuidarlas y protegerlas. Así como lo hizo Sama, uno de los valientes de David que supo pelear por lo que le pertenecía. Pues aunque en nuestros días no se aplican estas historias de guerras y sangre, debemos batallar con armas espirituales.

Algunos cristianos asumen una actitud pasiva mientras ven cómo todo se desmorona a su alrededor. No interceden y claman a Dios por la victoria. Otros permiten que el temor o el desánimo los paralice. Pero Dios quiere que defiendas aquello que puso en tus manos. No dejes que el enemigo te robe la esperanza. No permitas que arranque la paz de tu corazón. Pelea en oración contra todas las huestes de maldad que quieren destruir tu familia, tu ministerio, tu economía. Busca al Señor sobre tus rodillas, y Él te dará la estrategia y la capacidad.

Amado Dios, eres mi protector y quien me defiende de todo mal.
Enséñame a hacer tu voluntad. Renuncio al temor y al desánimo y voy
a defender aquello que has puesto en mi mano.
En el nombre de Jesús, amén.

Reunidos para darle gloria

«Después Moisés y Aarón entraron a la presencia de Faraón y le dijeron: Jehová el Dios de Israel dice así: Deja ir a mi pueblo a celebrarme fiesta en el desierto».

ÉXODO 5.1

CUANDO NOS INVITAN a la fiesta de una persona que amamos, normalmente acudimos con un presente en nuestras manos. Si organizamos la fiesta, cuidamos que haya una mesa con ricas comidas para agasajarlo y un ambiente de alegría para la celebración. Queremos ofrecerle lo mejor. ¡Así debe ser nuestro culto al Señor! Él nos invita a celebrarle fiesta, y debemos honrarlo con nuestra mejor adoración.

Sin embargo, a veces en vez de llevar un regalo a la fiesta, llevamos una excusa: «Tuve un pequeño contratiempo, me vas a disculpar, pero te debo el regalo». Así mismo actuamos con el Señor. Él nos invita a celebrarle fiesta, espera recibir de nosotros la adoración y el homenaje que se merece, pero acudimos a la iglesia con las manos vacías y un montón de excusas: «Señor, no tengo ánimo para adorarte, solamente vengo a recibir. Te pido esto y te pido aquello». ¡Ese no es el propósito de la fiesta!

Nos reunimos para darle gloria, para enaltecer su nombre y luego Él, en su gran amor, nos compartirá de los manjares de su mesa. Nos reunimos para celebrarle fiesta al Señor y ofrecerle «sacrificio de alabanza, es decir, fruto de labios que confiesan su nombre» (Hebreos 13.15).

Tu búsqueda de Dios cada día te prepara para ese encuentro. No esperes esa reunión semanal para ir a pedir, espérala para regalarle tu amor junto a la familia de Dios.

¡No acudas a la fiesta con las manos vacías!

Señor, tú eres merecedor de mi mejor alabanza. Te exalto con todo mi corazón. En el nombre de Jesús, amén.

La gloria del Señor

«Por tanto, nosotros todos, mirando a cara descubierta como en un espejo la gloria del Señor, somos transformados de gloria en gloria en la misma imagen, como por el Espíritu del Señor».

2 CORINTIOS 3.18

QUIERO INVITARTE A conocer un nivel de oración que quizás hasta ahora no hayas explorado, a tener un encuentro con la gloria de Dios.

Cuando miramos la gloria del Señor somos transformados a la imagen de Cristo. Ahora, la pregunta es: ¿Dónde podemos ver su gloria?

Moisés, a solas con Dios en la montaña, le reveló a Dios su anhelo más profundo: «Te ruego que me muestres tu gloria», y Dios le contestó: «No podrás ver mi rostro» (Éxodo 33.18,20). Moisés había visto la gloria de Dios en tremendos milagros en el desierto, pero quería ver a Dios, quería conocerlo de una manera íntima, personal. Él quería ver su rostro.

Dios quiere cristianos así, apasionados por buscar su gloria, por conocerlo íntimamente.

Si tu expectativa es tener un más profundo con Dios, si tu meta es conocer su gloria, ora y busca una nueva relación con el Espíritu Santo. Verás su gloria y serás transformado porque nadie puede ver la santidad de Dios y permanecer intacto.

Moisés no tuvo este privilegio, ya que aún no se había consumado el sacrificio perfecto que le permitiera al hombre una comunión perfecta con Dios. Pero hoy, los cielos están abiertos. Tenemos «libertad para entrar en el Lugar Santísimo por la sangre de Jesucristo» (Hebreos 10.19).

Busca su rostro. Ensancha tus límites espirituales.

Señor, llévame a una nueva relación contigo. Quiero conocerte.
Quiero ver la hermosura de tu santidad y ser transformado.
En el nombre de Jesús, amén.

Vida eterna en los cielos

«En la casa de mi Padre muchas moradas hay; si así no fuera, yo os lo hubiera dicho; voy, pues, a preparar lugar para vosotros».

JUAN 14.2

ME ENCONTRABA CON la cabeza metida en el motor de mi auto cuando escuché una voz a mis espaldas que dijo: «Fue muy interesante para mí escuchar su mensaje, pero no estoy de acuerdo con el asunto del cielo. No hable acerca del cielo». Aquel hombre, aun sin saberlo, fue usado por el enemigo para traer su mensaje.

El diablo no quiere que prediquemos acerca del cielo, ni de la vida eterna ni del infierno. A veces difunde la idea de que el cielo sí existe y que todos los hombres irán allí. ¡Es otra de sus mentiras! Si toda la humanidad tenía asegurada su salvación, ¿para qué el Hijo de Dios vino a morir en una cruz? Jesús vino a buscar y salvar lo que se había perdido (Lucas 19.10).

¡Así que hablemos del cielo! Celebremos nuestra esperanza de la vida eterna con Dios.

En el cielo, el gozo y la paz que hoy experimentas como hijo de Dios se potenciarán hasta el infinito: «y verán su rostro, y su nombre estará en sus frentes. No habrá allí más noche; y no tienen necesidad de luz de lámpara, ni de luz del sol, porque Dios el Señor los iluminará; y reinarán por los siglos de los siglos» (Apocalipsis 22.4-5).

Tienes vida eterna; un destino de gloria.

¡Hablemos del cielo! ¡Es nuestra esperanza gloriosa!

Señor, tú me has librado del temor a la muerte. Tengo vida eterna, una morada en los cielos junto a ti. ¡Gracias por tu salvación!
En el nombre de Jesús, amén.

> «He aquí que para justicia reinará un rey, y príncipes presidirán en juicio. Y será aquel varón como escondedero contra el viento».
>
> ISAÍAS 32.1-2

ME ENCONTRABA EN Pensacola, Estados Unidos, cuando nos anunciaron que un viento huracanado golpearía aquellas costas, y nadie podía andar por las calles. Las ráfagas de viento eran impresionantes.

Existen diferentes tipos de vientos: agradables, fríos, calientes, huracanados... Isaías se refiere a vientos que provocan daño o molestia; vientos de los que hay que esconderse. Este pasaje mesiánico nos señala un rey como refugio: Jesucristo, a quien la Palabra de Dios describe como «escondedero contra el viento».

El viento, en mayor o menor intensidad, siempre está soplando. Para el cristiano, representa aquellas pruebas que tienen un carácter permanente o prolongado. Situaciones difíciles con las que hay que convivir cada día. Un familiar enfermo, un marido alcohólico, un defecto físico, son pruebas que pueden durar años o quizás toda la vida. Si ésta es tu situación, necesitas acudir a tu refugio urgentemente.

Aunque no puedas evitar que el viento continúe, Jesús puede protegerte de sus efectos negativos, guardar tu corazón en la paz y el gozo del Espíritu Santo y renovar tu fe y tus fuerzas. Jesús es tu escondedero. Él quiere cubrirte, abrazarte, protegerte. Quiere darte un testimonio único. Podrás decir simplemente: «Jesús es mi refugio. Él es mi paz».

Señor Jesús, vengo a refugiarme en tu presencia, a entregarte toda mi carga. Recibo tu paz, tus fuerzas y tu esperanza. Declaro que esta prueba prolongada no me va a destruir; por el contrario, voy a ver tu gloria y tus milagros en mi vida. Lo creo. En el nombre de Jesús, amén.

Puestos los ojos en Él

«Y saliendo, se fue, como solía, al monte de los Olivos; y sus discípulos también le siguieron. Cuando llegó a aquel lugar, les dijo: Orad que no entréis en tentación».

LUCAS 22.39-40

NOCHE DE ANGUSTIA: los murmullos en las sombras, las treinta piezas de plata y los soldados que se aprestan para el arresto. Todo el pecado del mundo está sobre la vida de un justo. La voluntad del Hijo se somete a la voluntad del Padre. Y el ángel de Dios viene a fortalecerle. ¿Qué pasa con los discípulos? En esta hora en la que se define el futuro del hombre, ellos duermen.

En momentos críticos, a menudo, nos toca compartir la misma soledad de Jesús. La gente no alcanzan a entender el dolor de tu corazón. Te siguen, como los discípulos al Maestro, pero no están ahí. Duermen.

¿Qué harás? ¿Te llenarás de amargura porque no hay nadie para ayudarte? ¿Buscarás las cosas del mundo para olvidar tu tristeza?

¿Qué hizo Jesús? «Y estando en agonía, oraba más intensamente» (Lucas 22.44). Él entendió que necesitaba más que nunca la guía y la fortaleza de su Padre.

Tal vez has recibido una mala noticia estos días, o las presiones sobre ti se han multiplicado. La tristeza te agobia. No tienes mucha fuerza y te sientes solo. El enemigo querrá que te eches a dormir, que te deprimas y desanimes. En cambio, Dios quiere tratar con tu vida a solas. Quiere mostrarte su plan, consolarte y darte nuevas fuerzas.

Solamente búscalo.

Amado Dios, no permitas que, en mi agonía, quite mis ojos de ti. Tú eres mi refugio, mi único refugio. En el nombre de Jesús, amén.

El camino de la humildad

> «Haya, pues, en vosotros este sentir que hubo también en Cristo Jesús, el cual siendo en forma de Dios, no estimó el ser igual a Dios como cosa a que aferrarse».
>
> FILIPENSES 2.5-6

IMAGINA A UN rey en su palacio, sentado en su trono lleno de pompa y de riqueza. ¿Puedes imaginar a este rey renunciando voluntariamente a su posición para convertirse en el hombre más pobre del pueblo.

Jesús vino a enseñarnos el camino de la humildad en su más perfecta expresión. Siendo Dios, no apenas un rey temporal, ¡Dios mismo!, no se aferró a su condición divina. Dejó su trono de gloria, la adoración angelical, el uso de sus atributos divinos para caminar como siervo en obediencia al Padre, dependiendo sólo del Espíritu Santo. Como dice el apóstol Pablo: «Porque ya conocéis la gracia de nuestro Señor Jesucristo, que por amor a vosotros se hizo pobre, siendo rico, para que vosotros con su pobreza fueseis enriquecidos» (1 Co 8.9).

Nació en un humilde pesebre. Participó de nuestros sufrimientos y limitaciones humanas. Tocó a los leprosos y se acercó a los despreciados. Lavó los pies de sus discípulos y murió finalmente como un criminal en una cruz. Todo en perfecta obedienci a.«Por lo cual Dios también le exaltó hasta lo sumo, y le dio un nombre que es sobre todo nombre» (Fil 2.9).

Despojémonos de nuestro orgullo, que ofende a Dios y lastima la unidad. Ese orgullo no confesado de querer ser más que los demás y ocupar los lugares de honor y reconocimiento. Que busca la aprobación de los hombres y el halago. Que se complace en ser servido, antes que en servir.

Padre, renuncio hoy a mi orgullo y malas motivaciones, para servirte con humildad. En el nombre de Jesús, amén.

«Vino palabra de Jehová por segunda vez a Jonás, diciendo: Levántate y ve a Nínive, aquella gran ciudad, y proclama en ella el mensaje que yo te diré».

HEBREOS 3.1-2

UN MENSAJE DE ocho palabras conmovió a una ciudad de más de dos millones de habitantes: «De aquí a cuarenta días Nínive será destruida» (Jon 3.4).¡Cuánto necesitamos este poder hoy para ganar nuestras ciudades!

Jonás pasó por un proceso de transformación, de quebrantamiento y cambio. Fue rebelde a Dios, pero el Señor trató con su vida y le dio una segunda oportunidad. Vivimos el tiempo de la Iglesia y Dios nos quiere llevar a una mayor manifestación de su poder. Quiere que ocho palabras tuyas puedan convertir multitudes. Pero el poder de la resurrección se revelará en ti si estás dispuesto a pasar por la cruz.

Jesús se refirió a su muerte y resurrección tomando como modelo los tres días de Jonás en el vientre del gran pez y su posterior restauración. El orgullo nacionalista de Jonás le impedía predicarles el amor y el arrepentimiento a los enemigos de su nación. Necesitaba cambiar de actitud. Jonás necesitaba pasar por la cruz.

La cruz es el lugar del quebramiento. Es el lugar de la renuncia. Implica estar dispuesto a hacer a un lado nuestros derechos y perdonar nuestras ofensas. En la cruz no hay reclamos, no hay odios ni amarguras. No hay intereses personales ni orgullo. La entrega es total. Aceptamos la voluntad de Dios.

Si estás dispuesto a deponer tu enojo, toda obstinación y amargura, el Señor te dará como a Jonás una segunda oportunidad.

Conocerás su poder glorioso acudiendo a la cruz de Cristo.

Padre, hoy tomo la cruz de Cristo. Manifiesta en mí tu maravilloso poder. En el nombre de Jesús, amén.

«Cuando le vi, caí como muerto a sus pies. Y él puso su diestra sobre mí, diciéndome: No temas; yo soy el primero y el último; y el que vivo, y estuve muerto; mas he aquí que vivo por los siglos de los siglos, amén...»

APOCALIPSIS 1.17-18

EL DISCÍPULO AMADO estaba deportado en la isla de Patmos por predicar el evangelio cuando tuvo una gloriosa revelación del Hijo de Dios. No era el Cristo que caminaba como siervo sufriente por las calles de Jerusalén. Era el Cristo resucitado: «Yo soy el primero y el último; y el que vivo, y estuve muerto; mas he aquí que vivo por los siglos de los siglos, amén». Aquel que tiene su rostro como el sol y sus ojos como llama de fuego. Aquel cuyos cabellos son blancos como blanca lana y de cuya boca sale una espada de dos filos. El rey eterno, el sumo sacerdote, ¡el Cristo con todo poder en el cielo y en la tierra!

El Señor que te salva hoy no se encuentra colgado de un madero, Él ha resucitado. Acostúmbrate a verlo en su realidad presente, que es gloriosa. Nada puede limitarlo. Él está a la diestra del Padre y tiene toda autoridad.

¿Recuerdas los caminantes rumbo a Emaús? (Lucas 24.13-35). Ellos caminaban tristes y desanimados. Con Jesús habían muerto sus sueños y esperanzas. Necesitaban ver al Resucitado. Necesitaban ver el triunfo de Jesús.

Muchos cristianos caminan con Jesús, pero no le ven como el Todopoderoso. Por eso temen. ¡Que Dios abra nuestros ojos hoy!

Estuve en tierra santa en la tumba donde se cree Jesús estuvo sepultado. Te aseguro que está vacía. ¡Jesús ha resucitado!

Ya no hay por qué temer.

Señor Jesús, no tengo temor, ¡tú has resucitado! Amén.

Vivir en santidad

> «A la iglesia de Dios que está en Corinto, a los santificados en Cristo Jesús, llamados a ser santos con todos los que en cualquier lugar invocan el nombre de nuestro Señor Jesucristo, Señor de ellos y nuestro».

1 Corintios 1.2

ANTES DE CONOCER al Señor pensábamos que el calificativo «santo» estaba reservado para ciertas personas muy especiales y destacadas. Pero al convertirnos, ¡Dios nos llama santos! Y nos exhorta a vivir en santidad.

¿Qué es ser santo? Ciertamente no es ser un místico o religioso. Ser santo significa literalmente «ser apartado para Dios», «separado para su servicio». Antes de convertirnos, vivíamos en el reino de las tinieblas y servíamos a nuestros intereses; ahora hemos sido trasladados al reino de Dios y lo servimos solamente a Él. El Padre ya nos ve santos por la obra de Cristo en la cruz.

Pero existe una santidad que se manifiesta en nosotros de manera progresiva. Es la santidad práctica, la evidencia de nuestro cambio de vida. Es imitar a Dios en su perfección moral: «Sed santos, porque yo soy santo» (1 Pedro 1.16).

Ahora, ¿por qué ser santos? En primer lugar, porque sin santidad nadie verá al Señor (Hebreos 12.14). Todos cometemos pecados, pero podemos elegir entre practicarlos deliberadamente o arrepentirnos y abandonarlos.

En segundo término, la santidad nos conviene en todo sentido. Guardar los mandamientos de Dios es gozo y paz para nuestra alma, sanidad para nuestro corazón. El Señor solamente nos exige aquello que es para nuestro bien y nos niega aquello que sabe que nos dañará.

Examínate y toma las decisiones correctas. No lo dudes, te conviene la santidad.

Tu vida es hermosa solamente cuando caminas en santidad.

Amado Dios, quiero seguir tus pasos, imitarte a ti, vivir en santidad.
En el nombre de Jesús, amén.

Abril

«Y atravesando Frigia y la provincia de Galacia, les fue prohibido por el Espíritu Santo hablar la palabra en Asia».

HECHOS 16.6

¡QUÉ IMPORTANTE ES dejarse guiar por el Espíritu Santo diariamente! En ocasiones, no entendemos de inmediato su pedido, pero, al tiempo, si obedecemos, podemos decir: ¡Qué sabio eres Dios! ¡Tú lo sabes todo!

Imagino que el apóstol Pablo habrá tenido un gran conflicto interior al escuchar al Espíritu Santo decir «Te prohíbo que prediques en este lugar», ya que él tenía una gran pasión y entrega por las almas.

En general, a todos nos cuesta aceptar los «NO» de Dios. Tendemos a discutir con Él: «Pero Señor, tú sabes que deseo servirte». Pero Dios, como a Pablo, nos dice: «No lo hagas». Y, aunque no lo comprendamos, nos conviene obedecer.

Cuando Dios dice «NO» es porque aún no es el tiempo o porque Él tiene un plan, una puerta mejor. El apóstol Pablo, después de varios «No» de Dios a predicar en diferentes lugares, llegó al puerto de Troas, y se le reveló el plan para ese momento. Mediante la visión del varón macedonio (Hechos 16.9,10), Dios lo llamó a predicar el evangelio en el continente europeo. ¡Esa era la puerta que Dios tenía para él!

Déjate guiar por el Espíritu Santo y no pelees con Dios. Él siempre tiene lo mejor para tu vida.

Señor, enséñame a ser como un niño que se deja guiar tiernamente por la mano de su padre. ¡Tú tienes puertas de bendición para mi vida!
Amén.

«Tiempo de paz».   ECLESIASTÉS 3.8

EN LA CARTA a los filipenses, el apóstol Pablo se dirige a dos mujeres de la iglesia y le hace una petición especial a uno de sus colaboradores: «Ruego a Evodia y a Síntique, que sean de un mismo sentir en el Señor. Asimismo te ruego también a ti, compañero fiel, que ayudes a éstas que combatieron juntamente conmigo en el evangelio» (Filipenses 4.2-3).

Ambas eran obreras activas de la iglesia, ¿por qué no estarían en unidad? ¿Sería por celos o competencia? ¿Murmuraciones o crítica? No sabemos, pero ciertamente no estaban en paz.

Tenemos que estar en guerra con el diablo, no con nuestro prójimo. Somos llamados a vivir en paz con nuestros semejantes y también a estar comprometidos para contribuir con la paz de los que nos rodean. Como nos enseñó Jesús: «Bienaventurados los pacificadores, porque ellos serán llamados hijos de Dios» (Mateo 5.9).

En medio de las acusaciones cruzadas, al menos uno, para comenzar, debe estar dispuesto a arrepentirse por su parte, a reconocer que hirió al otro. Debe admitir que el amor de Dios no está allí. Si hay rechazo, resentimiento y juicios, debe arrepentirse de esos pecados. No podremos evitar que alguno quiera permanecer enemistado con nosotros, pero podemos cambiar nuestra actitud y elegir la paz. Dios actúa poderosamente en las relaciones cuando sus hijos eligen vivir en paz.

Si quieres que la paz de Dios inunde tu mente y tu corazón, debes vivir en paz con tu prójimo y trabajar para la paz de tus semejantes.

Es tiempo de paz.

«Señor, haz de mí un instrumento de tu paz. Que donde haya odio, ponga amor [...] que donde haya guerra ponga paz» [San Francisco de Asís]. En el nombre de Jesús, amén.

Gozo en la adversidad

«Pero a medianoche, orando Pablo y Silas, cantaban himnos a Dios; y los presos los oían».

HECHOS 16.25

PABLO Y SILAS fueron arrestados en Filipos por predicar el evangelio de Jesucristo y liberar a una muchacha endemoniada que, adivinando, daba ganancia a sus amos. Inmediatamente, los acusaron falsamente delante de los magistrados, quienes ordenaron azotarles con varas y arrojarlos en prisión. Pablo y Silas, heridos gravemente por los azotes, fueron puestos en el calabozo más oscuro y sucio. Aseguraron sus pies en una dolorosa posición con el cepo. Y así, a pesar de todo, ¡oraban y cantaban himnos a Dios!

Los hombres que trastornan el mundo son aquellos que, aun en la noche más oscura, permanecen orando, alabando a Dios y confiando en su poder.

A Pablo y Silas nadie pudo robarles su fe y la comunión gozosa con su Señor. Puede que alguien traicione tu confianza, puedes perder muchas cosas, ¡pero nadie puede quitarte tu comunión con Dios, tu alabanza y tu fe en sus milagros!

Cuando Pablo y Silas oraron y alabaron a Dios, se liberó el poder del Señor. ¡Un terremoto sacudió la cárcel! Sus cadenas cayeron y las puertas que los encerraban se abrieron. Así también sucederá contigo. Si a pesar de todo oras y alabas a Dios, el poder de Dios se manifestará en ti.

Que tu prueba no derrote tu espíritu. El Señor quiere glorificarse en medio de tu dolor. No te entregues al lamento o la queja, ¡ora y alaba al Señor! Él te sorprenderá con su amor.

Esta es la actitud victoriosa de aquellos hombres que trastornan el mundo entero.

Amado Dios, en medio de las pruebas y el dolor, te alabo y te bendigo.
Tú eres mi socorro. En el nombre de Jesús, amén.

«Y si quedare aún en ella la décima parte, ésta volverá a ser destruida; pero como el roble y la encina, que al ser cortados aún queda el tronco, así será el tronco, la simiente santa».

ISAÍAS 6.13

EL PUEBLO DE Israel sufrió terribles persecuciones, destrucciones y conquistas. Sin embargo, por la gracia de Dios, por la simiente santa que no muere, aún sigue vivo como nación. Es como el roble y la encina.

La iglesia de Jesucristo, el nuevo pueblo levantado a partir de la cruz, goza de igual testimonio. Las persecuciones romanas no lograron cortar su vida. Las falsas doctrinas, la mezcla impura del cristianismo con otras religiones y con la política sumieron muchas veces a la iglesia en un invierno espiritual. Perdió su follaje y vigor. Se secó y se dio por muerta durante muchos años. Pero de sus raíces, Cristo, la simiente santa, volvía a levantarse.

Tú también eres como el roble y la encina. Quizás vino un invierno espiritual a tu vida. Te sientes caído y has dado por muerta tu felicidad, tu disciplina en la oración, tu ministerio o tu capacidad de vivir en santidad. Pero hay una vida poderosa dentro de ti, una simiente divina que te levanta. Cuando comiences a orar, a adorar a Dios, resurgirá la vida. Dios traerá un nuevo follaje a tu vida cristiana.

¡Todo lo puedes en Cristo que te fortalece!

Señor, te pido por la paz de Israel. ¡Trae un gran avivamiento sobre ellos! Que te conozcan como el Mesías. Te doy gracias también porque soy como el roble y la encina. Tú me harás reverdecer. Proclamo un nuevo tiempo para mí. En el nombre de Jesús, amén.

«Mejor es un día en tus atrios que mil fuera de ellos».

SALMOS 84.10

UN DÍA ESTABA orando en mi casa cuando los cielos parecieron abrirse. La presencia de Dios se hizo palpable y gloriosa. El Espíritu Santo inundaba mi alma, y mi rostro parecía brillar con el calor de su presencia. ¡Qué deleite indescriptible! ¡Qué gozo incomparable! Postrado en adoración, quería permanecer así por horas... Entonces, ¡alguien abrió la puerta!

Cuando recién me convertí me enseñaron que la salvación es como una gruesa cadena que difícilmente puede romperse, pero la comunión con Dios es como un delgado hilo de coser que por muy poco puede cortarse. Así como debes cuidar la salvación de tu alma, con igual diligencia debes cuidar tu comunión íntima y diaria con Dios.

Cada día es una experiencia nueva con Él. ¡Nunca será igual! Eso es lo maravilloso de buscarlo. Y cuando Él se revele, ¡no lo dejes partir, ni te distraigas de su presencia!

Los discípulos camino a Emaús sentían que su corazón ardía mientras Jesús les hablaba y les abría las Escrituras (Lucas 24.32). Todavía no habían reconocido al resucitado, pero Dios estaba tocando sus corazones. Y dice el relato: «Llegaron a la aldea adonde iban, y él hizo como que iba más lejos. Mas ellos le obligaron a quedarse, diciendo: Quédate con nosotros, porque se hace tarde, y el día ya ha declinado. Entró, pues, a quedarse con ellos» (Lucas 24.28-29).

Cuando Jesús se manifieste a tu vida, debes retenerlo con tu hambre espiritual, con tu alabanza, con tu anhelo de estar con Él. ¡No lo pierdas en tu camino!

Señor, hoy quiero ver tu rostro, tener una experiencia gloriosa contigo.
¡Revélate a mi vida! En el nombre de Jesús, amén.

Tras el dolor... gozo

«La mujer cuando da a luz, tiene dolor, porque ha llegado su hora; pero después que ha dado a luz un niño, ya no se acuerda de la angustia, por el gozo de que haya nacido un hombre en el mundo».

JUAN 16.21

EL 9 DE JULIO de 1980, Betty me anunció: «El bebé va a nacer». Camino al hospital, Betty sufría mucho de dolor con cada contracción. Pero este era el preludio de una de las alegrías más grandes que nos dio el Señor: nuestra primera hija Daniela... Los dolores de parto son el anticipo de un gozo inmenso.

Jesús usó este ejemplo para consolar a sus discípulos. La cruz estaba por delante. La separación de los discípulos de su Maestro era inminente. Y ellos estaban tristes. El Señor los consoló con esta esperanza: «Este dolor anticipa un momento de supremo gozo. Cuando me vean resucitado y triunfante, se olvidarán de la tristeza de la cruz».

A veces te toca atravesar tiempos de dolor o decepción. Te sientes abatido, humillado por las circunstancias. Entonces viene el diablo a susurrar su mentira: «Te vas a morir. No hay más esperanza». Pero estos no son dolores de muerte, ¡son dolores de parto! ¡Algo nuevo está a punto de nacer en tu vida!

Si la vía dolorosa es hoy tu camino, no desmayes. Detrás de esta cruz viene una gran victoria con el poder de Dios, algo nuevo de Él para tu vida. ¡Muy pronto será dado a luz! Cuando lo veas, te gozarás sorprendido.

No te desanimes por nada. ¡Sigue adelante!

Amado Dios, ahora comprendo que mi vida está en tus manos, que este tiempo de dolor y de dificultad traerá otros tiempos de fruto y alegría. Lo creo y confío en ti. En el nombre de Jesús, amén.

Lágrimas recompensadas

«Los que sembraron con lágrimas, con regocijo segarán. Irá andando y llorando el que lleva la preciosa semilla; mas volverá a venir con regocijo, trayendo sus gavillas».

SALMOS 126.5-6

MI MADRE ES un testimonio del cumplimiento de esta promesa. Cuando yo era joven, ella se convirtió a Jesucristo. Un día llegó radiante de la iglesia y me dijo: «Cristo me salvó. Ahora soy cristiana. Tienes que venir conmigo a la iglesia». Mi vida en aquel tiempo se resumía en estudiar, trabajar, salir con mis amigos e ir los domingos a ver fútbol. Como tenía serios prejuicios hacia la religión, le contesté: «¡Ni loco me vas a obligar a ir a la iglesia!» Pero ella no protestó, se limitó a doblar sus rodillas y clamar por mi salvación. Derramó muchas lágrimas por mí delante de Dios. Sembró y sembró, y poco a poco fui cediendo al llamado del Espíritu y vine a los pies del Señor. ¡Cuán verdadera es esta promesa: «los que sembraron con lágrimas, con regocijo segarán»!

¿Por qué produce llanto el llevar la Palabra? Porque llevar la Palabra de Dios tiene sus costos: El costo del rechazo, el costo de abandonar nuestra vergüenza y hablar del evangelio, el costo de respaldar nuestras palabras con una vida acorde a ellas, el costo de superar las barreras espirituales que Satanás pone en el camino para evitar que los hombres conozcan la verdad...

¡Existe un tiempo de sembrar con lágrimas! ¡Pero los frutos serán más abundantes! ¡Nos gozaremos a su tiempo! La Palabra de Dios no vuelve vacía.

Quiero animarte a perseverar en tu siembra. El hijo, el familiar que hoy te cuesta lágrimas, mañana estará contigo alabando a Dios en la iglesia.

¡Sigue sembrando!

Padre, proclamo que me darás una cosecha abundante. En el nombre de Jesús, amén.

«Entonces le respondió Pedro, y dijo: Señor, si eres tú, manda que yo vaya a ti sobre las aguas. Y él dijo: Ven. Y descendiendo Pedro de la barca, andaba sobre las aguas para ir a Jesús».

MATEO 14.28-29

EN 1992, ENTABLÉ una nueva relación con el Espíritu Santo que revolucionó mi vida y mi ministerio.

En el primer culto en nuestra iglesia luego de estas experiencias, hice un llamado. Las personas venían al frente quebrantadas, confesando sus pecados y su necesidad. La unción de Dios fluía sobre mi vida. La gente caía al suelo y comenzaba a orar. Era una atmósfera gloriosa.

Pronto, se corrió la voz de que algo extraordinario ocurría en nuestra iglesia, y pastores de diferentes partes venían con su congregación. Se oían los testimonios de vidas cambiadas y ministerios renovados por el Espíritu Santo. Desde diferentes lugares del mundo comenzaron a invitarme.

Hasta ese momento, vivía una vida «normal»; todo estaba bajo mi control. Ahora, los cultos, las multitudes, las invitaciones... Le pregunté al Señor: «¿Dónde estoy parado?» Y Dios me contestó: «Estás parado sobre las aguas».

Queremos tener todo bajo control, pero debemos aprender a caminar por fe. Pedro, ante la palabra de Jesús, se atrevió a caminar sobre las aguas. Los demás discípulos prefirieron la seguridad de la barca. El que sale de la barca renuncia a la seguridad humana para dejarse llevar por Dios. No controla su situación.

Dios tiene nuevos horizontes para ti, pero tendrás que renunciar a tu comodidad, a tu seguridad humana, para aprender a caminar por fe.

Verás que lo que Dios tiene es lo mejor.

Padre, enséñame a caminar sobre las aguas, a renunciar a la seguridad humana y confiar por completo en tu Palabra. En el nombre de Jesús, amén.

«Y conoceremos, y proseguiremos en conocer a Jehová».

OSEAS 6.3

EXISTE UNA VIDA abundante, plena, gloriosa, que debes conocer. No la encontrarás en tu rutina religiosa, tampoco en tus conocimientos acerca de Dios. Esta vida plena la encontrarás en tu amistad y comunión diaria con la persona del Espíritu Santo.

Cuando entendí que existía una relación íntima, profunda con el Espíritu Santo, comencé a orar pidiéndole a Dios ese nivel de comunión. Dije como el profeta Eliseo le dijo a Elías: «Quiero lo que tú tienes, una doble porción de tu espíritu».

Una noche, luego de participar de un culto glorioso en Estados Unidos, había una revolución en mi corazón, un gozo indescriptible. Hacía meses que me hallaba en esta búsqueda del rostro de Dios. No quería fama, no buscaba resultados en mi ministerio, solamente anhelaba esa conciencia de la presencia de Dios, esa unción que envuelve nuestra vida en un éxtasis de gozo y nos hace poderosos para vivir en santidad y hacer la obra de Dios.

Un calor me estremeció por completo cuando atravesé la puerta de mi habitación, pude sentir claramente en mi espíritu que «Alguien» entraba conmigo.

Sería imposible describir con palabras aquellas horas . Mi relación con Dios jamás volvió a ser la misma desde entonces, y su gloria empezó a manifestarse en mi ministerio de manera sorprendente.

¿Crees acaso que esta experiencia es solamente para algunos elegidos? No te equivoques. Es para ti. El Espíritu Santo quiere tener comunión contigo. Te anhela celosamente.

¿Y tú? ¿Tienes hambre por conocerlo?

Espíritu Santo, tengo hambre de ti. Quiero conocerte y tener comunión contigo. Lléname de tu presencia. En el nombre de Jesús, amén.

Hacedores de la obra de Dios

«Yo os he enviado a segar lo que vosotros no labrasteis; otros labraron, y vosotros habéis entrado en sus labores».

JUAN 4.38

¿TE HAS PUESTO a pensar alguna vez cuántas personas participaron para que fueras salvo?

Alguien que te invitó a una iglesia, un pastor que te predicó, una iglesia que sostuvo ese lugar, personas que oraron por ti, un misionero que llegó con el evangelio. ¿Y quién le predicó a ese misionero?

Así podríamos continuar hasta llegar a la cruz.

¿Puede alguno decir en la obra de Dios «Esto lo hice yo solo»? ¿No obra Cristo a través de toda su iglesia?

Hace veinte años, las iglesias evangélicas en Argentina eran pocas, y las membresías más pujantes rondaban los cincuenta miembros. Los misioneros batallaron con la idolatría y el orgullo de un pueblo que pensaba que no necesitaba de Dios. Muchas de las almas que ganaron son los líderes del avivamiento de hoy. Tendrán su corona en los cielos, pero es justo reconocerlos y agradecerles.

Al presente, hay miles de misioneros por el mundo soportando la persecución y la lucha espiritual. Ellos, con sus familias, lo dejaron todo por servir a Cristo. Están labrando tierras secas sin obtener un fruto aparente. ¡Démosle gracias a Dios por sus vidas!

Mejor aún, oremos que Dios los sostenga y les dé la victoria en su labor. Así, serás parte también de la obra de Dios en otros sitios del mundo.

Bendito Dios, gracias por los que me predicaron el evangelio.
Quiero que sostengas las manos y suplas las necesidades de los
misioneros que salieron por amor de tu nombre. ¡Dales la victoria!
Te lo pido en el nombre de Jesús, amén.

> «Aconteció después de estas cosas, que probó Dios a Abraham, y le dijo: Abraham. Y él respondió: Heme aquí. Y dijo: Toma ahora tu hijo, tu único, Isaac, a quien amas, y vete a tierra de Moriah, y ofrécelo allí en holocausto sobre uno de los montes que yo te diré».
>
> GÉNESIS 22.1-2

LA OBEDIENCIA ES una condición ineludible para que las promesas de Dios se cumplan en nosotros. Dios tenía grandísimas promesas para Abraham, pero antes de su cumplimiento lo probó al máximo en su fe y su obediencia.

¿No era Isaac el hijo de la promesa del cual Dios levantaría una nación? Era demasiado duro para Abraham pensar en que tenía que levantar el cuchillo contra su hijo, pero él conocía la voz de Dios, y su fe iba a alcanzar un nivel sorprendente. Él creyó que Dios, aun si le pedía a su hijo en sacrificio, era capaz de resucitarlo (Hebreos 11.17-19).

El Señor requiere de nosotros un corazón sumiso y obediente aunque no comprendamos cabalmente sus propósitos. Sin embargo, a veces, Él nos pide que hagamos algo, y luchamos con Él. Nos resistimos a entregar lo que nos pide y, por aferrarnos a lo bueno, terminamos desechando lo mejor que Él tiene en su perfecta voluntad.

Abraham obedeció. En su corazón, «mató» a Isaac reconociendo que Dios es dueño de todo y merecedor de toda obediencia. Y Dios le confirmó sus promesas para siempre.

No luches con Dios, ni lo cuestiones. Quizás no lo entiendas todo, pero cuídate de ser fiel y obediente aun en lo pequeño.

¡Él cumplirá todas sus promesas en ti!

Padre amado, enséñame a hacer tu voluntad. Quiero ser obediente
y entregarte todo en el altar. Cumple tus planes en mi vida.
En el nombre de Jesús, amén.

El poder de la alabanza

«Y cuando comenzaron a entonar cantos de alabanza, Jehová puso contra los hijos de Amón, de Moab y del monte de Seir, las emboscadas de ellos mismos que venían contra Judá, y se mataron los unos a los otros».

2 CRÓNICAS 20.22

EXISTE UN TREMENDO poder en la alabanza. Nuestros enemigos se confunden y caen derrotados cuando magnificamos el nombre del Señor.

Alabar es reemplazar nuestros pensamientos y los del enemigo por los pensamientos de Dios. Es cubrirnos con la sangre de Cristo y santificar su nombre. En la alabanza, se libera un tremendo poder espiritual.

Muchas personas, en medio de sus batallas, concentran su atención en el poder del enemigo y en la magnitud de sus problemas. Pero el Señor le dijo al rey Josafat: «No habrá para qué peleéis vosotros en este caso; paraos, estad quietos, y ved la salvación de Jehová con vosotros» (2 Crónicas 20.17). Y les mandó que cantaran y alabaran a Dios frente a sus enemigos.

Cuando un cristiano se pone en pie y dice: «Aunque estoy pasando por una prueba muy dura, estoy confiado en que Dios va a hacer este milagro. Tengo paz y gozo en mi corazón y le doy a Él toda mi alabanza». ¡No hay infierno que pueda resistir este espíritu! No dejes de comenzar este día alabando a Dios por tu victoria. Exáltalo y glorifícalo con tu alabanza.

¡Él peleará por ti!

Bendito Dios, alabo y bendigo tu nombre. Eres más grande que mis problemas y digno de recibir toda la gloria y la alabanza. ¡Tú me das la victoria! En el nombre de Jesús, amén

«Este mes os será principio de los meses; para vosotros será éste el primero en los meses del año».

ÉXODO 12.2

EL 31 DE DICIEMBRE, las personas quieren dejar atrás los fracasos y sinsabores, y piensan que el año que comienza es una oportunidad para volver a empezar y concretar sus sueños. Sin embargo, Dios no se limita a nuestro calendario humano, sino decide soberanamente cuándo comienza un nuevo año para tu vida.

La Biblia nos relata que el pueblo de Israel vivió en esclavitud en Egipto por cuatrocientos años. Pero Dios oyó el clamor de su pueblo y levantó un libertador para sacar al pueblo de Egipto y llevarlo a la tierra prometida. Ese día, fue el día de la liberación. Y, aunque el pueblo de Israel ya se regía por un calendario, en su soberanía el Señor estableció: «para vosotros será éste el primero en los meses del año» (Éxodo 12.2).

Comenzaba un nuevo año. ¡Dios lo había decidido!

No tienes que esperar al primero de enero para comenzar a vivir un nuevo tiempo espiritual. Hoy puede comenzar un nuevo año para ti. Aquello que te agobió, aquellos complejos que te ataron, todos tus temores y opresiones hoy quedan atrás. Igual que a los carros del Faraón, Dios sepulta tus pecados y fracasos en lo profundo del mar y te saca a territorio nuevo.

Hoy comienza un nuevo año para tu vida. Eres libre para disfrutarlo.

Bendito Dios, me declaro libre de toda opresión del enemigo, libre de todo dolor y frustración. Yo confieso, por fe, que hoy comienza un nuevo año para mi vida, un tiempo nuevo de victoria.
En el nombre de Jesús, amén.

«Tiempo de destruir».   ECLESIASTÉS 3.3

TODOS APRECIAMOS EL tiempo de edificar, pero no siempre el camino está allanado para hacerlo. En ocasiones, es preciso destruir primero, para construir después. Es necesario demoler viejas estructuras y poner bases nuevas para edificar con Dios algo nuevo y maravilloso.

Las primeras fortalezas que debes destruir son las que el enemigo ha levantado en tu propia vida. Son murallas espirituales detrás de las cuales se agazapa una mentira que el diablo ha puesto en tu corazón. Ese pensamiento erróneo, ese sentimiento equivocado, afectará tu manera de conducirte. Esa mentira que has creído te limitará para vivir en plenitud.

¿Crees que eres un inútil, alguien inadecuado, que te rechazarán u otra mentira del diablo? Descubre, con la ayuda del Espíritu Santo, si hubo situaciones de dolor en las que el enemigo tomó ocasión para edificar esas fortalezas en ti y ora específicamente por ello. Recuerda: «las armas de nuestra milicia no son carnales, sino poderosas en Dios para la destrucción de fortalezas» (2 Corintios 10.4). ¡Es tiempo de destruir las fortalezas del enemigo!

En el seno mismo de la iglesia, las estructuras legalistas o ritualistas que limitan el mover del Espíritu Santo deben removerse. En las personas incrédulas, que el enemigo ha cegado para que no les resplandezca la luz del evangelio, hay fortalezas que debemos derribar en oración. En nuestra misma sociedad existen estructuras pecaminosas que debemos derribar siendo un testimonio de luz al mundo. Nuestra oración, nuestra alabanza, nuestras obras, nuestra predicación son armas espirituales para derribar las fortalezas del maligno.

¡Es tiempo de destruir!

Dios, en tu nombre destruyo las fortalezas que el enemigo ha levantado en mi vida. Declaro tu victoria sobre mí. En el nombre de Jesús, amén.

Guarda de tu hermano

«Y Jehová dijo a Caín: ¿Dónde está Abel tu hermano? Y él respondió:
No sé. ¿Soy yo acaso guarda de mi hermano?»

GÉNESIS 4.9

CLEMENTE DE ALEJANDRÍA relató esta historia sobre el apóstol Juan:
«A su vuelta de Patmos a Efeso, Juan visitó las iglesias. En una ciudad
cercana a Efeso, reparó en un joven y se lo presentó al obispo
diciéndole: "Delante de Jesucristo y de esta asamblea, os encargo a
este joven". El obispo prometió cuidar de él con solicitud; lo alojó en
su propia casa, le instruyó en la práctica de las virtudes cristianas y
después lo bautizó. Confiando en que ya no era necesario ejercer
tanta vigilancia, le dejó poco a poco que fuera dueño de sus acciones.
Entonces, unos jóvenes viciosos le hicieron entrar en su sociedad.
Aquel joven olvidó bien pronto las enseñanzas del cristianismo y
llegó a ser capitán de los bandidos, siendo el más cruel de todos ellos.
Algún tiempo después, Juan regresó a aquella ciudad y dijo al obispo:
"Devolvedme el depósito que Jesucristo y yo os hicimos en presencia
de vuestra iglesia". El obispo le respondió llorando: "Se ha hecho
ladrón y, en vez de ser de la iglesia, vive con hombres tan malos como
él". Al oír esto, el apóstol desgarró sus vestidos y exclamó: "¡Oh, qué
mal vigilante escogí yo para que velara por el alma de mi hermano!"».

Finalmente, el apóstol buscó al joven y, al encontrarlo, lo llamó
amorosamente al arrepentimiento.

Caín le dijo a Dios cínicamente: «¿Soy yo acaso guarda de mi
hermano?» Y lo acababa de asesinar.

No lo dudes. ¡Tú eres guarda de tu hermano!

Padre amado, perdóname si he sido indiferente o descuidado con las
almas que me has confiado. Hoy decido cuidarlas
diligentemente en tu nombre. Amén.

«¿Por qué dormís? Levantaos, y orad para que no entréis en tentación».

LUCAS 22.46

PARA QUE UN avión aterrice necesita la autorización de la torre de control. Sin ella jamás podría hacerlo. Algo similar ocurre con nuestra vida y las tentaciones. No podremos evitar ser tentados (¡Jesús mismo fue tentado en todo!), pero está en nosotros «darles pista» para que aterricen en nuestro corazón y surja el pecado: «No podemos evitar que las aves revoloteen sobre nuestra cabeza, pero sí que hagan nido».

Un principio sencillo para vencer la tentación, establecido claramente por Jesús en nuestro texto de hoy, es la oración, la vida en el Espíritu. Pretender vencer al pecado en la carne trae resultados frustrantes. ¿Cuál es la clave? Hacer morir las obras de la carne por el Espíritu (Romanos 8.13). ¡Ser llenos del Espíritu Santo! Y la oración, meditar en la Palabra de Dios y tener comunión con personas de fe alimenta nuestro Espíritu y fortalece nuestra voluntad para negarnos a nosotros mismos, diciéndole «No» a la tentación y «Sí» a la voluntad de Dios.

El Señor ha prometido que ninguna tentación será irresistible si te encuentras velando y en comunión con Él. Huye de la tentación, no te expongas al pecado ni descuides tu comunión con Dios. Jesús derrotó al pecado y quiere darnos su victoria.

Si la tentación se agiganta y tienes temor de ceder, no vaciles en pedir ayuda a tus líderes espirituales.

Toma la victoria de Jesús en este día.

℘adre, fortaléceme en el Espíritu Santo para resistir toda tentación.
Te lo pido en el nombre de Jesús, amén.

«El avisado ve el mal y se esconde; mas los simples pasan y llevan el daño».

PROVERBIOS 27.12

«EL AVISADO», EL PRUDENTE, es una persona que reconoce el peligro y toma las decisiones correctas para evitarlo. El insensato, por el contrario, no repara en ninguna advertencia y no busca dirección para su vida.

La oración es el ámbito especialmente adecuado para oír la dirección y el consejo divino. En oración, Dios nos alerta frente a ciertas decisiones que debemos tomar y «nos avisa» de un peligro para que intercedamos por ello y desbaratemos toda obra del diablo. El hombre prudente, por lo tanto, depende de Dios, no se apoya en su propia prudencia; el Espíritu Santo lo guía en la comunión íntima y diaria.

La oración es también nuestro lugar de refugio en el día malo. El imprudente confía en sus propias fuerzas y cuando viene el mal no busca a Dios para enfrentarlo. El sensato, por el contrario, conoce sus propias limitaciones y acude de inmediato al lugar de refugio, a la presencia de Dios en oración. Allí encuentra reposo para su alma, dirección para su prueba, consuelo para su dolor, esperanza para su camino.

Quizás estás ocupado en muchas actividades y proyectos y has descuidado un poco tu tiempo de oración. Tal vez no lo has notado, pero corres un gran peligro. Solamente Dios puede asegurar tu éxito y tu futuro. Solamente su consejo, su aviso, es el apropiado. ¡Vuelve a tu tiempo de oración! Y si estás pasando por pruebas, no temas, hay un lugar de refugio para ti donde serás guardado.

Dios es tu refugio.

Gracias, Dios, por ser mi refugio. Guía mis pasos, dirige mi vida.
Lo dejo todo en tus manos. En el nombre de Jesús, amén.

Frente a la santidad de Dios

«¡Ay de mí! que soy muerto; porque siendo hombre inmundo de labios, y habitando en medio de pueblo que tiene labios inmundos, han visto mis ojos al Rey, Jehová de los ejércitos».

ISAÍAS 6.5

CUANDO EL PROFETA Isaías se acercó a la luz de la gloria y santidad de Dios, sus defectos quedaron expuestos, vio lo que antes no veía. Su expresión «¡Ay de mí!» fue su propio veredicto de condenación.

Al tiempo de esta experiencia, Isaías ya estaba activo en el ministerio profético. Sin embargo, frente a la santidad de Dios, reconoce que sus labios estaban inmundos como los del pueblo. No estaban por completo consagrados a Dios.

A menudo oramos como Moisés: «Señor, muéstrame tu gloria, tu santidad», pero nuestra reacción frente a la gloria no siempre es de fiesta; produce temor, quebrantamiento y necesidad de cambiar. Frente al Dios santo, reconocemos nuestra condición pecadora. No solamente tenemos una revelación de Dios, tenemos también una de nosotros mismos.

Quizás eres un cristiano de muchos años. Tal vez estás activo en el ministerio. Pero Dios te llama a acudir a su presencia cada día. Cuanto más cerca de la gloria te encuentres, más serás transformado. Al leer la Biblia, al orar con consistencia, al oír una predicación o en tu silencioso meditar, Dios puede revelarse de una manera gloriosa. Cuando esto suceda, prepárate a entregar lo que Él te pide. Purifícate de toda contaminación de la carne o el Espíritu. Si lo haces, Dios te mostrará cosas mayores y tal vez, como Isaías, oirás un nuevo llamado para tu ministerio.

¡Busca su gloria y prepárate para ser transformado!

Señor, vengo a tu luz, a tu santidad. Transfórmame a tu imagen.
Te lo pido en el nombre de Jesús, amén.

Tiempo de búsqueda

«Buscad a Jehová mientras puede ser hallado, llamadle en tanto que está cercano».

ISAÍAS 55.6

MI AVIÓN IBA a despegar en poco tiempo, y no encontraba mi pasaporte. Toda mi familia estaba alborotada buscándolo a toda prisa. Betty me preguntó: «¿Te fijaste bien en tu maletín?» Le dije que ya lo había revisado dos veces. «Si no te importa, me vuelvo a fijar yo», me dijo. Al minuto regresó con mi pasaporte en la mano. Las esposas y madres suelen tener este don.

En ocasiones, Dios permite que pasemos por una necesidad para que lo busquemos. Nos hace tomar conciencia de cuánto lo necesitamos. Cuando perdí mi pasaporte no lo busqué porque me gustara buscarlo; lo busqué porque lo necesitaba imperiosamente. Y así sucede con Dios. Existen momentos en los cuales, influenciados por nuestra vieja naturaleza, no nos sentimos motivados para buscar a Dios. Entonces, Dios permite que alguna necesidad nos impulse a buscarlo.

Jesús dijo: «Si alguno tiene sed, venga a mí y beba. El que cree en mí, como dice la Escritura, de su interior correrán ríos de agua viva» (Juan 7.37-38).

El agua que el mundo te ofrece no puede calmar las necesidades más profundas de tu alma. Puedes disfrutar del bienestar económico, puede que todo a tu alrededor marche mejor que nunca, pero en tu interior habrá una sed insatisfecha. Y Dios permitirá que este sentir de insatisfacción y vacío aflore dentro de ti para que acudas rápidamente a la fuente del agua viva. Él te hará sentir esa necesidad para que lo busques.

No pierdas esta gran oportunidad. Es tiempo de buscar a Dios.

Padre, solamente tú llenas el vacío de mi corazón. En este día salgo a tu encuentro. Te necesito. En el nombre de Jesús, amén.

«Entonces Jehová dijo a Moisés: Sube a mí al monte, y espera allá, y te daré tablas de piedra, y la ley, y mandamientos que he escrito para enseñarles».

ÉXODO 24.12

¡ESPERAR! ¡NO NOS gusta esperar! Sin embargo, es importante esperar en la presencia de Dios.

El Señor le dijo a Moisés que subiese al monte, a su presencia, y que esperase allá hasta recibir las leyes para el pueblo. Antes de oír la voz desde la nube de gloria, Moisés tuvo que esperar.

Los discípulos, antes de Pentecostés, recibieron la orden de esperar: «Quedaos vosotros en la ciudad de Jerusalén, hasta que seáis investidos de poder desde lo alto» (Lucas 24.49). Y permanecieron muchos días orando y esperando el cumplimiento de la promesa. ¡Es importante saber esperar!

Cuando esperamos en la presencia de Dios, le permitimos obrar en nosotros y debilitar nuestra voluntad para que se haga la suya. Pero, a menudo, nos arrodillamos para buscarle con un corazón errante, aturdido por los problemas, y no oímos la voz de Dios. Le decimos: «Señor, quiero conocer tu gloria», y a los pocos minutos nos levantamos para ocuparnos de otros quehaceres. Debemos estar dispuestos a esperar persistentemente en su presencia esa revelación que anhelamos.

Esperar indica que Dios tiene la prioridad. No podemos ir a su presencia con apuros y condicionamientos. Estamos en presencia del Rey de la gloria; debemos postrarnos ante Él con respeto y paciencia: «Pacientemente esperé a Jehová, y se inclinó a mí, y oyó mi clamor» (Salmos 40.1).

¡Cuán valioso es esperar sobre nuestras rodillas!

Señor, enséñame a buscarte con persistencia. Quiero aprender a esperar en ti y conocerte de un modo más íntimo. En el nombre de Jesús, amén.

«Tiempo de endechar».   ECLESIASTÉS 3.4

EN LA VIDA cristiana podemos atravesar momentos difíciles y no siempre podremos reparar todas de las pérdidas que suframos. Es allí donde vivimos un proceso interno que comienza con la endecha, con el lamento, y gradualmente, por la obra del Espíritu Santo, se va transformando en una aceptación de la nueva realidad y una convicción de esperanza frente a la vida.

Conozco cristianos que tildan de poco espirituales a aquellos que lloran a un ser querido. Sin embargo, Jesús lloró frente a la tumba de Lázaro aun sabiendo que lo iba a resucitar. Él fue sensible al dolor de los presentes. Ciertamente, Dios no quiere que este tiempo se prolongue más de lo necesario, y siempre debemos alentarnos con la esperanza de la vida eterna, pero es sano y lógico que pasemos por un tiempo de endechar.

Conozco, además, hermanos que han perdido sus propiedades como resultado de sus malos negocios y deben asimilar esa nueva realidad y volver a empezar con el Señor.

También, conocí un pastor que vio con dolor como su hija era abandonada por aquel esposo que parecía tan espiritual. Fue duro para él ver el corazón de su hija desagarrado mientras intentaba cubrirla con su amor.

El Señor Jesús siempre estuvo cerca de los que endechaban para consolarlos y darles esperanza. Si estás pasando por un tiempo de endechar, no te condenes ni pierdas la esperanza. Jesús aún tiene el control de tu vida y te mostrará cómo seguir adelante.

Quizás hoy es tiempo de endechar. Ponte en las manos del Señor, y Él cambiará tu lamento en danza.

Señor, gracias por ser sensible a mi dolor y ayudarme a seguir adelante.
Tú tienes control de mi vida. En el nombre de Jesús, amén.

«He aquí, yo estoy a la puerta y llamo; si alguno oye mi voz y abre la puerta, entraré a él, y cenaré con él, y él conmigo».

APOCALIPSIS 3.20

UN NIÑO MUY pobre intentó ingresar al elegante templo de un barrio aristocrático, pero el portero uniformado lo detuvo diciendo: «Mira cómo estás vestido. Este no es un lugar para gente como tú». Triste y lloroso, el niño se marchó. Entonces, Jesús, conmovido, le habló desde el cielo.

—¿Por qué lloras? —le preguntó.

—No me dejan entrar a la iglesia —contestó el pequeño.

—No te preocupes —le dijo—, a mí tampoco me dejan entrar.

Jesús lo consoló y le mostró que Él aún estaba con los humildes y los quebrantados de corazón.

¿Puede una iglesia dejar afuera de su corazón a Cristo? La autosuficiencia, el sentirnos satisfechos con lo poco alcanzado y el orgullo son actitudes que evidencian la falta de comunión íntima con Jesús. Son expresiones contrarias a la Palabra: «Bienaventurados los pobres en espíritu» (Mateo 5.3). Jesús no tiene lugar en esos corazones.

El Señor dice: «He aquí, yo estoy a la puerta y llamo; si alguno oye mi voz y abre la puerta, entraré a él, y cenaré con él, y él conmigo». Es un llamado para los sensibles de corazón, para aquellos que están dispuestos a reconocer que han dejado de buscar a Dios con pasión, que se han enfriado en su fe.

Si le abres la puerta de tu corazón, Jesús cenará contigo. Es una invitación a disfrutar de una velada inigualable.

¡Enciende tu corazón en un renovado amor por Jesús!

Señor, reconozco que necesito restaurar el altar de mi corazón, volver a encender mi pasión por ti. ¡Cena conmigo! Amén.

«Y Jabes fue más ilustre que sus hermanos, al cual su madre llamó Jabes, diciendo: Por cuanto lo di a luz en dolor».

1 CRÓNICAS 4.9

¿CUÁNTAS VECES, AL leer toda la Biblia, llegamos al libro de Crónicas y nos quedamos perplejos frente a esas genealogías interminables?

Sin embargo, en estas listas de nombres aparece un hombre llamado Jabes, que mereció un párrafo aparte porque dejó huellas en su generación.

¿Por qué alcanzó este reconocimiento? ¿Nació en una familia adinerada? ¿Lo apoyaron sus padres? Nada de esto. Jabes es el ejemplo bíblico de aquel que se sobrepone a la adversidad, de alguien cuya vida no pasa desapercibida porque decide ponerse en las manos de Dios y servir poderosamente.

Jabes significa «dolor». Por eso, Jabes estaba marcado para el sufrimiento, pero, con la gracia de Dios, encontró el plan divino para su vida porque, en vez de resignarse a su destino natural, invocó al Dios de Israel.

Quizás te encuentres luchando contra los fantasmas de tu pasado. Quizás nadie creyó en ti. Tal vez tus padres no te comprendieron o te cubrieron de reproches en tu niñez. Te han rotulado, sin quererlo, para que lleves una vida mediocre o de fracaso. Hoy, Dios te dice: «Mira a Jabes». Él cambió su realidad porque buscó la bendición del Dios de Israel.¡

Puedes hacer lo mismo! Puedes descubrir tu verdadera vida en Cristo.

Padre amado, hoy, te entrego todas mis limitaciones, todo aquello que soy por naturaleza, para que me cambies y le des a mi vida un carácter ilustre en tu reino. Renuncio a todo «rótulo» que pese sobre mi vida, y recibo tu nueva naturaleza. En el nombre de Jesús, amén.

«Mejores son dos que uno; porque tienen mejor paga de su trabajo».

ECLESIASTÉS 4.9

CUANDO TRABAJAMOS COMO equipo, en perfecta unidad, siempre obtenemos un mayor fruto para el reino de Dios.

En ocasiones, observo que algunos cristianos quieren servir a Dios, pero no renuncian al individualismo que caracteriza al viejo hombre. No les agrada decir: «Esto lo hicimos nosotros». Prefieren decir: «Lo hice yo».

Lo cierto es que trabajar con otros en el reino de Dios es sumamente fructífero. En lo personal, nos ayuda a crecer en el amor, a ser maduros y a ponernos de acuerdo para actuar como equipo. La suma de los diferentes dones en pos de una sola visión nos hace tremendamente efectivos y contundentes.

Somos un cuerpo en Cristo. Nuestros sueños y proyectos personales deben tener siempre como base una relación sana y comprometida con la iglesia local. ¿Estamos dispuestos a servir a Dios bajo la autoridad de nuestros pastores? ¿Estamos dispuestos a ser «soldados» en las filas del ejército de Dios? Ten por seguro que, si esto está en tu corazón, Dios te concederá tus anhelos más profundos.

Servir a Dios en unidad es un deleite, es permitirle a Dios que se lleve toda la gloria; es brindar al mundo un testimonio de luz: «[...] que sean perfectos en unidad, para que el mundo conozca que tú me enviaste» (Juan 17.23). Este es, en verdad, el indicio de un cristiano maduro.

Amado Padre, te doy gracias por la Iglesia, porque tengo una familia y compañeros en el ministerio. Ayúdame a servirte siempre en unidad y en obediencia. Que juntos comprobemos la mayor ganancia para tu reino.
Amén.

«Y se fue la mujer, y cerró la puerta encerrándose ella y sus hijos; y ellos le traían las vasijas, y ella echaba del aceite. Cuando las vasijas estuvieron llenas, dijo a un hijo suyo: Tráeme aún otras vasijas. Y él dijo: No hay más vasijas. Entonces cesó el aceite».

2 REYES 4.5-6

DIOS HA LLENADO nuestras vasijas con su unción para que nosotros la derramemos sobre otros.

En nuestro texto de hoy, la historia del profeta Eliseo y la viuda ilustra una importante verdad: El aceite cesa cuando dejamos de dar. Mientras lo derramemos en otras vasijas seguirá fluyendo.

Cuando Dios llenó mi vida con su Espíritu Santo y trajo una ola de poder sobre mi ministerio y nuestra congregación, al principio pensé que esta visitación de Dios se limitaría a nuestra iglesia. Nunca pensé que miles de personas de todo el mundo vendrían como vasijas abiertas a recibir también el aceite. El Señor me dijo: «Esta fresca unción que he puesto en tu vida quiero que la compartas con todos los pastores e iglesias». ¡Y por su gracia el aceite no ha cesado!

Jesús dijo: «El Espíritu del Señor está sobre mí, por cuanto me ha ungido para dar buenas nuevas a los pobres; me ha enviado a sanar a los quebrantados de corazón; a pregonar libertad a los cautivos, y vista a los ciegos; a poner en libertad a los oprimidos; a predicar el año agradable del Señor» (Lucas 4.18-19).

Dios te ha ungido con un propósito: quiere usarte. ¡Predica a los perdidos, ora por los enfermos! ¡Comienza a derramar tu vida en otras vasijas y la unción y bendición de Dios se multiplicará en ti!

Amado Dios, me pongo en tus manos para que me uses.
En el nombre de Jesús, amén.

«Tiempo de bailar».   ECLESIASTÉS 3.4

LA DANZA ES una expresión de alegría y una manifestación bíblica de alabanza del pueblo de Dios. Sin embargo, existen aún muchos creyentes a quienes les cuesta aceptar esta expresión. Mical, la esposa de David, censuró a su marido por ingresar danzando a Jerusalén mientras traía el arca del pacto. Ella lo juzgó y lo menospreció y, como resultado de su actitud, quedó estéril (2 Samuel 6.20-23).

Es cierto que no todos los cristianos que se resisten a la expresión bíblica de la danza lo hacen con un espíritu crítico o amargado. Algunos tienen temor a los excesos o a las expresiones carnales que siempre intentan mezclarse con el culto puro y verdadero. Otros, combaten con razón ciertos visos místicos con que algunos rodean la danza. Pero eso no nos debe llevar a detener el gozo de alabar a Dios con todo nuestro ser y danzar en los momentos que el mismo Espíritu Santo nos invita a realizarlo espontáneamente.

David tenía buenas razones para danzar delante de Dios. ¡Finalmente el arca, símbolo de la presencia de Dios, retornaba a su pueblo! Estaba también agradecido de Dios por levantarlo como rey.

Muchos cristianos no danzan porque no encuentran motivos para hacerlo. La voz de Mical censurándolos, avergonzándolos de su fe y testimonio, los paraliza y les roba la alabanza. Dile a esa voz como David: «Yo alabo a Dios danzando porque Él me eligió y porque me hizo su príncipe». ¿Cómo no alabarlo cantando, saltando, gritando, riendo, danzando, si fuiste elegido por Dios y honrado por Él?

Tienes sobrados motivos. ¡Es tiempo de bailar!

Señor, ahora danzo con gozo como David porque me has hecho tu hijo y me has dado libertad. ¡Gracias! En el nombre de Jesús, amén.

> «Y él se fue por el desierto un día de camino, y vino y se sentó debajo
> de un enebro; y deseando morirse, dijo: Basta ya, oh Jehová, quítame
> la vida, pues no soy yo mejor que mis padres».
>
> 1 REYES 19.4

LA BIBLIA NO idealiza a sus personajes, ni los presenta perfectos. Aun los hombres de fe que admiramos tuvieron sus momentos de duda o fracaso.

El profeta Elías cayó en un gran desánimo. Había enfrentado al rey Acab, a los profetas de Baal y a la misma nación que tenía su corazón dividido. Por su palabra cayó fuego del cielo. Por su palabra no llovió por tres años. Pero la amenaza de muerte de la reina Jezabel lo afectó de tal manera que huyó al desierto y, deprimido, oró: «Señor, deseo morir. Quítame la vida».

Elías, el hombre que solía decir: «Vive Jehová Dios de Israel, en cuya presencia estoy» (1Reyes 17.1), necesitaba un nuevo encuentro con la presencia de Dios. Y lo halló en el silbo apacible de la íntima relación con Él.

Dios puede usarte grandemente, pero no te descuides. Si te alejas de la presencia de Dios, pronto comprobarás cuán vulnerable eres. El diablo sabe cómo desequilibrarte en tu caminar cristiano. Conoce bien tus debilidades. Por eso, mantén tu corazón dependiente de Dios.

Si te ha vencido el desánimo, no te condenes. Dios le recordó a Elías que junto a él había 7.000 israelitas que permanecían fieles. Tú tampoco estás solo. ¡El Señor está a tu lado! ¡Pero no te quedes allí debajo del enebro! Aún te resta mucho camino.

Descansa en la presencia del Señor. Él te dará las fuerzas para continuar.

Padre, en este día tomo la decisión de abandonar este pozo de desánimo.

En el nombre de Jesús, amén.

Llamado a la santificación

«Pues la voluntad de Dios es vuestra santificación».

1 TESALONICENSES 4.3

DIOS NOS LLAMA a ser santos, ¡ciento por ciento santos! ¿Lo crees una utopía? Pues la Palabra de Dios nos dice que esta es la voluntad de Dios para su pueblo.

Un querido amigo mío ilustra esta verdad así: Imagina que vas a comprar un agua mineral y la botella dice en la etiqueta: «Agua mineral: noventa y nueve por ciento pura, con un uno por ciento de veneno». ¿La comprarías?

Admitámoslo: el noventa y nueve por ciento no es suficiente. Que esta verdad nos desafíe para no acomodarnos a nuestro presente. Que nos desafíe para decir: «Señor, aún tengo mucho por cambiar para alcanzar tu amor, tu carácter, tu obediencia». El Espíritu Santo obrará para imprimir la imagen de Jesús en nuestra vida.

El decano del Instituto Bíblico Río de la Plata me comentó que una ex alumna se presentó en su oficina y le dijo: «Estos han sido tiempos muy especiales para mí. He estado buscando al Señor profundamente y meditando en su Palabra. Él trajo a mi memoria esta cucharita que había conservado de mis tiempos de estudiante. Me ha ordenado que la devuelva porque no me pertenece».

Esta es la obra que el Espíritu Santo hace en un corazón que se abre para recibirlo. ¿Quieres ser santo como Jesús? Deja al Espíritu Santo actuar en tu vida. Mírate en el espejo de la Palabra de Dios y deja que Él te examine.

El alfarero seguirá trabajando hasta que tú y yo seamos como Jesús.

Señor, vengo a tu luz. Examíname. ¿Debo cambiar en algo? Quiero hacer tu voluntad. En el nombre de Jesús, amén.

«Por tanto, hermanos, tened paciencia hasta la venida del Señor. Mirad cómo el labrador espera el precioso fruto de la tierra, aguardando con paciencia hasta que reciba la lluvia temprana y la tardía».

SANTIAGO 5.7

EL APÓSTOL SANTIAGO utiliza la figura del labrador para estimular nuestra fe. La semilla simboliza la promesa de Dios para tu vida, esa palabra que Dios ha plantado en tu corazón y que a su tiempo manifestará su vida. Debes cuidarla, regarla en oración diariamente.

En ocasiones, es bueno «levantar un altar» cuando Dios te habla. Los patriarcas levantaban un altar como testimonio del encuentro con Dios y de la promesa recibida. Cuando venía la duda, el temor, ese altar les recordaba que Dios mismo les había dado la promesa. Cuando Dios te hable, ¡levanta un altar! Anota la fecha, marca tu Biblia, haz lo que sea, ¡pero no olvides que Dios te ha dado una promesa, y Él no falla!

Jorge Muller, un hombre que Dios llamó para trabajar con los huérfanos en Bristol, Inglaterra, se propuso llevar adelante la obra sin pedirle nada a nadie. Solamente presentaría sus necesidades a Dios en oración y esperaría la respuesta. Los orfanatos, los niños, su comida y educación dependían enteramente de la fe de este hombre. Al terminar sus días, había construido cinco orfanatos y sostenía a 2.000 huérfanos. Muller esperó y confió en Dios, y Él cumplió su promesa.

Ignoro cuál es el problema que estás atravesando, pero conozco al Dios que te ha dado sus promesas. ¡Y Él es fiel!

Atesora en tu corazón la semilla, y espera con paciencia, sin desmayar. A su tiempo vendrá la cosecha.

Padre, toda mi confianza está puesta en ti. Tú no fallas.
En el nombre de Jesús, amén.

El lugar santísimo

«Tras el segundo velo estaba la parte del tabernáculo llamada el Lugar Santísimo, el cual tenía un incensario de oro y el arca del pacto cubierta de oro por todas partes, en la que estaba una urna de oro que contenía el maná, la vara de Aarón que reverdeció, y las tablas del pacto».

HEBREOS 9.3-4

EN EL INTERIOR del Lugar Santísimo estaba el arca del pacto. Dentro de esta había tres elementos que recordaban episodios de la historia de Israel y que nos señalan lo que Cristo nos ofrece cuando acudimos a Él: el maná, la vara de Aarón que reverdeció y las tablas del pacto.

Primero, el maná te habla de la provisión de Jesús. Cuando acudes al lugar santísimo, Cristo provee para todas tus necesidades espirituales y materiales. Él es el pan de vida que descendió del cielo para saciar las necesidades más profundas de tu alma, para que te sientas feliz y completo en Él.

Segundo, la vara de Aarón que reverdeció te habla de la unción para el ministerio. ¡Dios quiere usarte! Acude al lugar santísimo, y Jesús te dará la unción para realizar tu tarea en el poder del Espíritu Santo.

Por último, estaban las tablas del pacto. Ellas te señalan que en Cristo encuentras la capacidad para vivir en obediencia a la ley de Dios. Si lo buscas, Él te dará el poder para vivir en santidad.

Si has fallado, no temas. La sangre de Cristo está dispuesta a limpiarte y darte una nueva oportunidad. Solamente acércate a Él en obediencia y recibirás poder y provisión para tu vida.

¡Acude al Lugar Santísimo!

Padre, gracias porque puedo acudir a ti, y tú suples mis necesidades, me das nueva vida, poder y fortaleza. Quiero obedecerte. En el nombre de Jesús, amén.

Mayo

«El deseo del perezoso le mata, porque sus manos no quieren trabajar».

PROVERBIOS 21.25

EN ARGENTINA, A los habitantes de cierta provincia les hacen bromas diciéndoles que son perezosos. Por supuesto, esto no es cierto, pero forma parte del folclor popular.

Se cuenta que dos habitantes de esa provincia descansaban en un descampado a la sombra de un arbusto. Uno estaba acostado boca arriba y el otro boca abajo. Durante horas, permanecieron allí sin pronunciar palabra. Repentinamente, el que estaba acostado mirando al cielo rompió el silencio y le dijo a su compañero: «Juan, no sabes qué tremendo es el avión que está pasando». Su compañero, aún boca abajo, le contestó con un dejo de voz: «¡Qué suerte tienes en poder verlo!»

Hay gente así de perezosa... ¡ni quieren darse vuelta! Pero su manera de vivir en realidad no es graciosa. Se dañan y causan mucho daño. La pereza, la falta de disposición al trabajo, es un pecado grave.

El perezoso nunca alcanza las metas que se propone. Su deseo «le mata». Está esperando el golpe de suerte, sin esforzarse, pero el apóstol Pablo nos dice que «el labrador, para participar de los frutos, debe trabajar primero» (2 Timoteo 2.6).

Nosotros somos los obreros del Señor. Y, como obreros, debemos madrugar, ponernos nuestra ropa de trabajo y dirigirnos a hacer nuestras tareas. Dios no espera menos.

Las grandes obras se construyen poco a poco. No hay atajos. Cualquier meta que se quiera alcanzar requiere trabajo.

Anímate a trabajar con alegría en aquello que Dios te ha puesto. Esfuérzate, y Dios bendecirá con abundancia el fruto de tu labor.

Amado Dios, quiero ser fiel a ti. Renuncio a toda pereza, a las excusas para no hacer tu voluntad. Quiero «gastarme» para ti.
En el nombre de Jesús, amén.

«E invocó Jabes al Dios de Israel, diciendo: ¡Oh, si me dieras bendición, y ensancharas mi territorio, y si tu mano estuviera conmigo, y me libraras de mal, para que no me dañe! Y le otorgó Dios lo que pidió».

1 CRÓNICAS 4.10

ES COMÚN ENTRE cristianos saludarnos con un «Dios te bendiga», al punto que para muchos esta es una expresión casi sinónima de «buenos días» o «buenas noches».

Pero la bendición de Dios es mucho más que eso. Ella cambió la vida de Jabes. Su clamor fue como un suspiro suplicante: «¡Oh, si me dieras bendición!» Y Dios lo transformó.

El apóstol Pablo señala que fuimos bendecidos «con toda bendición espiritual en los lugares celestiales en Cristo» (Efesios 1.3). Al manifestarse esa bendición transformadora en nuestra vida, lo celestial irrumpe en nuestra naturaleza humana dándonos el carácter de Jesús, su santidad, su poder y su vida misma.

Jacob peleó con el ángel en Peniel sin dejarle ir hasta lograr su bendición. ¿Significó algo importante para Jacob esta bendición? ¡Absolutamente! A partir de allí, comenzó un nueva etapa para él. Ya no sería más «Jacob», ahora sería «Israel».

También, Jabes, por esta bendición divina, cambió su nombre en el sentido espiritual. Ahora sería alguien que con la bendición de Dios, ensancharía sus territorios, caminaría tomado de la poderosa mano de Dios.

«¡Oh, si me dieras bendición [...] !»: que éste sea el clamor de tu corazón hoy.

Hagamos juntos la oración de Jabes. Dila en voz alta, comprendiendo lo que pides y con toda tu fe: @PRAYER = «¡Oh, si me dieras bendición, y ensancharas mi territorio, y si tu mano estuviera conmigo, y me libraras de mal, para que no me dañe!» Amén.

«Cuando hayáis levantado al Hijo del Hombre, entonces conocer
éisque yo soy...»

JUAN 8.28

JESÚS SE IDENTIFICÓ con el nombre de Dios más sagrado para los
judíos, el «Yo soy» (Ex 3.14) o «Jehová». Veamos otros nombres de
Dios revelados en el antiguo testamento.

Jehová-Sama (Ezequiel 48.35): Jehová está allí. En el libro de
Ezequiel describe la presencia de Dios en el templo. Hoy se refiere a
su presencia en la Iglesia y en el corazón de cada cristiano.

Jehová-Jire (Génesis 22.14): Jehová es tu proveedor. Abraham en el
monte de Moriah conoció al Señor que provee. Y si el Padre nos
proveyó en Cristo el perfecto Cordero, ¡cómo no dará con Él todas las
cosas!

Jehová-Tsidkenu (Jeremías 23.6): Jehová es tu justicia. Cuando las
acusaciones del maligno vienen a condenarte, Dios, en su inmenso
amor, te ha declarado justo por la obra de la cruz.

Jehová-Macadesh (Éxodo 31.13): Jehová es el que te santifica. Es el
que te imparte su naturaleza divina por el Espíritu Santo, y te cambia
día a día.

Jehová-Shalom (Jueces 6.24): Jehová es tu paz. Gedeón conoció a
Dios como su paz en medio de la guerra. ¿Puedes recibir hoy su paz a
pesar de todos tus problemas?

Jehová-Nissi (Éxodo 17.15): Jehová es tu bandera. La bandera del
triunfo que derrotó a los amalecitas, es la misma que va delante de ti
en todas tus batallas.

Jehová-Rafa (Éxodo 15.26): Jehová es tu sanador. Es el que sana
todas tus dolencias. Las del cuerpo y las del alma.

Dios es todo esto y más. Aprópiate de sus promesas y santifica su
nombre.

¡Tu Dios es grande!

*Padre, en este día quiero reconocer Quién eres y todo lo que significas
para mí. ¡Quiero adorarte! En el nombre de Jesús, amén.*

Visión celestial

«Cuando vio la visión, enseguida procuramos partir para Macedonia, dando por cierto que Dios nos llamaba para que les anunciásemos el evangelio».

HECHOS 16.10

LOS HOMBRES QUE trastornan el mundo tienen una clara visión de la necesidad.

Pablo ardía de amor por las almas: «¡ay de mí si no anunciare el evangelio!» (1 Corintios 9.16), así que uno puede imaginar su conflicto cuando atravesó Asia y el Espíritu le prohibió predicar en aquellos lugares. Pero, aunque Pablo quería predicarles a esas almas, el Espíritu Santo lo estaba guiando en la voluntad de Dios al sitio donde sí debía predicar. Por eso, al llegar a Troas, recibió la visión del varón macedonio (Hechos 16.9-10) y su llamado para anunciar el evangelio en el territorio europeo.

Una noche de 1985, estaba entre dormido y despierto cuando Dios me llamó a predicar en el barrio de Belgrano por medio de una visión. El Señor me mostraba la plaza, las luces que la alumbraban y una campaña evangelística que se desarrollaba allí. «Este será tu nuevo campo en el ministerio», me decía el Señor. Un nuevo tiempo en mi vida y en mi ministerio se abría delante de mí, pero era imprescindible que fuera obediente a la visión celestial, aun cuando muchos no creían en ella.

Sin embargo, para ser uno de aquellos que trastornan el mundo no necesitas una visión como la mía. Simplemente necesitas una nueva visión de las almas, comenzar a mirarlas como Cristo las ve, con su misma compasión. Mirarlas con atención, más allá de su apariencia exterior, para descubrir sus necesidades más profundas.

Necesitas una visión que te mueva a anunciar el evangelio.

Señor, abre mis ojos para que vea la necesidad de cuantos me rodean. Dame tu corazón. En tu nombre amado, amén.

«Tiempo de buscar». ECLESIASTÉS 3.6

EL SALMO 104.15 menciona tres elementos que nos hablan de la obra de Dios en nuestra vida: el vino que alegra el corazón del hombre, el aceite que hace brillar el rostro y el pan que sustenta la vida del hombre. Cuando buscamos la presencia de Dios y nos encontramos con Él, todo nuestro ser se llena de gozo, una sonrisa ilumina nuestro rostro. El Espíritu Santo nos llena, y la alegría temporal que puede proporcionar el vino se hace una realidad verdadera.

Luego el salmista menciona «el aceite que hace brillar el rostro». Se refiere a la unción, la autoridad y los dones que el Espíritu Santo derrama en nuestra vida cuando buscamos el rostro del Señor. Luego de contemplar la gloria del Señor, el rostro de Moisés brillaba. ¡Y todos lo notaron! Así sucederá contigo cuando pases tiempo con Dios, ¡todos sabrán que estuviste con Jesús! El brillo de la unción, la presencia de sus dones serán manifiestos para todos.

Ahora, el vino le da alegría a tu corazón, pero no te alimenta demasiado; el aceite tampoco. Por eso, necesitamos «el pan que sustenta la vida del hombre». El pan es un símbolo de la Palabra de Dios, que es la que te da el crecimiento. Necesitamos buscar el pan diario leyendo las Escrituras para aprender el consejo de Dios para nosotros.

Jesús dijo: «buscad, y hallaréis» (Mateo 7.7). Hay una oración de búsqueda que se dirige a encontrar el rostro de Dios y su Palabra.

¡Este es el tiempo de buscar!

Padre amado, de ahora en adelante buscaré cada día más de ti y de tu presencia. Que tu unción, tu gozo y tus dones sean manifiestos en mí. Amén.

> «Vi siervos a caballo, y príncipes que andaban como siervos sobre la tierra».

> ECLESIASTÉS 10.7

EL RESPONSABLE DE hacer los trámites por las calles había faltado, y me ordenaron sustituirlo. Esto me enojó mucho. En ese tiempo, asistía a la iglesia solamente por complacer a mi madre; no había tenido un encuentro personal con Jesús.

Cuando llegué a hacer la cobranza a cierto lugar, me dijeron que regresara más tarde porque aún no tenían el dinero. Mientras caminaba, todavía mal humorado, empecé a sentir mi propio hastío; esa vida incompleta, insatisfecha que estaba viviendo. Levanté mis ojos al cielo y comencé a orar la oración más sincera que jamás había pronunciado: «Señor, si realmente existes, si todo lo que he escuchado y leído en tu Palabra es verdad, entra a mi corazón. Yo quiero cambiar, quiero tener una vida nueva». Y añadí inmediatamente: «Pero no quiero ser solamente un religioso. Si me das la oportunidad de conocerte, es para servirte». Mi vida cambió por completo.

Todos los cristianos deberían entregar su vida a Dios para servirle. La iglesia está llamada a liderar en el mundo, a mostrar modelos que otros puedan imitar. Hoy, vemos que los jóvenes siguen la influencia y el modelo de personas que no conocen al Señor porque los creyentes no se comprometen con la obra de Dios.

No camines como esclavo cuando Dios te llama a ser un testigo con la unción de Jesús. Haz que tu vida, tu ejemplo y tus obras sean una tremenda influencia para los que te rodean. Que los demás puedan decir: «Quiero conocer al Dios que tú sirves».

¡Enrólate en el ejército de Dios!

Señor Jesús, ¡quiero servirte con todo mi ser y alcanzar a las multitudes con tu presencia! Amén.

Reforcemos las murallas

«Respondiendo Satanás a Jehová, dijo: ¿Acaso teme Job a Dios de balde? ¿No le has cercado alrededor a él y a su casa, y a todo lo que tiene?...»

JOB 1.9-10

DICE ISAÍAS 26.1 «En aquel día cantarán este cántico en tierra de Judá: Fuerte ciudad tenemos; salvación puso Dios por muros y antemuro».

Job servía a Dios con fidelidad y el Señor lo cercaba con su bendición y cuidado. Pero debemos ser muy cuidadosos. La muralla puede ser derribada si consentimos el pecado en nuestra vida. El enemigo encontrará un sitio por donde atacarnos, pues le habremos dado el lugar (Ef 4.27).

Cuando vemos pasivamente como la zorras pequeñas invaden nuestra viña y nuestra armadura se llena de agujeros, ¿no le damos espacios al enemigo para que nos dañe? ¿Podemos esperar la protección de Dios cuando no combatimos el pecado?

Cuando tu mente se ensucia, cuando consultas más al hombre que a Dios, cuando dejas de orar y servirle, las presiones se acumulan y tus murallas se debilitan. Luego viene el pecado. En tu fragilidad espiritual te permites actitudes contrarias a la Palabra de Dios y los pedazos de la muralla comienzan a caerse. Te has salido del lugar de la protección de Dios. No es que Él no quiera cuidarte, tú te expones imprudentemente a un ataque seguro al rebelarte con el Señor.

El Señor sabe que no eres perfecto, pero espera de ti una actitud íntegra. Un compromiso serio con su Palabra para ponerla por obra. En este día, revisa tus murallas y refuérzalas mediante el arrepentimiento y la consagración.

Ninguna fuerza del enemigo podrá dañarte.

Señor, no quiero darle lugar al enemigo. Vengo delante tuyo para abandonar el pecado y caminar bajo tu bendición. En el nombre de Jesús, amén.

> «He aquí que para justicia reinará un rey, y príncipes presidirán en juicio. Y será aquel varón [...] como sombra de gran peñasco en tierra calurosa».
>
> ISAÍAS 32.1-2

IMAGINA UN PEREGRINO en el desierto, agotado después de largas horas de caminar bajo los rayos del sol. De repente, ve delinearse la figura de un gran peñasco. ¡Qué maravilloso! Finalmente, encontró un lugar donde descansar.

Así es Jesús para nosotros: «como sombra de gran peñasco en tierra calurosa». Cuando estamos cansados de enfrentar la misma prueba; cuando la carga se ha multiplicado y no la podemos llevar solos; cuando hemos perdido las fuerzas y el ánimo, Jesús nos invita a sentarnos bajo su sombra. Él quiere renovar tus fuerzas, que experimentes la promesa de Isaías 40.31: «correrán, y no se cansarán; caminarán, y no se fatigarán».

Hay personas que siempre viven cansadas. Salvo contadas excepciones, este cansancio físico tiene su origen en un cansancio interior. Pero la presencia viva del Espíritu Santo te renueva. Jesús nos ofrece su descanso para el cuerpo y para el alma: «Venid a mí todos los que estáis trabajados y cargados, y yo os haré descansar» (Mateo 11.28).

¿Quieres que Jesús te cubra con su sombra y refresque tu caminar? Póstrate a sus pies en oración y su sombra se proyectará sobre ti.

A sus pies, serás renovado. Recibirás el gozo y las fuerzas para seguir victorioso tu camino.

¿Estás cansado? Ven a Jesús hoy.

Padre santo, vengo a ti a presentarte mi vida, todas mis luchas
y mi cansancio. Renueva mis fuerzas y mi esperanza.
Refréscame con tu presencia. Bajo tu sombra me refugio.
En el nombre de Jesús, amén.

«Y esto, conociendo el tiempo, que es ya hora de levantarnos del sueño; porque ahora está más cerca de nosotros nuestra salvación que cuando creímos. La noche está avanzada, y se acerca el día. Desechemos, pues, las obras de las tinieblas, y vistámonos las armas de la luz».

ROMANOS 13.11-12

TODA LA HUMANIDAD, aunque le brille el sol cada día, vive en la noche más sombría. El príncipe de este siglo tiene al mundo en tinieblas y el corazón de los hombres está cegado viviendo sin Dios y sin esperanza.

En una entrevista sobre la relación de las personas con la noche, una joven dijo: «La noche es mágica. Me transforma, me seduce, me atrevo a hacer cosas que jamás haría durante el día». La noche parece prestarse para cualquier cosa. Y la humanidad entera vive en su noche espiritual más oscura.

¿Qué haremos los cristianos? En primer lugar, tomar conciencia de los tiempos. ¡Cristo viene pronto! «La noche está avanzada, y se acerca el día» (Romanos 13.12). Los cristianos debemos estar velando, atentos a su venida. No es tiempo para dormir, es tiempo para alumbrar. Muy pronto, los que estemos despiertos veremos al Lucero de la mañana, a Cristo, anunciar el nuevo amanecer con su venida. Entonces, Jesús, como el Sol de Justicia, brillará a los ojos de todas las naciones para manifestar su salvación a los que creímos y condenar a los que le rechazaron.

«Andemos como de día, honestamente; no en glotonerías y borracheras, no en lujurias y lascivias, no en contiendas y envidia, sino vestíos del Señor Jesucristo, y no proveáis para los deseos de la carne» (Romanos 13.13-14).

Caminemos como hijos de luz, apartados del pecado, sirviendo a Dios y velando en oración.

¡Cristo viene pronto!

Sí, ven Señor Jesús. Amén.

«Y Jehová dijo a Moisés: He aquí yo os haré llover pan del cielo; y el pueblo saldrá, y recogerá diariamente la porción de un día, para que yo lo pruebe si anda en mi ley, o no».

ÉXODO 16.4

TODOS LOS AÑOS realizamos en nuestra iglesia una Conferencia Internacional de Avivamiento. Cientos de pastores y líderes de todo el mundo llegan hasta Buenos Aires con una sed espiritual que contagia. Recorren largas distancias con la expectativa de recibir algo fresco de Dios para sus vidas y sus ministerios, y Dios se mueve con total libertad en sus corazones.

El Señor tiene la provisión espiritual y material para ti, pero debes salir a buscarla. Nadie más puede hacerlo por ti. ¡Es tu porción! Es la Palabra que Dios tiene para ti en este día, la unción que quiere derramar sobre ti para tu ministerio. Es la comunión que te ofrece en lo secreto de tu habitación. Si dejas de orar unos días, tu carne te ofrecerá resistencia para buscar el rostro de Dios, y tu espíritu se debilitará sin el alimento espiritual. ¡Debes salir a buscarlo cada día!

El pan de ayer no te sirve para hoy. Los israelitas recogían del maná la porción de un día. El maná se echaba a perder si se conservaba para el día siguiente. Asimismo, la porción espiritual de hoy, no te sirve para mañana. No esperes desfallecer para salir a buscarla. Tienes que acudir diariamente al encuentro con Dios y su Palabra si quieres vivir en victoria.

Acude sin falta a la presencia de Dios y deléitate en sus manjares. Dios honra a aquel que lo busca.

Amado Dios, ¡tengo hambre de ti! Dame hoy el pan de vida.
En el nombre de Jesús, amén.

Los hijos no esperan

«He aquí herencia de Jehová son los hijos; cosa de estima el fruto del vientre. Como saetas en mano del valiente, así son los hijos habidos en la juventud»

SALMOS 127.3-4

DURANTE AÑOS BETTY compartió con las mujeres de la Iglesia un ensayo titulado: «Los hijos no esperan», donde se exalta el valor de la paternidad. Deseo transcribirte su parte final:

«Hay un tiempo para atesorar cada instante fugaz de su niñez. Tengo tan sólo dieciocho preciosos años para inspirarlo y prepararlo. No voy a cambiar este derecho natural por ese "plato de lentejas" llamado posición social, reputación profesional, ni por un cheque de sueldo. Una hora de dedicación hoy podrá salvar años de dolor mañana... Habrá un tiempo para mirar atrás y saber que estos años de ser madre no se desperdiciaron. Pido a Dios que llegue el momento que pueda ver a mi hijo hecho un hombre íntegro y recto, amando a Dios y sirviendo a los demás.

»Dios mío, dame la sabiduría para saber que hoy es el día de mis hijos. No existen los momentos de poca importancia en sus vidas. Que sepa comprender que no hay una carrera mejor. Un trabajo más remunerador. Ni tarea más urgente. Que yo no postergue ni descuide esta labor. Que pueda aceptarla con gozo, y que, con la ayuda del Espíritu Santo, y por tu gracia, me dé cuenta: que el tiempo es breve, y que mi tiempo es hoy. ¿Por qué? Porque los hijos no esperan».

Sea éste mi tributo a todas las madres y padres que han comprendido su llamado.

Padre, gracias por recordarme lo prioritario que son mis hijos. Quiero cumplir con este glorioso llamado. En el nombre de Jesús, amén.

«Y vino y habitó en la ciudad que se llama Nazaret, para que se cumpliese lo que fue dicho por los profetas, que habría de ser llamado nazareno».

MATEO 2.23

DURANTE TREINTA AÑOS, el Señor Jesús vivió en Nazaret sin revelarse al mundo como el Mesías. ¿Qué hacía allí? Nos enseñaba que el primer lugar donde debemos manifestar la santidad es en nuestra propia casa, en nuestra familia. Allí fue el perfecto hijo, el hermano perfecto, el trabajador perfecto.

«Nazaret» simboliza lo cotidiano. No podremos desarrollar un ministerio eficaz sin pasar por Nazaret. Dios nos probará en lo secreto, en lo íntimo, antes de llevarnos a nuevos horizontes.

Algunos sueñan con grandes ministerios y esperan ser muy usados por Dios, pero no construyen las bases indispensables donde apoyar ese ministerio. No forjan un carácter íntegro y maduro en la familia y en el diario vivir que los respalde y les dé autoridad.

Si quieres que Dios te use con poder debes aprender la fidelidad en lo pequeño y a caminar con integridad en lo cotidiano. Debes ser quebrantado y moldeado por Dios para ser útil en sus manos.

Dios tiene un plan precioso para tu vida, un ministerio importante en su reino, pero debes asegurarte de poner las bases correctas para que pueda usarte. ¿Qué clase de esposo, esposa, hijo o padre eres en tu hogar? ¿Se sentiría cómodo Jesús en tu casa? ¿Cómo se manifiestan tus principios cristianos cuando nadie te ve?

Sé fiel en Nazaret. Camina en integridad.

Señor, haz que mi vida sea un testimonio de luz en mi familia, en lo secreto y en todo mi diario vivir. Quiero ser santo como tú. En el nombre de Jesús, amén.

Tu voluntad y nada más

«Pedís, y no recibís, porque pedís mal, para gastar en vuestros deleites».

SANTIAGO 4.3

UN HERMANO DE nuestra iglesia me pedía siempre que orara por un auto para ir a la iglesia con su familia. Oramos durante un buen tiempo hasta que un día, ¡Dios le dio el auto! Sin embargo, este hermano y su familia dejaron de ir a la iglesia. Al preguntarle, me explicó que, ahora que tenían el auto, aprovechaban los fines de semana para ir a pasear y ver a los amigos y familiares.

A veces, no estamos preparados para recibir la bendición de Dios. Y, en ocasiones, Dios permite que la recibamos solamente para que aprendamos la lección.

Los israelitas se quejaban del maná. Y Dios decidió darles carne. Pero, cuando la carne estaba entre sus dientes, se desató la ira de Dios. Una gran plaga vino sobre el pueblo y muchos murieron.

Dios quiere bendecirte, pero debes respetar sus tiempos.

Recuerda que la bendición de Jehová no añade tristeza. Si Dios sabe que algo que tú deseas no está bien motivado, puede dominar tu vida o convertirse en un dios para ti, no te lo dará.

Hay una gran virtud en el contentamiento. Aprende a ser agradecido por todo lo que tienes y pídele siempre a Dios que se haga su voluntad en tu vida; su voluntad y nada más.

Señor, lo que tienes para mi vida es siempre lo mejor. Guárdame de la codicia, de buscar aquello que no está en tu corazón. Enséñame a ser agradecido y a estar contento con lo que tengo. Si busco tu voluntad, proclamo que lo demás vendrá por añadidura. En el nombre de Jesús, amén.

Del fracaso a la esperanza

«El que encubre sus pecados no prosperará; mas el que los confiesa y se aparta alcanzará misericordia».

PROVERBIOS 28.13

DEBEMOS DESTERRAR PARA siempre el mito de que un cristiano no puede fracasar. Sería hermoso que así fuese, pero, sencillamente, no es la verdad. La Biblia está repleta de hombres y mujeres que sirvieron a Dios pero tuvieron sus momentos de fracaso. Al mismo tiempo, nos muestra a un Dios de misericordia que es capaz de transformar nuestro fracaso en esperanza.

Muchos cristianos llevan sobre sus espaldas el peso de su fracaso; lo convierten en un monumento. No pueden perdonarse lo sucedido, ni buscan en Dios una nueva oportunidad.

Sin embargo, un cristiano maduro es capaz de reconocer su falta y modificar su conducta: «El que encubre sus pecados no prosperará; mas el que los confiesa y se aparta alcanzará misericordia».

Reconocer la falta es el principio de la victoria, y luego, tan importante como esto es aprender la lección; no volver a repetir los mismos errores.

Moisés, a pesar de su fracaso, fue recordado por Dios por su mansedumbre y obediencia. David, a pesar de todo, recibió de Dios un reconocimiento único: «David tiene un corazón conforme al mío». Jonás cumplió su ministerio. Pedro, finalmente, fue apóstol y columna de la iglesia, y dio su vida por Cristo.

No hagas de tus fracasos un monumento. Reconoce tu falta, aprende la lección y alcanzarás la misericordia de Dios.

Padre amado, me humillo delante de ti y te confieso mis faltas, todos mis pecados. Concédeme una nueva oportunidad. Que tu gracia me levante una vez y para siempre. En el nombre de Jesús, amén.

«Recorría Jesús todas las ciudades y aldeas, enseñando en las sinagogas de ellos, y predicando el evangelio del reino, y sanando toda enfermedad y toda dolencia en el pueblo».

MATEO 9.35

HACE MUCHOS AÑOS, junto con un pastor amigo, fuimos designados por las autoridades de nuestra denominación para dar unos cursillos a los pastores del interior del país. Debíamos recorrer pequeños pueblos y ciudades capacitando a muchos siervos de Dios que le servían en lugares lejanos, para que pudiesen obtener formalmente sus credenciales como ministros.

En uno de estos pueblos del interior, una familia nos regaló un cordero. Imagínate, ¡un cordero vivo! Por temor a que nos ensuciara el interior del automóvil, le compramos una bombacha de goma (de esas que se usaban antiguamente para los bebés). Luego, de camino, nos detuvimos un momento y se nos escapó el cordero en medio del campo. ¡La cara que habrán puesto los lugareños! ¡Dos pastores corriendo tras un cordero con bombacha de goma!

Jesús recorría las ciudades, pero también iba a las aldeas, a poblados pequeños olvidados por la mayoría. Y pienso en los miles de hombres de Dios que predican el evangelio en estas ciudades pequeñas. Hombres y mujeres abnegados que pareciera que nadie les tiene en cuenta ni los visita. ¡Pero Dios nunca se olvida de ellos!

Siento un afecto especial por estos siervos de Dios que pastorean en ciudades pequeñas. Son hombres que no buscan fama, que solamente quieren ser fieles al Señor y alcanzar a los perdidos. ¡Dale gracias a Dios por sus vidas y recuérdalos en oración!

Jesús todavía sigue recorriendo aldeas.

Señor, te ruego por los pastores y misioneros que te sirven en lugares alejados y solitarios, ¡fortalece sus manos y dales una gran cosecha! En el nombre de Jesús, amén.

«Tiempo de llorar».   ECLESIASTÉS 3.4

EXISTEN CUATRO LLANTOS necesarios que te ayudarán a comprender mejor el tiempo de llorar.

El primer llanto es la respuesta al dolor propio. Cuando sufrimos, una de las cosas que debemos aprender a hacer es llorar, así como Jesús lloró ante la tumba de su amigo Lázaro, para expresar y descargar nuestro dolor. Dios puede usar el llanto para sanar nuestro corazón. El Señor conoce el significado de cada lágrima y siempre está dispuesto a consolar y sanar el corazón herido.

Un segundo llanto necesario es el del arrepentimiento. El profeta Joel señala: «Por eso pues, ahora, dice Jehová, convertíos a mí con todo vuestro corazón, con ayuno y lloro y lamento» (2.12). Este es un llanto del cual no hay que arrepentirse (2 Corintios 7.10), porque nos lleva a corregir nuestros caminos y nos previene de daños mayores.

El tercer llanto benéfico es el llanto de la compasión: «llorad con los que lloran» (Romanos 12.15). Significa acompañar a los que están sufriendo, sentir una empatía real por su situación y compadecerte en su dolor.

El cuarto llanto es el llanto por tu ciudad. Es el llanto del amor que sufre por los perdidos. Nehemías, al ver el estado de su ciudad, lloró. Jeremías lloró por Jerusalén. Jesús mismo gimió por la ciudad de Dios. Es el llanto que se identifica con las necesidades de tu ciudad y te impulsa a hacer algo que cambie esa situación.

No detengas tu llanto, quizás sea tiempo de llorar para ti.

Amado Dios, gracias por comprender cada una de mis lágrimas y consolarme. Gracias por tu perdón. Ayúdame a ser sensible ante el dolor del prójimo y de mi ciudad. En el nombre de Jesús, amén.

Una morada
en nuestro corazón

«Y ella dijo a su marido: He aquí ahora, yo entiendo que éste que siempre pasa por nuestra casa, es varón santo de Dios. Yo te ruego que hagamos un pequeño aposento de paredes, y pongamos allí cama, mesa, silla y candelero, para que cuando él viniere a nosotros, se quede en él».

2 REYES 4.9,10

EN NUESTROS DÍAS, oímos de una maravillosa manifestación del Espíritu Santo en diferentes partes del mundo. La pregunta es: ¿Estamos apreciando este mover del Espíritu Santo? ¿Estamos conscientes de «Quién» nos visita?

2 Reyes 4.9,10 registra la actitud de una mujer sunamita con relación al profeta Eliseo. Nos revela a una mujer sensible a las cosas espirituales, que supo discernir y valorar la visita de aquel que traía la Palabra de Dios al pueblo. No se conformó con una visita ocasional; ella quiso que el profeta de Dios estableciese su morada allí.

Así también el Espíritu Santo busca corazones que le den la bienvenida. Quiere morar en nuestro interior ocupando todo nuestro ser, teniendo comunión con nosotros todo el día.

El profeta mandó preguntar a esta mujer qué podía hacer por ella. Pero ella no quiso nada a cambio. No estaba negociando con Dios. Por eso, Dios le concedió el deseo de su corazón.

Es tiempo de preparar una morada al Espíritu Santo, de buscar su rostro en adoración, de que se sienta muy cómodo en tu corazón. ¡Invítalo a vivir contigo las veinticuatro horas de cada día! Y, porque te ama, te concederá las peticiones de tu corazón.

Padre, quiero en este tiempo buscarte más en oración. Ayúdame a ser constante y deleitarme cada día en tu presencia. Amén.

> «Y un día de reposo salimos fuera de la puerta, junto al río, donde solía hacerse la oración; y sentándonos, hablamos a las mujeres que se habían reunido».

HECHOS 16.13

LAS PERSONAS QUE trastornan el mundo entero son cristianos de oración.

Como si fueran dos potentes remos que impulsan un bote, la oración y la predicación deben estar unidos para no permanecer haciendo círculos en un mismo lugar.

El apóstol Pablo se dirigió junto al río para orar. Era parte de su vida. Además, él sabía que muchos otros se reunirían allí y tendría ocasión de predicarles a las almas perdidas que tanto amaba.

Si quieres sentir el amor de Dios por los que sufren ¡comienza a orar por ellos! La oración te acerca al corazón de Dios y te hace sentir su amor por las almas perdidas; arranca la venda espiritual que ciega a las personas haciendo retroceder los poderes del maligno. Pregúntale a tu vecino cuál es su necesidad y ofrécele orar por él, cuando vea el milagro, ¡te escuchará de otra manera! La oración te unge para predicar con poder.

Hace un tiempo, varios pastores nos unimos con nuestras congregaciones para orar por nuestro país en la Plaza de Mayo, en Buenos Aires. En medio de una crisis social y económica teñida de violencia, nos arrodillamos para pedir a Dios por nuestra nación, para mostrar que Jesucristo es la salida. Todos los periódicos y canales de televisión registraron el evento. Y muchos fueron llamados a la reflexión.

Desde el principio, y en toda la historia de la iglesia, los hombres que trastornan el mundo entero son hombres de oración.

Señor, sé que no harás nada si yo no oro.
Haz de mí un hombre de oración.
En el nombre de Jesús, amén.

Completamente limpios

«Esta será la ley para el leproso cuando se limpiare: Será traído al sacerdote, y éste saldrá fuera del campamento y lo examinará».

LEVÍTICO 14.2-3

LA LEPRA ERA una enfermedad terrible, y era necesario tomar medidas sanitarias para que esta plaga no destruyese a toda la nación de Israel.

Hoy, para los cristianos, la lepra puede considerarse como un símbolo del pecado, que es la verdadera enfermedad del alma.

Antes, la lepra era una enfermedad incurable. ¡El pecado también es una enfermedad incurable para la humanidad! Solamente Dios nos puede cambiar por la obra del Espíritu Santo en nuestro corazón.

La lepra se origina en una pequeña parte del cuerpo, pero luego se extiende a todo el cuerpo hasta causar la muerte. Así sucede también con el pecado: si lo consentimos un poco, crecerá hasta matarnos.

Una pequeña amargura, una rebeldía pequeña, un juicio que hagamos, una mirada inapropiada... si no nos arrepentimos, crecerán y contaminarán nuestra vida, llevándonos a otros pecados y a la muerte física y espiritual. Pero Jesús pagó la deuda en la cruz «para que todo aquel que en él cree, no se pierda, mas tenga vida eterna» (Juan 3.16).

El pecado, al igual que la lepra, es muy contagioso. Dios te llama a amar a todos, pero cuídate de hacer alianza con quienes no tienen tus mismos principios. No prestes tus ojos y oídos para que no se contagien.

Deja que Dios examine tu corazón, tus relaciones. Si hay pecado, arrepiéntete, y Él te restaurará.

> «Examíname, oh Dios, y conoce mi corazón;
> pruébame y conoce mis pensamientos;
> y ve si hay en mí camino de perversidad,
> y guíame en el camino eterno» (Salmos 139.23-24).
> En el nombre de Jesús, amén.

> «He aquí os doy potestad de hollar serpientes y escorpiones, y sobre toda fuerza del enemigo, y nada os dañará».

LUCAS 10.19

CUANDO EL TRÁNSITO está terriblemente congestionado, un policía se para justo en medio de la calle, y todos los autos le obedecen porque este hombre común y corriente está investido de autoridad.

La unción del Espíritu Santo es la investidura divina que nos da autoridad para realizar la obra de Dios en la tierra. El Señor les ordenó a los discípulos: «He aquí, yo enviaré la promesa de mi Padre sobre vosotros; pero quedaos vosotros en la ciudad de Jerusalén, hasta que seáis investidos de poder desde lo alto» (Lucas 24.49). No podían ser testigos si no recibían antes el poder del Espíritu Santo.

En cierta ocasión, unos exorcistas ambulantes judíos intentaron expulsar demonios diciendo: «Os conjuro por Jesús, el que predica Pablo» (Hechos 19.13). Pero cierto espíritu malo respondió: «A Jesús conozco, y sé quién es Pablo; pero vosotros, ¿quiénes sois?» (v. 15). Y el endemoniado se lanzó sobre ellos, y ellos huyeron de la casa desnudos y heridos. ¡Qué gran escarmiento!

No podemos hacer la obra de Dios sin contar con la unción y el respaldo divino y la presencia del Espíritu Santo. Nuestro primer ministerio es ministrar al Señor y ser llenos de su Espíritu, luego, bajo su autoridad y guía y armados con la Palabra de verdad, salir a testificar y arrebatarle las almas al diablo.

No hagas nada sin la unción de Dios. ¡Revístete con su poder!

_Amado Dios, úngeme para hacer tu voluntad.
Quiero servirte con la guía y el poder del Espíritu Santo.
En el nombre de Jesús, amén._

Raíces de amargura

«Y vio Amán que Mardoqueo ni se arrodillaba ni se humillaba delante de él; y se llenó de ira».

ESTER 3.5

COMO FUNCIONARIO DEL rey Asuero, Amán había recibido altísimos honores y todos lo reconocían, pero tenía una obsesión: un judío llamado Mardoqueo que no se arrodillaba ni se humillaba delante de él. La sola presencia de Mardoqueo lo llenaba de ira. Y su rencor cobró dimensiones inimaginables.

La amargura es como un boomerang que arrojas y vuelve para golpearte. Muchas personas viven pendientes de otras que las ofendieron sin poder perdonar. Tal vez otros las aman, pero la ofensa de una sola les arruina la vida y hace que lo demás no tenga demasiado valor.

Amán lo tenía todo, pero vivía preso de un rencor. Su resentimiento comenzó a extenderse causando cada vez más daño. No conforme con desearle el mal a su adversario, planificó el exterminio de todos los judíos del imperio. ¡Cuánto contamina una raíz de amargura! Tu corazón amargado afectará todas tus relaciones, y muy especialmente tu comunión con Dios.

Amán, junto con su esposa y amigos, decidió construir una horca para colgar a Mardoqueo. Pero experimentó las consecuencias de su amargura. Gracias a la intervención de la reina Ester, Amán, humillado, tuvo que pasear a su odiado enemigo Mardoqueo por las calles de la ciudad en un caballo del rey, vestido con vestiduras reales y una corona sobre su cabeza. ¡Amán honrando a quien deseaba matar! Finalmente, descubierto su plan para exterminar a los judíos, el rey ordenó que fuera colgado en la misma horca que él había construido.

No construyas un rencor para tu mal. Solamente el amor triunfa.

Amado Dios, me arrepiento de toda envidia, de todo rencor, de toda amargura. En el nombre de Jesús, amén.

«Y cuando los hubieron llevado fuera, dijeron: Escapa por tu vida; no mires tras ti, ni pares en toda esta llanura; escapa al monte, no sea que perezcas. Pero Lot les dijo: [...] He aquí ahora esta ciudad está cerca para huir allá, la cual es pequeña; dejadme escapar ahora allá (¿no es ella pequeña?), y salvaré mi vida».

GÉNESIS 19.17-18,20

LOT DEBÍA HUIR para escapar del juicio contra Sodoma y Gomorra. Los ángeles de Dios le ordenaron que escapara al monte. Debía alejarse del pecado y marchar a las alturas. Pero Lot escogió una ciudad llamada Zoar, que significa «pequeña». Escogió la comodidad, lo poco, a pesar de que fue llamado a ocupar un lugar de privilegio.

El monte representa un lugar de encuentro con Dios. La persona que tiene pasión por el monte busca progresar, anhela alcanzar nuevas alturas con Dios. Cada día se pregunta: ¿Cómo puedo crecer en mi relación con Dios y progresar en mi ministerio? Es alguien que busca poseer toda la tierra que Dios le prometió.

El apóstol Pablo anhelaba hacer la voluntad de Dios. Buscaba constantemente el progreso del evangelio y conocer cada día más a Jesucristo. No se estancaba, ni se conformaba con sus logros: «olvidando ciertamente lo que queda atrás, y extendiéndome a lo que está delante, prosigo a la meta, al premio del supremo llamamiento de Dios en Cristo Jesús» (Filipenses 3.13-14). ¡Este es el ejemplo de un hombre que progresa con Dios!

No te conformes con lo pequeño, con aquello que no requiere mucho esfuerzo porque está al alcance de la mano.

No te quedes en Zoar. Sube al monte.

Señor, tú eres un Dios grande, ayúdame a creer que haré cosas grandes en tu voluntad. En el nombre de Jesús, amén.

«Decid a Arquipo: Mira que cumplas el ministerio que recibiste en el Señor».

COLOSENSES 4.17

LA LLEGADA DE Tíquico con la carta del apóstol Pablo había llenado de emoción a todos los creyentes en Colosas. Uno a uno fueron llegando al sitio de reunión. Los ojos de todos estaban fijos sobre Tíquico, mientras escuchaban atentamente cada palabra que salía de su boca. Finalmente, llegaron los saludos personales. Todos se miraban sonrientes cuando se mencionaba a algún hermano conocido que les mandaba saludos o los iba a visitar. Pero justo antes de terminar la carta, el apóstol Pablo pareció recordar un asunto que le estaba preocupando. Un siervo de Dios que se había detenido en el ministerio. Y añadió: «Decid a Arquipo: Mira que cumplas el ministerio que recibiste en el Señor». Arquipo casi se cae al piso. En ese momento, supo que Dios le había hablado, que un nuevo tiempo debía comenzar para Él.

¿Por qué Arquipo no estaba cumpliendo su ministerio? ¿Alguna herida lo habría desanimado? ¿Sus propios complejos, las mentiras del maligno, los sentimientos de soledad, la falta de reconocimiento, el temor al rechazo? ¿Qué lo detuvo? Solamente Dios lo sabe, pero sea cual fuere el motivo, el Señor salió al encuentro de uno de sus soldados para animarlo y fortalecerlo. ¡Sí! Dios se acordó de Arquipo y le recordó el precioso plan que tenía para su vida.

Yo no sé dónde vives, ni cuánto reconocimiento tienes en tu ministerio, pero quiero que sepas que tu ministerio es muy valioso para Dios. Él cuenta contigo.

¡No te desanimes! ¡Cumple tu ministerio!

Padre, tú esperas que te sirva y quiero ser fiel a tu llamado.
Pondré mi mano en el arado y seguiré adelante.
En el nombre de Jesús, amén.

> «Pues sucedía que cuando Israel había sembrado, subían los madianitas y amalecitas y los hijos del oriente [...] y los atacaban. Y acampando contra ellos destruían los frutos de la tierra [...]».

JUECES 6.3-4

LA NACIÓN DE Israel se encontraba en una grave crisis; empobrecía a causa de los madianitas. Cuando los israelitas sembraban la tierra, los madianitas acampaban contra ellos y destruían sus frutos. Vivían atemorizados, escondidos en cuevas, sin encontrar la salida a sus problemas. Finalmente, Dios levantó a Gedeón para libertar al pueblo de Israel. A este hombre le reveló su estrategia para el triunfo y, con solamente 300 hombres, vio la victoria.

Hoy, como los madianitas, el diablo también viene a destruir nuestra siembra. Quiere generar duda y temor para que no obtengamos el fruto de nuestros proyectos, de las promesas que Dios plantó en nuestro corazón. Él trata de intimidarnos con sus mentiras. «Acampa» contra nosotros, generando pánico, tensión, diciendo: «No tienes salida». Pero los hijos de Dios somos llamados a resistir con fe al enemigo.

La Palabra de Dios es la espada del espíritu (Efesios 6.17), la única arma ofensiva de nuestra armadura. Cuando la nación de Israel estaba en medio del conflicto, Dios envió un profeta con una Palabra de Dios (Jueces 6.8). Cuando todo tambalea a nuestro alrededor necesitamos oír la voz de Dios que nos ordena y nos da la estrategia para el triunfo. El enemigo huye ante la Palabra de Dios.

En medio de tu batalla, en tu familia, en tu trabajo, Dios tiene una estrategia específica para ti, una Palabra para tu vida. Búscalo de corazón y verás la victoria.

¡Ninguna arma forjada contra ti prosperará!

Señor, déjame oir tu voz, tu estrategia para alcanzar la victoria total.
En el nombre de Jesús, amén.

La virtud de la disciplina

«¿No sabéis que los que corren en el estadio, todos a la verdad corren, pero uno solo se lleva el premio? Corred de tal manera que lo obtengáis. Todo aquel que lucha, de todo se abstiene; ellos, a la verdad, para recibir una corona corruptible, pero nosotros, una incorruptible».

1 CORINTIOS 9.24-25

UNA DE LAS competencias deportivas más atractivas de nuestro tiempo son los juegos olímpicos. Admiramos a los atletas que resultan victoriosos, sabiendo que ese logro requiere disciplina, esfuerzo y privaciones.

El apóstol Pablo compara nuestra vida cristiana con la disciplina de un atleta. Ahora bien, nuestro premio por hacer la voluntad de Dios es infinitamente mayor que cualquier trofeo deportivo. Si un atleta está dispuesto a privarse y entrenarse cada día, ¿cuánto más no hará un cristiano por caminar en comunión con Dios y verlo un día cara a cara?

La clave está en la expresión «de todo se abstiene». Pensemos: ¿Qué clase de «alimento» configura nuestra dieta diaria? ¿Mis actitudes, mis hábitos están de acuerdo con la Palabra de Dios?

El mundo nos ofrece platillos que se ven deliciosos, pero no son saludables para nuestra vida. Dios jamás te privará de algo que sea en verdad bueno.

Como atletas del Señor, aprendamos la virtud de la disciplina. Que la lectura de la Biblia sea nuestro alimento diario; la oración, nuestro ejercicio espiritual de cada día; la santidad, nuestra decisión al comenzar la mañana.

Padre santo, te pido perdón si no fui disciplinado en buscarte, si no fui estricto en decirle «no» a la comida espiritual que me ofrece este mundo. Quiero ser un cristiano fuerte y disciplinado; santo para ti. En el nombre de Jesús, amén.

El trono de la gracia

«Acerquémonos, pues, confiadamente al trono de la gracia, para alcanzar misericordia y hallar gracia para el oportuno socorro».

HEBREOS 4.16

ANTIGUAMENTE, LOS REYES eran sumamente poderosos y temibles. Cualquier súbdito que se acercaba al trono del rey sabía que dependía del buen ánimo del rey para no salir mal de aquella corte. Llegaban hasta el rey con muchas reverencias y cuidado para no ofenderle, no sea que rodara alguna cabeza por el capricho del rey.

Sin embargo, el «Rey de reyes y Señor de señores», que merece toda honra y toda gloria y está sentado en el trono de la gracia, te invita a acercarte a su trono confiadamente, sin temor, con tus problemas y debilidades. Él quiere llenar tu vacío.

Jesús ha sido establecido como Sumo Sacerdote en favor tuyo. La gracia de Dios, su favor inmerecido, se derrama en el corazón suplicante que lo busca en medio de la necesidad. Quizás estás atravesando un gran problema. Tal vez estás confundido, angustiado y te sientes vacío. ¡Es una gran oportunidad para acudir al trono de la gracia! Allí obtendrás el perdón de tus pecados y la gracia para mantenerte firme y victorioso en la Palabra de Dios.

Cuando te sientes débil y necesitado es cuando más cerca estás de experimentar su favor. Busca a Dios en tu debilidad, acude a su trono aun con tus fracasos. El Rey está para ayudarte.

¿Tienes necesidad? ¡Acude, pues, confiadamente al trono de la gracia! Dios se manifestará en ti y experimentarás su poder en tu vida. Su gracia está lista para actuar.

Señor, vengo a tu trono de gracia tal como soy, con mis debilidades y problemas. ¡Concédeme tu misericordia y el oportuno socorro! En el nombre de Jesús, amén.

fuego amistoso

«En esto conocerán todos que sois mis discípulos, si tuviereis amor
los unos con los otros».

JUAN 13.35

HACE POCO UNOS ejercicios militares en Kuwait terminaron en
tragedia. La aviación americana, por error, lanzó sus misiles sobre sus
mismas tropas que se encontraban en tierra y varios soldados
americanos perdieron la vida. En el léxico militar, esta situación se
denomina «fuego amistoso».

A muchos cristianos les afectan más las «balas amistosas» o «malos
testimonios» dentro de la iglesia que las artimañas de Satanás desde
afuera. En la iglesia muchas veces encontramos «fuego amistoso»
procedente de personas que permiten que sus vidas sean un
instrumento de división, de crítica, de celos y de competencia.

La Biblia dice claramente: «no murmuréis los unos de los otros»
(Santiago 4.11). Nos exhorta a controlar nuestras palabras, nuestra
lengua. A veces, prestamos oídos a la crítica, al chisme, y quedamos
afectados con prejuicios injustos hacia otros.

La batalla no es solamente contra potestades y gobernadores de
las tinieblas, sino también contra nuestra vieja naturaleza. Es
aprender a controlar nuestra vida, nuestro carácter, nuestra forma de
actuar y ser un buen modelo para los demás.

En Juan 13.35, Jesús declaró: «En esto conocerán todos que sois
mis discípulos, si tuviereis amor los unos con los otros». Él no dijo
que nos conocerán por nuestros talentos o por nuestra fe para recibir
milagros, sino que nos conocerán por nuestro amor hacia los demás.

Estrechemos nuestras filas en el perfecto amor de Dios y
lograremos impactar al mundo.

Señor, ayúdame a ser alguien que cuide con celo la unidad de la iglesia;
la unidad por la cual diste tu vida. Cambia en mí todo lo que no
contribuya a este fin. En el nombre de Jesús, amén.

Puertas abiertas

«Porque se me ha abierto puerta grande y eficaz, y muchos son los adversarios».

1 CORINTIOS 16.9

A VECES NOS CUESTIONAMOS. Nos sentimos insatisfechos con nuestra vida. Sin perjuicio que Dios quiera hacer algún cambio en tu vida de acuerdo a tus deseos, debes reconocer que hoy estás donde estás porque existe un propósito divino. Dios ha abierto una puerta delante de ti para lo sirvas allí y tomes la bendición que Él ha preparado para ti.

Dios abre puertas para cada uno de nosotros, y el sitio donde estás plantado no es un mero capricho suyo. Él tiene la autoridad para abrir y cerrar. Tiene las llaves para abrirte paso hacia oportunidades increíbles que no puedes desechar o menospreciar. Déjate guiar, déjate formar por Él, porque Dios es soberano y conoce tu vida. Sabe lo que necesitas.

El Señor hace cosas maravillosas con personas sencillas, débiles, de escasos recursos. En la Biblia hay innumerables ejemplos donde Dios se glorificó a través de vasos sencillos que simplemente estuvieron dispuestos a dejarse usar por Él.

Una sola puerta que se abra, puede hacer que miles de personas sean impactadas por el infinito poder de lo alto. Hay personas alrededor de ti preparadas para escuchar el evangelio. No siempre reconocerás, al principio, las posibilidades que encierra una puerta. ¡Pero puedes descubrirlas!

Dios va ungir aquello que tienes en tus manos. No bajes los brazos hasta ver la tarea cumplida, el glorioso trabajo para el cual has nacido.

Amado Padre, gracias por tenerme en cuenta y llamarme a ser parte de los intereses de tu reino. Ayúdame a no desaprovechar ninguna puerta que abras. Que allí donde esté sea un mensajero de paz para la gloria de tu nombre. En el nombre de Jesús, amén.

Nuevo domicilio espiritual

«Pero Jehová había dicho a Abram: Vete de tu tierra y de tu parentela, y de la casa de tu padre, a la tierra que te mostraré. Y haré de ti una nación grande, y te bendeciré, y engrandeceré tu nombre, y serás bendición».

GÉNESIS 12.1-2

¿ESTÁS LISTO PARA mudarte? ¡Ya verás lo hermosa que es tu nueva casa! En tu nuevo domicilio, comienza una nueva etapa para ti.

Abraham fue llamado por Dios a salir, pero hubo que recordárselo. Posiblemente, el desarraigo le costaba. Pero Dios no podía cumplir su plan donde él se encontraba.

Hoy, muchos están arraigados a su rutina religiosa, a su profesionalismo cristiano. Van al culto en la iglesia sin ninguna expectativa nueva. No hay hambre por más. Están estancados.

Pero Dios quiere moverte de lo familiar a lo desconocido. Quiere sorprenderte con cosas nuevas. Tal vez en tu domicilio actual estás demasiado familiarizado con tus «no puedo». Todos tienen de ti un cierto concepto; te encasillan bajo ciertos parámetros. Pero Dios quiere llevarte a un domicilio espiritual nuevo, a un lugar donde te cambiará y te ungirá capacitándote para realizar aquello que para ti era imposible.

Allí, el diablo no podrá tocarte. ¡No tendrá tu nueva dirección!

En tu nueva tierra, Dios engrandecerá tu nombre. Todos reconocerán que su bendición está sobre ti.

Así que no te detengas. Escapa de ese lugar de estancamiento. Deja atrás tus imposibles y corre hacia lo nuevo, hacia el avivamiento.

Señor, transforma mi vida. Quiero que me lleves a un nuevo domicilio espiritual, a un lugar de plenitud y servicio que todavía no conozco. Múdame. En el nombre de Jesús, amén.

Un gran conquistador

«Y hablaba Jehová a Moisés cara a cara, como habla cualquiera a su compañero. Y él volvía al campamento; pero el joven Josué hijo de Nun, su servidor, nunca se apartaba de en medio del tabernáculo».

ÉXODO 33.11

UN CONQUISTADOR ES alguien de oración, una persona que tiene una comunión estrecha con el Espíritu Santo.

Hace unos años, Dios puso en mí una sed especial por entablar una relación diferente con Él. Un pastor amigo me recomendó el libro «Buenos días, Espíritu Santo», escrito por Benny Hinn, el cual bendijo mi vida y me desafió para buscar y alcanzar niveles mayores en mi comunión con el Espíritu Santo.

Josué era un hombre de oración. Cuando Moisés erigió el tabernáculo fuera del campamento, «cualquiera que buscaba a Jehová, salía al tabernáculo de reunión» (Éxodo 33.7). Pero Josué no salía en pos del tabernáculo, ¡se quedaba a vivir allá! Así de intensa era su pasión por Dios.

Dios quiere llevarte a la conquista de sus promesas; que puedas poseerlas y disfrutarlas. Pero un conquistador es una persona espiritual, que ora e intercede, que saber adorar y deleitarse en la presencia de Dios, que se deja guiar por su voz. Si así lo haces, ¡Él te da la victoria!

Hoy, Dios busca hombres y mujeres que, como Josué, sean grandes conquistadores en el reino de Dios; personas que lo amen y tengan una comunión estrecha con Él.

Un conquistador es alguien de oración.

Señor, hazme una persona de oración, alguien que te ame y te busque diariamente. Quiero conocerte más y que se cumpla toda tu voluntad en mi vida. Te lo pido en el nombre de Jesús, amén.

No hay tarea pequeña

«El que es fiel en lo muy poco, también en lo más es fiel; y el que en lo muy poco es injusto, también en lo más es injusto».

LUCAS 16.10

EL JOVEN DAVID, a la hora de enfrentarse con Goliat, le dijo al rey Saúl: «Tu siervo era pastor de las ovejas de su padre; y cuando venía un león, o un oso, y tomaba algún cordero de la manada, salía yo tras él, y lo hería, [...] y lo mataba» (1 Samuel 17.34-35).

David se había «entrenado» peleando con osos y leones. Ahora estaba listo para mayores desafíos.

Él aprendió el secreto de ser fiel en lo poco. Nunca se desanimó por la falta de reconocimiento. Por el contrario, cuidaba con celo el rebaño de su padre y en sus travesías componía salmos y adoraba a Dios. ¡Qué escuela tan excelente!

No hay tareas más importantes que otras. Y a menudo, aquellas que parecen pequeñas son las que nos preparan para seguir creciendo.

Tal vez hoy mismo el diablo te está mintiendo acerca de tu labor: «No es importante», «Nadie la valora», «Si dejas de hacerlo, nadie lo notará». Quizás ahora mismo estás peleando con osos y leones que se han cruzado en tu camino. ¡No desmayes! Dios te está preparando para cosas mayores.

El mismo Dios que defendió a David, te defenderá a ti. El mismo Dios que vio la fidelidad de David en lo secreto y lo puso en un sitio de honra es el mismo Dios que honrará tu esfuerzo y tu fidelidad.

¡No te desanimes ni pierdas la visión!

Padre, ayúdame a ser fiel en lo poco y seguir creciendo en tu camino.
¡Tú tienes grandes cosas para mí! En el nombre de Jesús, amén.

Junio

Amado Dios

«Como el ciervo brama por las corrientes de las aguas, así clama por ti, oh Dios, el alma mía. Mi alma tiene sed de Dios, del Dios vivo».

SALMOS 42.1-2

CUANDO CONOCÍ A Betty, ella era una jovencita consagrada por entero al Señor.

Después de nuestra primera conversación, no la pude sacar de mi mente; fue «amor a primera vista». El problema es que quería volver a verla y únicamente sabía el nombre de la calle en que vivía en Buenos Aires. Un día me lancé a la búsqueda. Caminé muchas cuadras preguntando por ella, hasta que, finalmente, ¡la encontré! Una vecina me señaló el almacén de Don Victorio, el padre de Betty. Saludé a mi futuro suegro y pregunté por ella, que estaba en una reunión de oración. Le dejé mi número de teléfono en el seminario y me fui. Aquella semana fue interminable. Esperaba con ansiedad su llamada. Un día me anunciaron por los parlantes que tenía una llamada. ¡Era Betty! Le dije que me gustaría volver a verla para seguir conociéndonos, y comenzamos una amistad que con el tiempo se transformó en noviazgo y finalmente ¡en un feliz matrimonio!

Con Dios nos sucede lo mismo. Nos hemos enamorado de Él. Su presencia, su amor, nos ha robado el corazón. A veces parece que lo hemos perdido, que quizás no podremos volver a encontrarnos en una comunión gozosa con su Espíritu Santo, pero tenemos los datos suficientes para salir a buscarlo. Él solamente quiere que le busques y le muestres cuánto lo amas y lo necesitas.

¿Tienes sed de Dios? ¿Tienes una disposición a buscarle con todo tu corazón? ¡Búscalo! Nada se compara al gozo del encuentro.

Amado Dios, tengo sed de ti. Quiero pasar tiempo contigo.
¡Estoy enamorado de ti! Amén.

Camino a la perfección

«Estando persuadido de esto, que el que comenzó en vosotros la buena obra, la perfeccionará hasta el día de Jesucristo».

FILIPENSES 1.6

¿QUÉ SERÍA DE nosotros si Dios no nos hubiera salvado? ¿Dónde estaríamos hoy?

Cuando recordamos de dónde nos sacó Dios y hacia dónde vamos, comprendemos el real valor de nuestra salvación y nos gozamos. Debemos vivir felices el resto de nuestra vida por el sólo hecho de ser salvos y tener la esperanza de la vida eterna, pero Dios nos sorprende con más. Él desea conformarnos a la imagen de su Hijo.

Dios nos ha llamado a ser perfectos en Cristo. Nos irá transformando de día en día como el gran alfarero que pone sus manos sobre el barro. Alguno dirá: «¿Será posible que Dios me cambie a mí? Si usted me conociera...» Pero la Biblia dice claramente: «el que comenzó en vosotros la buena obra, la perfeccionará...» (Fil 1.6). El Señor, nuestro Dios, no deja las cosas por la mitad. ¡Y no hay hueso duro de roer para Él!

Ignoro dónde haya sido tu conversión. Pero Él completará la obra.

Para ello tendrás que estar dispuesto a cursar la escuela de la fe, dejando que el Espíritu Santo te cambie en medio de las pruebas y aflicciones. Recuerda: aún Cristo, sin tener pecado, aprendió la obediencia a través de sus padecimientos (He 5.8). ¿Cuánto más nosotros, en medio de las pruebas, aprenderemos a confiar en Dios y permitiremos que nos purifique e imparta su carácter?

Dios no te dejará hasta cambiar por completo tu vida. Confía hoy en el divino alfarero y gózate en tu gran salvación.

Padre, eres el Alfarero y yo soy barro en tus manos. Completa tu buena obra en mi vida. En el nombre de Jesús, amén.

Palabras de bendición

«Ahora conozco que tú eres varón de Dios, y que la palabra de
Jehová es verdad en tu boca».

1 REYES 17.24

UNA VIUDA DE Sarepta reconoció que el profeta Elías no hablaba
livianamente, sino que hablaba siempre la verdad de Dios.

Una vez intenté arreglar la casa. No tenía la menor idea del oficio
de albañilería así que la mezcla de cemento me salía líquida.
Ensuciaba adentro y afuera de la casa y no progresaba en la tarea. En
medio de mi frustración, Betty venía a ofrecerme algo para tomar y a
darme palabras de aliento. Nunca se quejó ni me criticó, por el
contrario, sus palabras siempre son de ánimo y de bendición.

Dios nos llamó a bendecir, que es «bien-decir», hablar palabras
que sanen, que den ánimo y esperanza. Dice Colosenses 3.16: «La
palabra de Cristo more en abundancia en vosotros, enseñándoos y
exhortándoos unos a otros en toda sabiduría, cantando con gracia en
vuestros corazones al Señor con salmos e himnos y cánticos
espirituales». Aunque otros te ofendan con sus palabras, guarda tu
corazón de la amargura y bendice con tu boca. Elías no decía sus
palabras si no eran de Dios, y Dios lo usó por eso. Tú puedes santificar
tu boca para Dios y comenzar a hablar lo que Dios quiere. Reemplaza
la queja por expresiones de alabanza; las canciones mundanas por
cánticos espirituales; los reproches por palabras de aliento. ¡Cuánta
bendición puedes darle a tus hijos, a tu familia con tus palabras!

Déjate usar por Dios. Que sus palabras fluyan por tu boca.

Señor, perdóname si he ofendido a otros con mis palabras.
Cambia mi corazón y toca mi boca. Dame palabras que sanen,
que den amor y bendigan primeramente a mi familia.
Lo pido en el nombre de Jesús, amén.

Busquemos a Dios en todo tiempo

«Y persistió en buscar a Dios en los días de Zacarías, entendido en visiones de Dios; y en estos días en que buscó a Jehová, él le prosperó. [...] Mas cuando ya era fuerte, su corazón se enalteció para su ruina».

2 CRÓNICAS 26.5,16

UZÍAS COMENZÓ A reinar siendo un joven de dieciséis años y en sus comienzos fue un rey ejemplar. Su búsqueda de Dios, su temor por agradarle, le trajo una gran prosperidad: Venció a sus enemigos y los despojó de sus tierras (v. 6-7), su fama se divulgó por todas partes (v. 8), edificó torres y fortificó a Jerusalén (v. 9), realizó importantes obras para la agricultura (v. 10), tuvo un ejército poderoso y bien equipado (v. 11-15). Pero toda esa bendición y prosperidad súbitamente se vino abajo porque se enalteció.

El rey Uzías lo tenía todo para ser feliz, pero no le fue suficiente. Quebrantó los límites de su unción, y le brotó la lepra en la frente. Así, Dios puso de manifiesto su pecado de soberbia y rebeldía.

En ocasiones suelo decir que a ciertos hermanos la bendición les cae mal. Parece que solamente buscan a Dios en los momentos de adversidad. Allí ayunan, oran, muy consagrados, pero en cuanto Dios los bendice parecen olvidarse de Él. Uzías se sintió fuerte, se llenó de orgullo y dejó de buscar a Dios. ¡Dios nos guarde de hacer lo mismo!

Cuando un cristiano deja de buscar a Dios se siente insatisfecho porque el pecado, la separación de Dios, trae graves consecuencias, tristeza e infelicidad.

En los tiempos de bonanza o en medio de las tormentas, manténte humilde y dependiente de Dios. No dejes de buscarlo.

Señor, guárdame del orgullo y la autosuficiencia.
Te lo pido en el nombre de Jesús, amén.

«[...] tiempo de curar».   ECLESIASTÉS 3.3

A LOS 14 AÑOS, dejó el colegio y se volcó de lleno a las drogas y al alcohol. A los 19 años, ya convivía con una joven e intentaba criar al hijo que les había nacido.

Una joven de nuestra iglesia trabajaba en un lugar de cabinas telefónicas y, cuando lo veía entrar drogado, su corazón se llenaba de compasión. Ayunó y oró por su salvación y lo invitó a una de las células de la iglesia. Allí, este joven le entregó su corazón a Cristo, y Él lo cambió por completo. Ahora, solamente quiere hablar de lo que Jesús hizo en su vida. Pero detrás de este gran cambio está una joven que no fue indiferente a la necesidad, sino que entendió que vivimos en un constante tiempo de curar.

Es tiempo de curar espiritualmente a las personas. Jesús es el remedio para que la gente viva en paz, con amor y propósito. A través del evangelio hay solución al problema del pecado y verdadera reconciliación con Dios.

Es tiempo de curar emocionalmente a las personas. Muchas de las personas que te rodean están heridas, han sido rechazadas, abusadas. Pero la Palabra de Dios dice que Jesús vino «a sanar a los quebrantados de corazón» (Lucas 4.18). Ahora esa es tu misión.

Es tiempo de curar físicamente a las personas. Aunque hacemos uso de la medicina, no desestimamos la promesa de Jesús: «sobre los enfermos pondrán sus manos, y sanarán» (Marcos 16.18).

Jesús el único camino para este mundo enfermo, y los seguidores del Dios sanador deben ser canales de su sanidad.

Amado Dios, úsame poderosamente para sanar los enfermos, los heridos y aquellos que viven alejados de ti. Quiero ser de bendición. Amén

Agradar a Dios

«Pues, ¿busco ahora el favor de los hombres, o el de Dios? ¿O trato de agradar a los hombres? Pues si todavía agradara a los hombres, no sería siervo de Cristo».

GÁLATAS 1.10

BUSCAR CONTINUAMENTE EL favor de los demás, la aprobación de tu prójimo, te puede llevar a innumerables pecados y aumentar considerablemente tu nivel de tensión.

Muchas veces por no ofender a una persona, negamos a Cristo y lo ofendemos a Él. En otras ocasiones, nuestra necesidad de ser halagados, puede llevarnos a servir a otros, pero no al Señor. ¿Por qué nos preocupa tanto la aprobación de los demás? ¡No podemos agradar a todo el mundo!

A veces buscamos agradar a los demás por temor a ser rechazados o censurados. No predicamos la Palabra por temor a que se burlen y aprobamos con silencios las malas obras o palabras de los otros. Otras veces, el orgullo y el deseo de ser reconocidos nos lleva a buscar el favor de los demás. Somos tentados a mentir para guardar nuestra imagen. Tenemos terror de hacer el ridículo. Y si alguien nos rechaza, nos deprimimos. ¡Esta no es la voluntad de Dios para nuestra vida!

Todos necesitamos sentirnos amados, aceptados, valorados por los que están a nuestro alrededor. Pero nuestra vida no puede girar en torno a esto. Nuestra relación con Dios, su amor y su aprobación debe llenarnos de tal manera que nos sintamos libres para no depender continuamente de una palmada en el hombro.

Acude a la presencia de Dios y confiésale tu pecado y tu necesidad de ser libre.

Busca agradarlo a Él. Dios nunca te rechaza.

Padre amado, quiero vivir para agradarte a ti en primer lugar.
Renuncio al orgullo y al temor al rechazo,
En el nombre de Jesús, amén.

«Por lo demás, hermanos, todo lo que es verdadero, todo lo honesto, todo lo justo, todo lo puro, todo lo amable, todo lo que es de buen nombre; si hay virtud alguna, si algo digno de alabanza, en esto pensad».

FILIPENSES 4.8

EXISTEN PERSONAS TAN desconfiadas que cuando alguien las trata con amabilidad y afecto se preguntan: «¿Qué trae entre manos?»

La primera vez que fui a la iglesia invitado por mi madre, los hermanos de la iglesia se acercaron para saludarme, demostrándome gran afecto. Pensé: «Hipócritas. Quieren atraparme». Pero, con el tiempo, noté el gozo y la paz que había en el rostro de aquellos cristianos. No lo encontraba en mis amigos del mundo. Y mi desconfianza inicial fue cediendo al comprobar que el amor que los unía era sincero.

Muchas personas que han sufrido rechazos, abandonos y traiciones están predispuestas a pensar lo malo de sus semejantes, pero la Palabra de Dios nos enseña a pensar lo bueno. Filipenses 4.8 nos indica en qué temas debemos ocupar nuestra mente: Lo verdadero, honesto, justo, puro, amable, de buen nombre, virtuoso, lo que merece alabanza.

Ciertamente, existe mucha gente mal intencionada. Pero si tenemos un corazón sano, una mente sana, no tendremos una actitud recelosa hacia nuestros semejantes. Pensaremos lo mejor de quienes nos rodean.

Conoce a tu prójimo; dale el beneficio de la duda. Si esperas lo peor de los que están a tu alrededor, terminarás por aislarte de ellos. Puede que tu prójimo te falle, pero recuerda que tú mismo no le puedes prometer perfección.

Piensa en las cualidades buenas que tienen los que te rodean y ámalos como Cristo te ama a ti.

Señor, enséñame a relacionarme de una manera sana y amorosa con todos mis semejantes. En el nombre de Jesús, amén.

Pecado de curiosidad

«Oímos que algunos de entre vosotros andan desordenadamente, no trabajando en nada, sino entremetiéndose en lo ajeno».

2 TESALONICENSES 3.11

LA CURIOSIDAD PUEDE parecer algo inofensivo o inocente pero, en realidad, es pecado.

No nos referimos a la curiosidad que nos incita a aprender cosas nuevas o interesarnos por la situación de alguna persona que nos preocupa. Hablamos de la curiosidad que nos lleva a entremeternos en lo ajeno, esa tendencia pecaminosa que nos impulsa a mirar u oír lo que no nos corresponde: leer cartas que no son para nosotros, acercarnos fingidamente a dos personas para escuchar lo que hablan, escuchar una conversación telefónica ajena, entre otras cosas.

Esa curiosidad es pecado. Éxodo 20.15 dice «No hurtarás», y el curioso hurta sigilosamente material intelectual o sentimental de una persona que tal vez no desea compartirlo. El curioso no respeta la intimidad del otro.

¿Qué motiva la curiosidad? En ocasiones, el deseo de ser el centro de atención nos lleva a querer saberlo todo. Otras veces, el deseo de controlar o dominar a otra persona puede llevarnos a la curiosidad, como el caso de la madre que lee el diario íntimo de su hija o revisa sus cartas. Otro motivo es la envidia o los celos. Estos pecados nos llevan a estar pendientes de lo que hace la persona envidiada o celada.

Este es un buen día para mirarte en el espejo de la Palabra de Dios y limpiarte de todo aquello que resta bendición a tu vida. La curiosidad causa daño. No solamente afecta tu comunión con Dios, también genera desconfianza y heridas en tu prójimo.

¡Caza esta zorra pequeña que echa a perder tu viña!

Señor, por favor, límpiame y líbrame del pecado de la curiosidad.
En el nombre de Jesús, amén.

¿Cristo es tu pasión?

«No que lo haya alcanzado ya, ni que ya sea perfecto; sino que prosigo, por ver si logro asir aquello para lo cual fui también asido por Cristo Jesús».

FILIPENSES 3.12

MUCHAS PERSONAS LO dejan todo por un ideal. Se sacrifican por alcanzar una meta, la pasión de su vida.

Un atleta se levanta cada día de madrugada. Se somete a un estricto régimen de comidas para mantenerse en forma. Renuncia a momentos de esparcimiento y descanso por la disciplina y constancia que requiere su entrenamiento porque tiene una meta, una pasión: cruzar triunfal la línea de meta. Y se sacrifica, se esfuerza por ese momento de gloria.

El apóstol Pablo también tenía una pasión: ¡Conocer a Cristo! (Filipenses 3.8). Y, por la excelencia de este conocimiento, no titubeó en dejarlo todo. Tuvo por basura todo su prestigio humano «a fin conocerle» (Filipenses 3.10). Aceptó persecuciones, rechazo, hambre, naufragios porque su corazón ardía con esa pasión. Y cada día perseveraba en alcanzar la meta. Trabajó, se esforzó para que se cumpliese el propósito de Dios para su vida.

¿Arde tu corazón con una pasión por Cristo?

Si Cristo es tu pasión, madrugarás a buscarlo, ¡porque quieres estar con Él y conocerlo cada día más! La obra de Dios será tu principal trabajo. Donde quiera que estés, buscarás hablar de su amor, tendrás carga y pasión por las almas, estarás dispuesto a renunciar a los placeres mundanos para agradarle y disfrutar de su comunión.

¿Es tu pasión conocer a Cristo y servirle cada día?

Señor Jesús, eres el motivo de mi vida. Quiero conocerte más y servirte. Perdóname si me distraje de tus propósitos. Quiero vivir solamente para ti. En tu santo nombre, amén.

«Por la fe Jacob, al morir, bendijo a cada uno de los hijos de José, y adoró apoyado sobre el extremo de su bordón».

HEBREOS 11.21

ANTES DE MORIR, Jacob bendijo a sus nietos para que su nombre y el de Abraham e Isaac fueran perpetuados en ellos y para que se multiplicaran en gran manera (Génesis 48.15-16). Luego de bendecirlos, adoró a Dios apoyado sobre su bordón.

¡Qué manera más dulce de terminar la carrera!

¿Cómo quieres terminar tus días? No siempre nos agrada pensar en ello, pero las decisiones que tomes hoy afectarán tu futuro. ¿Cómo te presentarás delante de Dios? ¿Con tus manos llenas de almas que ganaste para Cristo? ¿Con un testimonio claro a tu familia de que amaste y serviste al Señor?

Jacob adoró en presencia de su familia al contemplar la fidelidad de Dios con los suyos. Oró así: «El Dios de mi abuelo, el Dios de mi padre y mi Dios, que me acompañó y guardó toda la vida, bendiga también ahora a mis nietos...» ¡Toda su familia en los caminos de Dios! Podía marcharse a la patria celestial sabiendo que otros continuarían la tarea.

¿Qué legado le dejarás a tus hijos? ¿Cuántos hijos espirituales, aquellos que ganaste para el Señor, continuarán tu camino? ¿Dejarás huellas visibles que otros puedan seguir?

Tus decisiones de hoy afectarán tu mañana.

Que Jesucristo sea la herencia que dejes a los que te rodean. Terminarás tus días mirando al pasado y adorando a Dios por su fidelidad.

Señor amado, enséñame a vivir de tal modo que termine mis días adorándote por el fruto de tu fidelidad para con mi familia y todos los que me rodean. En el nombre de Jesús, amén.

La historia terminará bien

«Se alegrarán el desierto y la soledad; el yermo se gozará y florecerá como la rosa».

ISAÍAS 35.1

LA BIBLIA DECLARA que el diablo es un «mentiroso, y padre de mentira» (Juan 8.44).

Satanás nos dice que, si pecamos, la historia va a terminar bien; que nuestros pecados no tendrán consecuencias negativas. Adán y Eva cayeron en este engaño cuando la serpiente los invitó a comer del árbol de la ciencia del bien y del mal (Génesis 3.4). Sin embargo, el hombre hoy conoce la muerte por causa del pecado.

El enemigo ingenia también otra mentira: si hacemos la voluntad de Dios y atravesamos por pruebas y dificultades, nuestra historia terminará mal. Fracasaremos, le fallaremos a Dios y a nuestra familia; y nuestra situación nunca cambiará. .

No obstante, recuerda que «a los que aman a Dios, todas las cosas les ayudan a bien» (Romanos 8.28). En otras palabras, tu historia termina bien con Dios.

El profeta Isaías le dice al pueblo de Dios que vería su desierto transformado en un precioso jardín. El desierto simboliza una etapa de prueba y formación que todo cristiano debe atravesar. Quizás, hoy mismo, te encuentras allí. Pasas un momento difícil y tienes temor. Te sientes triste, con pocas fuerzas. El enemigo te tienta con mentiras para detenerte, pero, si amas a Dios y deseas hacer su voluntad, tu historia terminará bien.

Tu desierto se transformará en un jardín hermoso.

Padre, te doy gracias en el nombre de Jesús, porque ni uno de mis cabellos cae a tierra sin tu permiso. Mi vida está en tus manos. Sé que, por tu gracia, todo lo que estoy viviendo tendrá un final dichoso. Lo creo. Amén.

Inalcanzable para el diablo

«Someteos, pues, a Dios; resistid al diablo, y huirá de vosotros».

SANTIAGO 4.7

HACE UNOS AÑOS estuve ministrando en Suiza, y a una de las reuniones asistió una mujer que durante años estudió esoterismo y astrología, y el maligno la había enfermado gravemente dejándola paralítica. Los médicos no habían podido determinar una causa científica de la enfermedad. Entonces, durante un maravilloso tiempo de alabanza, sin que nadie hiciera nada, se puso de pie y ¡fue restablecida completamente! Se arrepintió de sus pecados y se bautizó. Luego, llenó 35 bolsas grandes con los libros de ocultismo que tenía en su biblioteca y presenció cuando se quemaba cada bolsa. Dejó atrás definitivamente su pasado, cortó todo lazo con Satanás. Hoy, está feliz, sana y sirve al Señor. ¡Gloria a Dios!

El diablo no puede tocar tu vida si no le das el lugar. El ocultismo, el odio, y la práctica deliberada de cualquier pecado en general te expone a sus ataques. Pero, si te sometes a Dios, podrás resistirlo y huirá de ti. Como dice el apóstol Juan: «[...] aquel que ha nacido de Dios, no practica el pecado, pues Aquel que fue engendrado por Dios le guarda, y el maligno no le toca» (1 Juan 5.18). ¡No tienes nada que temer! Si estás en obediencia, ¡el enemigo te temerá a ti!

El diablo tiene mucho poder para dañar, ¡pero Jesús lo ha vencido en la cruz del Calvario! Toma tu autoridad en el nombre de Jesús, resiste toda obra de tinieblas y ten confianza.

Mayor es el que está en ti que el que está en el mundo.

Amado Dios, gracias por trasladarme del reino de las tinieblas al reino
de tu amado Hijo. Hoy estoy seguro en tus manos.
En el nombre de Jesús, amén.

El buen Pastor

«Jehová es mi pastor; nada me faltará».   SALMOS 23.1

¿ENTIENDES CUÁNTO DIOS te ama y te cuida? ¿Aprecias el valor que Dios le da a tu vida? Él dejará aun las 99 ovejas para ir a buscarte.

David era pastor de ovejas. Conocía el oficio. Sabía muy bien que sus ovejas dependían de él para su bienestar. Sabía cómo se desempeñaba un buen pastor y cómo lo hacía aquel que no lo es. Y David, como oveja del Señor, no tenía queja alguna. Por el contrario compuso este cántico para manifestar su gozo y su confianza al estar en tan buenas manos.

En sus comienzos, David fue marcado por el rechazo y el menosprecio. Cuando el profeta Samuel fue a ungir a uno de los hijos de Isaí por rey sobre Israel, Isaí llamó a todos sus hijos excepto a David. El rey Saúl no creyó en él, sus hermanos cuestionaron sus motivaciones, el gigante Goliat lo menospreció... ¡Nadie creyó en él! Pero Dios conocía su corazón.

Quizás tú también fuiste marcado por el rechazo o el abandono. Sentiste que nadie creyó en ti o no te dieron el valor suficiente. Tal vez hoy mismo luchas por complacer a todo el mundo buscando ganar la aprobación de los demás. ¡No necesitas hacerlo! Ya eres valioso para Dios. Él confía en ti, sabe que en sus manos puedes hacer proezas. No repara en tu color de piel, tu posición social o económica, si eres alto o bajo; Dios te acepta tal como eres. ¡Él dejará el rebaño y correrá a buscarte porque eres muy valioso para Él!

¡Alégrate, Jesús es tu pastor!

Amado Dios, gracias por tu amor y tus cuidados. Gracias por darle valor a mi vida. Te amo. Amén.

Rompamos las ataduras

«[...] tiempo de abstenerse de abrazar».   ECLESIASTÉS 3.5

UNA PERSONA EN su sano juicio no abrazaría un cactus, ni a un oso irritado. Lamentablemente, cuando el ser humano vive fuera de la voluntad de Dios, abraza equivocadamente y se lastima.

En ocasiones, es necesario dejar de abrazar ciertas relaciones que causan daño; relaciones amorosas que no tienen la aprobación de Dios o personas que influencian negativamente en ti. Y mientras estés abrazando a las personas equivocadas, no podrás abrazar a aquellos que Dios quiere que abraces en su perfecta voluntad. Son personas que Dios ha preparado para te amen, para que te edifiquen y te ayuden a cumplir el plan de Dios en tu vida. Revisa tus relaciones y cuídate de no abrazar un cactus.

Es tiempo, también, de dejar de abrazar aquellos hábitos que te atan. Cuando una persona arrepentida confiesa su falta y abandona su pecado, el Señor la perdona y la restaura. Pero cuando el pecado se repite, se transforma en un hábito y en una ligadura espiritual que nos mantiene atados y nos impide vivir en plenitud.

Es urgente dejar de abrazar esos hábitos que afectan tu vida. Si estás dispuesto a cambiar, el Espíritu Santo romperá las ataduras del pecado, y serás libre para vivir en santidad y bendecido por Dios.

Por último, debes dejar de abrazar esos pensamientos que te maldicen, que te dicen que no vales, que no puedes, que no sirves. Debes renovar tu mente con la Palabra de Dios y pensar como Dios piensa acerca de ti.

Es tiempo de dejar de abrazar.

Eterno Dios, me propongo dejar de abrazar todo aquello que es perjudicial para mi vida porque está fuera de tu voluntad. En el nombre de Jesús, amén.

«En el amor no hay temor, sino que el perfecto amor echa fuera el temor».

1 JUAN 4.18

MI HIJO EZEQUIEL era muy pequeño y jugaba con un amiguito mientras yo predicaba en el culto dominical. Ezequiel le explicó a su amiguito que el que predicaba era su papá, pero al otro niño le parecía imposible que alguno tuviera como padre al pastor de la iglesia.

Luego de unos minutos mi hijo se alejó bastante angustiado y sentí que alguien me tiraba del pantalón. Era Ezequiel. Me miró con ojitos de preocupación y dijo: «Papi, ¿no es cierto que eres mi papá?»

Algunos cristianos, confundidos por el enemigo, tienen también crisis de identidad. Parecen olvidar que Dios es su Padre y caminan como si fueran huérfanos en el mundo y estuvieran absolutamente desprotegidos.

Pero la Palabra de Dios dice: «El perfecto amor echa fuera el temor». Jesús dijo: «¿Qué padre de vosotros, si su hijo le pide pan, le dará una piedra? ¿o si pescado, en lugar de pescado, le dará una serpiente? Pues si vosotros, siendo malos, sabéis dar buenas dádivas a vuestros hijos, ¿cuánto más vuestro Padre celestial dará el Espíritu Santo a los que se lo pidan?» (Lucas 11.11,13).

Tienes un Padre en los cielos que te cuida como a la niña de sus ojos, que te ama mucho más que cualquier padre o madre que tú consideres ejemplar. Ese perfecto amor te permite caminar seguro. Dile a tus circunstancias: «Yo no sé cómo Dios hará para solucionar mi problema, pero no temo. Él me ama, y sé que lo hará». Ten por seguro que Él no falla.

¡Gracias por ser mi Padre!
En tus brazos estoy seguro. Amén.

««Las aldeas quedaron abandonadas en Israel, habían decaído, hasta que yo Débora me levanté, me levanté como madre en Israel».

JUECES 5.7

ESTE ES EL tiempo de la Iglesia. Débora nos representa en el histórico relato. Ella encarna la figura de una Iglesia victoriosa que, en medio de la crisis, se levanta para oponerse a la maldad y establecer el reino de Dios en la tierra.

Los hijos de Israel por causa de su pecado, estaban oprimidos por Jabín rey de Canaán (Jue 4.1) y su capitán Sísara. El ánimo de la nación había decaído, pero una mujer llamada Débora se levantó para ocupar su rol de liderazgo espiritual cuando otros no lo quisieron asumir.

¡Iglesia, levántate! Es el llamado de Dios para este tiempo.

El Señor te ha dado autoridad para levantarte con un rol protagónico en el mundo. No estás para caer en la desolación de la mayoría del pueblo. No has sido llamado para estar decaído y abandonar tu ministerio. ¡Eres la «Débora» de este tiempo! Tu oración eficaz puede mucho. Clama por tu nación, intercede por la conversión de los que sufren sin Dios. ¡Resiste en oración las fuerzas del enemigo! Predica el evangelio en tu barrio, en tu trabajo. Habla de Jesús a los que te rodean. Que tu palabra sea siempre sazonada con sal. Levántate mostrando el amor de Cristo con buenas obras, ayudando a quien lo necesita.

Dios no te ha llamado para ser un espectador. Tampoco uno más que gime bajo la crisis. Te ha puesto en un sitial de honor y autoridad como parte de la Iglesia.

Levántate hoy como Débora a favor de tu nación.

Bendito Dios, hoy me levanto en tu nombre para cumplir con mi destino. En el nombre de Jesús, amén.

Oportunidad de servicio

«Y se levantó Moisés con Josué su servidor».   ÉXODO 24.13

UN CONQUISTADOR ES alguien que actúa en la voluntad de Dios. Ahora, vamos a considerar otra virtud fundamental: Un conquistador es alguien que tiene un corazón de siervo.

Josué era «servidor» de Moisés. Durante muchos años de su vida, ocupó este lugar con fidelidad y contentamiento. Se mantuvo leal a la autoridad de Moisés y de Aarón.

No pienses ni por un instante que él buscaba agradar al hombre. ¡No! Él era un siervo de Dios que conocía su lugar y su función.

Cuando ingresé al seminario, era muy joven e impetuoso. El primer día el director repartió las tareas: «Claudio, te toca limpiar los baños». ¡No lo podía creer! Muy enojado, fui a cuestionarle por qué me asignaron esa tarea. Me contestó: «Porque te conozco y sé lo que tienes que aprender para formarte como un hombre de Dios». Le contesté que no lo iba a hacer. Dijo: «Si tú no lo haces, lo haré yo».

Al día siguiente, la conciencia no me dejaba tranquilo. Cuando entré a los baños, lo vi arrodillado limpiando. Me dio una gran lección de humildad. Me acerqué y le dije: «Por favor, perdóname. Esta tarea debo hacerla yo».

Servir a Dios bajo la autoridad de otros es muy importante. Todos necesitamos ser formados y disciplinados para crecer sanos.

Josué se formó en la escuela de Dios bajo la autoridad de Moisés. Porque caminó bajo autoridad, Dios lo puso en autoridad.

Para ser un conquistador, tienes que tener un corazón de siervo.

Señor Jesús, dame tu corazón de siervo, humilde y obediente. Que sea de bendición en el lugar donde tú me has puesto. Amén.

Perdonar de corazón

«Tiempo de esparcir piedras». ECLESIASTÉS 3.5

MIENTRAS EL REY David iba tratando de superar la sublevación de su hijo Absalón, repentinamente le salió al encuentro un hombre llamado Simei. «Y decía Simei, maldiciéndole: ¡Fuera, fuera, hombre sanguinario y perverso! [...] Y mientras David y los suyos iban por el camino, Simei iba por el lado del monte delante de él, andando y maldiciendo, y arrojando piedras delante de él, y esparciendo polvo» (2 Samuel 16.7,13).

Simei estaba herido, furioso. Y mientras David avanzaba en el camino, Simei iba delante de él mirando hacia atrás, con desprecio, a la persona que odiaba mientras le arrojaba piedras.

Quizás te encuentras como Simei. Intentas avanzar en la vida mirando hacia atrás, enojado, tirando piedras a quienes te lastimaron. Pero mientras sigas tirando piedras y levantando polvo, no podrás tomar la bendición de Dios para ti. No tendrás alegría y paz hasta tanto no perdones de corazón a quienes te ofendieron. ¡Perdona al que te hirió! Es tiempo de arrojar esas piedras al suelo y ser sano.

Quizás te identificas con David. Alguien se ha ensañando contigo y te arroja piedras, maldiciéndote. David da un ejemplo de mansedumbre para tu victoria. Él tenía el poder para ordenar la muerte de Simei, pero se negó a devolverle mal por mal. No permitió que su corazón guardara resentimiento ni deseos de venganza. Tomó esa circunstancia como un trato de Dios para su vida y se encomendó en sus manos.

Si tomaste piedras para responder al ataque, ¡arrójalas al suelo! Es tiempo de esparcir piedras.

Señor, arrojo las piedras al suelo y pongo mi vida y mi corazón en tus manos. Bendice a aquellos que me han herido y a los que desean mi mal. Los perdono. En el nombre de Jesús, amén.

Un Dios de milagros

«Y estas señales seguirán a los que creen: En mi nombre echarán fuera demonios; hablarán nuevas lenguas; tomarán en las manos serpientes, y si bebieren cosa mortífera, no les hará daño; sobre los enfermos pondrán sus manos, y sanarán».

MARCOS 16.17-18

AL PRINCIPIO DE mi ministerio en el Barrio de Belgrano, Dios me mostró en visión una campaña evangelística en una plaza donde se juntaban los drogadictos y, según un vecino del lugar, «la peor calaña del barrio». Además, este barrio de gente adinerada era cerrado al evangelio y muchos habían fracasado en sus intentos de plantar una iglesia allí. ¡Realmente necesitaba el poder de Dios!

Comenzamos la campaña, y los curiosos fueron llenando el lugar. Como nunca había sido evangelista, sentía el peso del gran desafío. Pero, cuando pisé la plataforma, la unción de Dios vino sobre mí. Llamé a los enfermos al frente para orar por ellos. Puse mi mano sobre una mujer que tenía sus ojos completamente desviados y oré por ella. Cayó al suelo tocada por Dios y, al levantarse, estaba totalmente sana. ¡Era solamente el comienzo de muchas noches de milagros y liberación!

Aquel grupo de drogadictos recibió al Señor, y su cabecilla, Sergio Marquet, es hoy uno de mis pastores asistentes. Y Dios nos dio mil nuevos convertidos con los que fundamos la Iglesia Rey de Reyes del Barrio de Belgrano. ¡Él es fiel y poderoso!

Dios quiere manifestar su poder y misericordia a través de las señales y prodigios que acompañan a la predicación del evangelio. ¡Debes creer en milagros!

Tu Dios es un Dios de milagros.

Señor, para ti todo es posible. Sigues haciendo milagros extraordinarios hoy. ¡Usa mi vida y muéstrame tu poder!
En el nombre de Jesús, amén.

Perder a Jesús en el camino

«Al regresar ellos, acabada la fiesta, se quedó el niño Jesús en Jerusalén, sin que lo supiesen José y su madre. Y pensando que estaba entre la compañía, anduvieron camino de un día; y le buscaban entre los parientes y los conocidos».

LUCAS 2.43-44

IMAGINA QUE TIENES un billete de los grandes en el bolsillo y, repentinamente, lo pierdes. ¿No tomarías un buen tiempo para buscarlo? ¡Seguro! Sin embargo, en medio de las dificultades y ocupaciones diarias, a veces perdemos la comunión con Jesús, que es lo mas valioso que tenemos, y no lo notamos o no le damos la importancia debida.

María y José iban tranquilos y confiados, hasta que notaron que el niño Jesús no estaba con ellos. Regresaron a Jerusalén buscándolo desesperados y, tres días más tarde, lo encontraron en el templo.

Hay cristianos que buscan a Dios solamente los domingos. Ese día, van a la iglesia, le cantan, se consagran, pero luego pasan seis días sin mantener esa comunión. Piensan que Jesús está caminando a su lado, pero lo cierto es que lo han perdido en el camino.

¿Estás caminado con Él? No sigas marchando si has perdido la comunión con Cristo. Detente a buscarlo. Lo hallarás en el templo, donde derramas tu corazón en alabanza y adoración y le entregas toda tu voluntad de rodillas.

No elijas tu propio camino. No te apartes de su lado. ¡Por nada pierdas la presencia de Dios en tu vida! Es tu mayor tesoro.

¡No pierdas a Jesús en el camino!

Señor Jesús, es el deseo de mi corazón nunca apartarme de tu presencia.
Quiero caminar a tu lado, cerca de tu corazón cada día de mi vida.
En tu precioso nombre, amén.

«Y te afligió, y te hizo tener hambre, y te sustentó con maná, comida que no conocías tú, ni tus padres la habían conocido, para hacerte saber que no sólo de pan vivirá el hombre, mas de todo lo que sale de la boca de Jehová vivirá el hombre».

DEUTERONOMIO 8.3

HABÍA UN HOMBRE muy rico cuya vida era bastante solitaria. Un día decidió compartir su inmensa fortuna con sus vecinos para hacer amistad con ellos. Llenó un gran balde con monedas de oro y comenzó a lanzarlas desde su terraza. El pueblo estaba de fiesta, pero ni uno levantó su rostro para darle las gracias. Al día siguiente llenó su gran balde de piedras. Cuando los vecinos salieron de sus casas, comenzó a arrojarles las piedras. Todos levantaron con ira sus ojos para buscar al responsable.

Esta historia imaginaria ilustra una verdad espiritual. Cuando todas las cosas nos van bien, nuestra búsqueda de Dios puede tornarse superficial. Pero, «cuando nos llueven las piedras», de inmediato levantamos nuestros ojos al cielo y buscamos a Dios con todo nuestro ser.

Claro está, no es Dios quien tira las piedras. Los problemas son el resultado de nuestros errores o de vivir alejados de Dios. Él permite los tiempos de aflicción y de hambre para que vengas a comer del maná del cielo, la palabra que sale de su boca.

Ocúpate de encontrar a Dios sobre tus rodillas. Si lo tienes a Él, lo tienes todo. Lo demás vendrá por añadidura.

Padre santo, no quiero vivir indiferente a tu presencia, ni buscarte solamente en los momentos de dificultad. Quiero amarte por quien eres y no por lo que tienes. Te entrego todos mis problemas.
En el nombre de Jesús, amén.

Hambre de Dios

«He aquí vienen días, dice Jehová el Señor, en los cuales enviaré hambre a la tierra, no hambre de pan, ni sed de agua, sino de oír la palabra de Jehová».

AMÓS 8.11

EN ESTOS ÚLTIMOS años ha proliferado el servicio de entrega a domicilio. Todo lo que quieras lo tendrás en minutos en tu casa con solamente levantar el teléfono. Y algunos son tan cómodos para buscar a Dios que, si pudieran, usarían el servicio «entrega de unción a domicilio».

Existen dos tipos de cristianos: Los que buscan recibir algo fresco de parte de Dios y los que se conforman con lo poco alcanzado. Los primeros oran, ayunan, acuden a las corrientes de aguas. Los segundos quisieran ser saciados, pero no quieren pagar los costos de la búsqueda.

Un hermano evangelista en la India vio un video de nuestra conferencia anual. Al verlo, el Señor puso hambre en su corazón, y decidió participar de la próxima conferencia. En una de las reuniones, mi esposa oró por él y le anunció de parte de Dios que su ministerio cambiaría.

El hermano volvió renovado a la India y asistió a una conferencia de pastores. Como el predicador invitado no pudo llegar, le pidieron a él que ministrara. Él me dijo: «Sentía la unción de Dios como nunca antes. Dios se movió, y al terminar, los pastores me dijeron: "¿Qué te pasó? ¡Estás diferente!"». ¡Gloria a Dios! La Palabra se estaba cumpliendo en su vida.

Nosotros tenemos abundancia de pan, pero somos responsables de acudir a la mesa. El que escoja la comodidad se quedará con su necesidad espiritual insatisfecha.

Súmate a aquellos que buscan con hambre la presencia de Dios.

Señor, ¡cuéntame en las filas de los que aman y buscan tu presencia!
En el nombre de Jesús, amén.

«Y esto lo hacía por muchos días; mas desagradando a Pablo, éste se volvió y dijo al espíritu: Te mando en el nombre de Jesucristo, que salgas de ella. Y salió en aquella misma hora».

HECHOS 16.18

EN LOS PRIMEROS años de mi ministerio no tenía mucha conciencia de la realidad de la lucha espiritual. Aún no había visto una persona endemoniada, ni mucho menos había orado por ella.

Cuando visité por primera vez una campaña evangelística de Carlos Annacondia, vi cómo este siervo de Dios confrontaba a los poderes de maligno. En el nombre de Jesús, reprendía a todo espíritu maligno que estuviera atando a las personas reunidas allí para oír el evangelio. Entonces, decenas de personas caían al suelo gritando, llorando y echando espuma por su boca, claramente oprimidas por el maligno. A partir de entonces, reconocí esa autoridad divina en mi vida, y comenzaron a manifestarse en mi ministerio las mismas señales.

El apóstol Pablo en Filipos confrontó los poderes de las tinieblas. No recibió el testimonio engañoso y burlón de un espíritu de adivinación y lo reprendió haciendo libre a aquella muchacha.

El diablo no quiere soltar lo que está bajo su control, pero nosotros, con la autoridad de Jesucristo, podemos derrotarlo y arrebatarle lo que no le pertenece. Ora, reprende las potestades del diablo que atacan tu familia, que oprimen a los inconversos. ¡Toma la autoridad que te fue conferida en Cristo! Predica el evangelio. Hemos sido llamados con Cristo a deshacer todas las obras de diablo.

Los hombres que trastornan el mundo entero confrontan al maligno en la guerra espiritual. ¡Y triunfan!

Padre, asumo la autoridad que me has conferido en el nombre de Jesús para confrontar a las tinieblas. En tu poderoso nombre, amén.

Sin mirar atrás

«Y Jesús le dijo: Ninguno que poniendo su mano en el arado mira hacia atrás, es apto para el reino de Dios».

LUCAS 9.62

SIENDO MUY JOVEN le dije al Señor que si quería usar mi vida y que dedicara todo mi tiempo a su obra, estaba dispuesto. Esto implicaba un gran precio, pero estaba cautivo de un llamado en mi corazón y no podía, ni quería, rechazarlo.

En ese momento, trabajaba como un simple cadete. Nunca había hablado con el dueño de la empresa, pero me mandó llamar a su oficina y me dijo: «Le daremos una oportunidad única. Le pondremos al frente del departamento de informática». Apenas unos días atrás, había entregado mi vida a Dios para su obra, y ahora recibía una oferta muy tentadora para la carrera profesional de cualquier joven. Sin embargo, no vacilé en decir «no». Expliqué cómo Dios me había llamado a servirle y a prepararme en un seminario. Por supuesto, no lo entendió.

El hombre que no conoce a Dios difícilmente aprecie tu consagración. Para él, tu entrega no tiene sentido.

El mundo no te aplaudirá por servir a Cristo. Pero el verdadero hijo de Dios sabe que seguir el plan de Dios es lo más acertado para su vida. No mires atrás. Mira adelante. Todos estamos llamados a servir a Cristo, a conocer el plan específico que Él tiene para cada uno y disfrutarlo.

Que nada ni nadie te distraiga de su perfecta voluntad. Pon la mano en el arado y mira hacia delante. ¡Es tu mejor decisión!

Señor, cumple tu perfecto plan en mi vida. Tu idea siempre es mejor.
En el nombre de Jesús, amén.

Rostros hermosos

«El corazón alegre hermosea el rostro; mas por el dolor del corazón el espíritu se abate».

PROVERBIOS 15.13

AL CAMINAR POR las calles de la ciudad, reconoces cuánta necesidad de Dios tienen los que caminan a tu alrededor. Basta solamente con mirar sus rostros.

¿Qué sucede? ¿Por qué reflejan tantas tinieblas esos rostros que podrían brillar de gozo y hermosura?

Un estudio acerca de la ceguera explica que los ciegos, al carecer del estímulo de la visión, suelen tener rostros inexpresivos.

En el campo espiritual sucede lo mismo. Nuestra manera de ver y apreciar la vida nos puede llenar de luz o de tinieblas. Y esto se reflejará en nuestro rostro.

La falta de visión espiritual produce incredulidad, desánimo, queja, tristeza y depresión. Si miras a los problemas e ignoras el poder de la resurrección, tu corazón se llenará de estas cosas, y tu rostro no brillará con la luz de Cristo.

Por el contrario, si puedes ver a Cristo caminando a tu lado, si lo buscas en oración y lo encuentras en las Escrituras, Él te impartirá su fe. Y esa fe inundará de paz y gozo tu alma.

Dios quiere resucitar tu esperanza. Mira a Cristo en este día, recupera tu fe en Él y tu rostro se verá hermoso, lleno del gozo y la paz del Señor.

Será el mejor tratamiento de belleza. ¡Y ya está pagado!

Bendito Dios, en este día te pido que alumbres los ojos de mi corazón para ver la grandeza de tu poder, que resucitó a Cristo de los muertos, y hoy vive en mí. Para ti todo es posible. Dame visión espiritual. En el nombre de Jesús, amén.

¡Aumentanos la fe!

«Y Josué hijo de Nun y Caleb hijo de Jefone, que eran de los que habían reconocido la tierra, rompieron sus vestidos, y hablaron a toda la congregación de los hijos de Israel, diciendo: La tierra por donde pasamos para reconocerla, es tierra en gran manera buena. Si Jehová se agradare de nosotros, él nos llevará a esta tierra, y nos la entregará; tierra que fluye leche y miel».

NÚMEROS 14.6-8

UN CONQUISTADOR ES alguien de fe.

La fe es necesaria para la conquista. De los doce espías que reconocieron la tierra de Canaán, solamente Josué y Caleb dieron un informe positivo.

El pueblo de Dios cayó en el desaliento. No tomaron en cuenta que Dios peleaba por ellos.

Josué y Caleb, en cambio, dijeron: «Sí, hay gigantes y ciudades amuralladas, ¡pero Dios está con nosotros, y los comeremos como pan!»

No se trata de negar lo difícil de tu realidad, sino de reconocer que Dios es más grande y poderoso que cualquier problema. Acude a la Palabra. Recuerda en oración las palabras que Él ya te dio, las que, como semillas, deben ser regadas en oración y, a su tiempo, darán su fruto.

Dios tiene un plan para tu vida, metas que debes lograr. Pero necesitas fe: «sin fe es imposible agradar a Dios» (Hebreos 11.6).

Delante de ti tienes una tierra maravillosa que debe ser conquistada. ¡Créele a Dios! Resiste el temor y el desaliento y apóyate en sus promesas.

Amado Dios, gracias por estar a mi lado en la hora de la prueba.
Tú me darás el triunfo sobre toda adversidad. Renuncio al temor y al
desánimo y declaro que tus promesas se cumplirán.
En el nombre de Jesús, amén.

Palabras de esperanza

«Y oyendo que era Jesús nazareno, comenzó a dar voces y a decir: ¡Jesús, Hijo de David, ten misericordia de mí! Y muchos le reprendían para que callase, pero él clamaba mucho más [...]».

MARCOS 10.47-48

PASABA SUS DÍAS a la orilla del camino viviendo de la caridad ajena. No podía aspirar a más. Bartimeo era ciego y para él no había un gran futuro.

Pero al enterarse que había llegado a Jericó Jesús, el Mesías, que sanaba a los paralíticos, resucitaba a los muertos, daba vista a los ciegos, Bartimeo sintió que su milagro, su única esperanza, estaba allí. Podía oír la multitud que rodeaba al Maestro. Jamás podría llegar hasta Él, así que comenzó a gritar: «¡Jesús, hijo de David, ten misericordia de mí!» Aunque muchos quisieron callarlo, él clamaba mucho más, y Jesús se detuvo, lo mandó llamar y le dijo: «¿Qué quieres que te haga? Y el ciego le dijo: Maestro, que recobre la vista. Y Jesús le dijo: Vete, tu fe te ha salvado. Y en seguida recobró la vista, y seguía a Jesús en el camino» (Marcos 10.51-52). Bartimeo, contra todos los pronósticos, comenzó una nueva vida con Jesús.

Mucha gente vive sin esperanza. ¡Pero el evangelio es buenas noticias! Jesús tiene poder para cambiar tus circunstancias más adversas. Solamente debes clamar a Él como lo hizo Bartimeo. El clamor es una oración que brota de tus entrañas, que diriges a Dios sabiendo que Él es tu única esperanza.

¡Jesús se detiene cuando un corazón afligido clama a Él! Tu clamor toca las fibras más íntimas del corazón del Maestro. No te quedes a la orilla del camino sufriendo y sin esperanzas.

Jesús está aquí. ¡Clama a Él! Y recibe tu milagro.

¡Jesús, hijo de David, ten misericordia de mí!

«Y el rey amó a Ester más que a todas las otras mujeres, y halló ella gracia y benevolencia delante de él más que todas las demás vírgenes; y puso la corona real en su cabeza, y la hizo reina en lugar de Vasti».

ESTER 2.17

ESTER ERA UNA joven hermosa, pero su apariencia externa era un fiel reflejo de su vida interior.

El rey Asuero había organizado una gran fiesta para sus príncipes y cortesanos. Pero su festejo se vio opacado porque la reina Vasti se negó a presentarse ante todos para mostrarles su belleza, como el rey le pidió. Indudablemente, Vasti era muy bella por fuera, pero su altanería y rebeldía le costó la destitución y la humillación pública.

Paralelamente, una jovencita judía crecía educada en el camino de Dios por Mardoqueo, su primo y padrastro. Ella fue seleccionada como una candidata al trono vacante. Participó en un concurso de belleza y lo ganó. Durante un año se preparó con óleo de mirra y perfumes aromáticos para presentarse al rey. ¡Qué hermosa figura! Así la iglesia de Cristo debe prepararse para recibir al Esposo.

Ester era la reina, pero nunca olvidó su identidad. Comprendió que Dios la había ubicado en ese lugar para que sirviera a sus propósitos. Y así lo hizo. Era bella por dentro.

Quizás te miras al espejo y te consideras poco agraciado. Quiero recordarte las palabras de Dios a Samuel: «No mires a su parecer, ni a lo grande de su estatura, porque yo lo desecho [...] pues el hombre mira lo que está delante de sus ojos, pero Jehová mira el corazón» (1 Samuel 16.7).

Esta belleza no envejece, ni se marchita. Es eterna.

Padre, concédeme esa verdadera belleza en mi alma.
En el nombre de Jesús, amén.

Un encuentro especial

«Y le era necesario pasar por Samaria».   JUAN 4.4

A JESÚS «LE ERA necesario pasar por Samaria». Él iba de Judea hacia Galilea, y la región de Samaria quedaba de camino. Sin embargo, algunos judíos, para evitar el contacto con los despreciados samaritanos, no escatimaban en dar un gran rodeo para eludir la región. Pero Jesús necesitaba pasar por allí.

El Hijo de Dios tenía en su agenda un encuentro. Una mujer desdichada, marcada por el fracaso sentimental, marcada socialmente por su dudosa conducta necesitaba descubrir el plan de Dios para su vida.

¿Qué pasaría por el corazón de esta mujer? ¿Estaría herida? ¿Se sentiría rechazada, resentida? Seis hombres no habían llenado su necesidad. No habían saciado la sed de su corazón. Pero finalmente, había llegado al lugar de Dios y en el tiempo de Dios para encontrarse con Jesús. Y el Hijo de Dios colmó todas sus expectativas. El Señor la guió amorosamente a confesar su pecado y la hizo reflexionar acerca de su verdadera necesidad. Nunca más viviría sedienta, carente de propósito en la vida.

Dios prepara encuentros especiales con nosotros que Él establece soberanamente para tener una revelación de su presencia. Es el momento de cambios profundos y manifestación de los propósitos de Dios. Jesús salió al encuentro de una pecadora porque tenía un plan para su vida. Y hoy quiere encontrarse contigo. Quiere saciar tu sed. No vacila en acercarse a ti a pesar de tus fracasos y debilidades. No tratará de eludirte. Él tiene un plan precioso para tu vida y te lo quiere mostrar.

Jesús se detendrá para hablar contigo.

Padre, mi corazón anhela encontrarse contigo. Necesito oír tus palabras otra vez. En el nombre de Jesús, amén.

Dispuestos a pagar

«Entonces Abram dijo a Lot: No haya ahora altercado entre nosotros dos, entre mis pastores y los tuyos, porque somos hermanos. ¿No está toda la tierra delante de ti?»

GÉNESIS 13.8-9

ABRAHAM RECIBIÓ DE parte de Dios este llamado singular: «Vete de tu tierra y de tu parentela, y de la casa de tu padre, a la tierra que te mostraré. Y haré de ti una nación grande» (Génesis 12.1-2). Abraham debía dejar su tierra y su familia. Su llamado tenía costos que él debía estar dispuesto a pagar.

Si quieres recibir las promesas de Dios debes estar dispuesto a dejar la vida pecaminosa y pagar ciertos costos por causa del reino de Dios. Algunos amigos tal vez se alejen. Tendrás que dejar algún comportamiento incorrecto y tus proyectos personales para obedecer los planes de Dios.

Abraham no cumplió con su llamado de manera perfecta. Llevó consigo a su sobrino Lot, y esto le trajo grandes problemas. Abraham tenía el llamado, y Lot no. No podía existir un yugo parejo entre ambos.

Apenas Abraham y Lot se separaron, el Señor le dijo a Abraham: «Alza ahora tus ojos, y mira [...] Porque toda la tierra que ves, la daré a ti y a tu descendencia para siempre» (Génesis 13.14-15).

Dios te llama a una consagración completa, a dejar atrás el mundo. Quizás por ser fiel a Dios tengas que entregar algo que signifique un costo para ti, pero no dudes en hacerlo. ¡Será la mejor inversión de tu vida! Si lo haces, verás todo lo hermoso que Dios tiene para ti.

Dios te llama a salir.

Señor, ¿existe en mi vida alguna venda que me impide conocer
tu perfecta voluntad? Por favor muéstramela.
Te lo pido en el nombre de Jesús. Amén.

Julio

Obediencia a la voluntad de Dios

>«Yo soy el Alfa y la Omega, principio y fin, dice el Señor, el que es y que era y que ha de venir».
>
> APOCALIPSIS 1.8

JESÚS ES EL principio y fin de todas las cosas. Por eso, es importante que sea el principio motor de cada una de nuestras acciones. Si Él es el principio de tus acciones, tus finales siempre serán felices.

En ocasiones, el pueblo de Dios pecó por confiarse en las apariencias y no consultar al Señor. Cuántas personas se lamentan por haber tomado malas decisiones y sufren las consecuencias de haber decidido apresuradamente, sin consultar a Dios.

Muchas veces, todo parece tan claro, tan sencillo, que no le consultamos. Luego vienen los «¡ay!» y las terribles consecuencias. Por esta causa, Proverbios 3.5 nos aconseja: «Fíate de Jehová de todo tu corazón, y no te apoyes en tu propia prudencia». Aun las pequeñas decisiones deben ser pesadas en el Espíritu. Debemos asegurarnos de que Jesús está en el asunto, que estamos actuando en su perfecta voluntad.

Comienza tu día con Dios, orando y meditando en su Palabra. Pídele dirección y bendición para tu día, y, seguramente, lo terminarás en victoria. No te apresures en tus decisiones. Si tienes dudas, evita decidir ahora. No te dejes presionar. Busca a Dios en oración, busca el consejo de personas espirituales, pero no decidas si no tienes fe en lo que estás haciendo o si estás confundido.

Comienza todo con Jesús.

Amado Señor, guíame siempre en tu perfecta voluntad. Que tú seas el principio de todas mis acciones en la vida. Me encomiendo en tus manos, en el precioso nombre de Jesús, amén.

«Mas a Dios gracias, el cual nos lleva siempre en triunfo en Cristo Jesús, y por medio de nosotros manifiesta en todo lugar el olor de su conocimiento».

2 CORINTIOS 2.14

¡CUÁNTA SABIDURÍA ENCIERRA la expresión «dejarse llevar» por Dios! Dios «nos lleva» siempre en triunfo en Cristo Jesús. ¿Queremos caminar siempre triunfantes? Dejémonos llevar por Dios.

Corría el año 1985 y nuestra pequeña iglesia en el barrio de Parque Chás, finalmente, estaba rebosante hermanos. Aquel grupo de recién convertidos, que no superaba las sesenta personas, era un hermoso desafío y representaba para nosotros la gran cosecha de muchas lágrimas vertidas.

Una noche, mientras dormía, abrí mis ojos y vi una clara visión de Dios. Me mostraba una campaña evangelística al aire libre y una multitud oyendo la Palabra de Dios. Él me decía: «Este será tu nuevo campo de trabajo».

¡Dios quería mudar mi ministerio! Parecía una locura. ¿Ahora que finalmente nuestra iglesia en Parque Chás estaba dando frutos, debía dejarlo todo e ir a otro lugar? Nadie creía en el proyecto. Tuve que batallar con mi mente, con mis temores, con las personas que me desalentaban y con el mismo infierno. Pero decidí dejarme llevar por Dios, ¡y Él me dio un gran triunfo!

Si nos dejamos llevar, Dios nos lleva siempre en triunfo y, por medio de nosotros, manifiesta el perfume de Cristo a todos los hombres.

Solamente déjate llevar.

Gracias te doy Señor por los planes maravillosos que tienes para mi vida. Dame la sensibilidad para oír tu voz y dejarme llevar.
Tú me llevas siempre de triunfo en triunfo. Lo creo.
En el nombre de Jesús, amén.

Hablar tu Palabra

«Del fruto de la boca del hombre se llenará su vientre; se saciará del producto de sus labios».

PROVERBIOS 18.20

LA NUEVA VERSIÓN INTERNACIONAL traduce nuestro texto de una manera más directa: «El hombre se llena de lo que habla». ¿Qué has estado comiendo? ¿Un amargo plato de quejas? ¿Un bocado de chismes? ¿Una pesada porción de desánimo e incredulidad? ¿O quizás una picante dosis de críticas y reproches?

Dice Proverbios 18.7: «La boca del necio es quebrantamiento para sí, y sus labios son lazos para su alma». ¡Cuántas veces decimos algo y después nos arrepentimos de nuestras palabras! Dañamos a otros, y nuestro corazón se afecta por lo que decimos. Efesios 4.29-30 dice: «Ninguna palabra corrompida salga de vuestra boca, sino la que sea buena para la necesaria edificación, a fin de dar gracia a los oyentes. Y no contristéis al Espíritu Santo». Dios nos ha llamado a exhortar y bendecir con nuestras palabras; así, nosotros también seremos bendecidos. Pero cuando hablamos como el mundo lo hace, el corazón se llena de amargura y desánimo, y el Espíritu Santo se contrista.

El Señor Jesús dijo que «de la abundancia del corazón habla la boca» (Mateo 12.34-35). Si alimentas tu corazón con chismes, críticas y resentimiento, hablarás palabras hirientes y llenas de rencor que afectarán tu vida y a los que te rodean.

Las palabras que dices serán tu alimento. Si hablas de acuerdo con la Palabra de Dios, y lo crees en tu corazón, tendrás la libertad y victoria de Cristo. Disfrutarás de su gozo. Enfrentarás la adversidad con la autoridad de la Palabra.

¡Bendice y edifica con tus palabras!

Padre, perdóname por mis quejas y por toda palabra que no te haya glorificado. Hablaré tu Palabra. En el nombre de Jesús, amén.

La verdadera libertad

«Así que, si el Hijo os libertare, seréis verdaderamente libres».

JUAN 8.36

LA LIBERTAD ES uno de los valores importantes para Dios que no comprendemos cabalmente, porque lo interpretamos desde nuestra perspectiva humana.

Para nosotros la libertad es andar sin restricciones por las calles, decidir qué hacer con nuestro tiempo y con nuestra vida. Pero Dios nos habla de una libertad del alma; la libertad del pecado y del dolor, que nos permite disfrutar de una paz inigualable, aún en las peores circunstancias.

En 1990, fui invitado a un culto dentro de la cárcel de Olmos. Al llegar a la capilla, nos llevamos una enorme sorpresa. Más de ochocientos convictos de la ley, pero libres en Cristo, esperaban con una expresión de gozo y un entusiasmo difícil de describir. Al verlos cantar, al percibir su pasión por Cristo, me preguntaba quiénes son los «libres» y quiénes los «presos».

Ellos son presos, pero están libres de las cárceles del alma. Se sienten perdonados y agradecidos a Dios y, por eso, lo alaban con todas sus fuerzas. En cambio, nosotros, «los libres», a veces no sabemos disfrutar de esta salvación tan grande.

Pueden quitarte todo, aún tu libertad física, pero nadie puede apresar tu alma. Nada puede impedir que cantes a Dios, que disfrutes de su comunión. Si lo haces, su paz te cubrirá. Un gozo sobrenatural vendrá a tu corazón. Podrás decir: «¡Señor, si te tengo a ti, lo tengo todo!»

Amado Señor, te pido que nada quite el gozo y la paz que tengo por haberte conocido. A pesar de todo, te seguiré alabando con gratitud.
En el nombre de Jesús, amén.

Una perla de gran precio

«También el reino de los cielos es semejante a un mercader que busca buenas perlas, que habiendo hallado una perla preciosa, fue y vendió todo lo que tenía, y la compró».

MATEO 13.45-46

APENAS LA VIO supo que era única. Nunca había vista una perla así. Entró a aquel negocio dispuesto a comprarla. Pero el vendedor le dijo que no estaba a la venta. El hombre argumentó que era experto en perlas y estaba dispuesto a pagársela muy bien. El vendedor respondió: «¿Cuánto dinero tiene en el banco?» «Alrededor de doscientos mil dólares», le contestó. «Pues vale todo eso», dijo el vendedor. El hombre dijo: «Creo que está abusando, pero déjeme ir al auto...» «¿Tiene auto?», interrumpió el vendedor. «También vale el auto». «¡Pero qué van a decir mi esposa y mis hijos cuando llegue a casa!», se quejó el hombre. El vendedor prosiguió: «Esta perla le costará también su casa, su esposa y sus hijos». A punto de desvanecerse, este amante de las perlas suspiró: «¡Qué va a ser de mí!» Y el vendedor le dijo: «Debe saber que esta perla vale también su vida. Si la quiere, debe entregarlo todo».

Cuando reconocemos a Jesús como nuestro Señor, recibimos la vida nueva y descubrimos que el costo que pagamos es insignificante para tan grande tesoro. ¿Es Jesús el Señor de tu vida? ¿Vives para Él? ¿Le has entregado todo lo que tienes?

¡Cristo es la perla de gran precio! ¡Gloria a Dios! Tenerlo en tu corazón te cuesta la vida y todo lo que tienes, pero pertenecerle a Él es recompensa suficiente.

Jesús dio su vida por ti. ¿Estás dispuesto a darlo todo por esta preciosa perla?

Padre amado, pongo mi vida en el altar. Te lo entrego todo.
En el nombre de Jesús, amén.

Siervos fieles

«Dijo, pues: Un hombre noble se fue a un país lejano, para recibir un reino y volver. Y llamando a diez siervos suyos, les dio diez minas, y les dijo: Negociad entre tanto que vengo».

LUCAS 19.12-13

CAMINO A JERUSALÉN, Jesús les compartió a los discípulos la parábola de las diez minas: «Un hombre noble se fue a un país lejano, para recibir un reino y volver». ¡Jesús es el hombre noble! Él resucitó y ascendió a la diestra del Padre donde fue coronado como el Rey de reyes y Señor de señores. Y luego de recibir el reino, Jesucristo, coronado en gloria, volverá a buscar a su iglesia. ¡Cristo viene pronto!

«Y llamando a diez siervos suyos, les dio diez minas, y les dijo: Negociad entre tanto que vengo». Los siervos de Jesús vivimos en el «entre tanto» de Dios, en este tiempo de gracia que comenzó en el Pentecostés y terminará con la venida de Cristo.

Dios nos ha dado la vida eterna, bienes, talentos y dones para que los usemos en su obra. ¿Estás haciendo producir lo que Él te dio? ¿Estás trayendo ganancias para el reino celestial?

Al final, los siervos seremos llamados y tendremos que rendirle cuentas a nuestro Amo de lo que hicimos con nuestra administración. Allí habrá lágrimas y vergüenza por nuestra infidelidad en la comisión. Como alguien dijo: «El día que vaya a la presencia de Dios no tendré tanto temor por lo que hice, sino por todo lo que no hice».

Sé fiel y gana almas para el reino de Dios. Haz producir lo que Dios puso en tus manos. Aprovecha bien el tiempo.

Cristo viene pronto.

Señor Jesús, quiero ser un siervo fiel. ¡Quiero alegrar tu corazón el día de tu venida! ¡Cuenta conmigo! En tu amado nombre, amén.

¡Es necesario morir!

«Tiempo de morir».   ECLESIASTÉS 3.2

EL SEÑOR LE mostró a un pastor con un reconocido ministerio que debía darle más lugar al Espíritu Santo en su iglesia. Enseguida, convocó a una reunión a todo el liderazgo de la congregación. Puesto en pie frente a ellos les dijo: «Los he convocado a un funeral. El pastor que les habla ha muerto y ya no está al frente de la iglesia. Ahora el pastor es el Espíritu Santo».

Jesús dijo: «si el grano de trigo no cae en la tierra y muere, queda solo; pero si muere, lleva mucho fruto» (Juan 12.24). Es tiempo de morir a nuestro orgullo. El camino de la exaltación no es otro que el de la cruz, no solamente el de la cruz de Cristo, sino también el de nuestra propia cruz.

Cuando buscamos exaltarnos, el resultado es humillación y fracaso. Por el contrario, cuando nos humillamos delante de Dios y estimamos a nuestro prójimo como superior a nosotros mismos, Dios se complace en exaltarnos cuando menos lo esperamos para que sea manifiesto que nuestras obras están hechas en Él. ¡Si te humillas delante de Dios, Él hará que tu nombre se relacione con la obra de Espíritu Santo!

No basta soñar con lo que Dios va a hacer en nosotros y con nosotros. Es tiempo de morir a lo carnal para que el poder de la resurrección comience a actuar en nuestra vida.

Ordena las flores y organiza un precioso culto: tu servicio fúnebre, porque este es el tiempo de morir.

Señor, ya no vivo yo. Vive tú en mí. Muero a la carne, a mi orgullo, para que tu resurrección actúe en mi vida. En el nombre de Jesús, amén.

«Así que, amados, puesto que tenemos tales promesas, limpiémonos de toda contaminación de carne y de espíritu, perfeccionando la santidad en el temor de Dios».

2 CORINTIOS 7.1

UN HERMANO QUE recién había conocido al Señor dejó a su esposa e hijos luego de unas desavenencias e inició una relación de convivencia con otra mujer. Con mucho amor, le expliqué que la Palabra de Dios era clara al respecto, que debía luchar por su matrimonio porque aún había esperanza. Le dije: «Debes pensar qué clase de relación quieres tener con Dios y obrar de acuerdo a tus propias convicciones». Se fue angustiado. Para él no era sencillo comprender que la voluntad de Dios fuese lo mejor para su vida.

Sin embargo, a los pocos días, lo vi en paz y sonriente. Me comentó que había vuelto con su esposa, a pesar de que le había costado mucho tomar la decisión correcta. Me alegré de ver un hombre íntegro, dispuesto a hacer la voluntad de Dios a cualquier precio.

El diablo siempre te muestra los placeres inmediatos del pecado, pero no las consecuencias finales. Si algo fuera bueno en verdad, Dios no te lo prohibiría porque nadie te ama como Él. Por el contrario, si Dios te dice: «No lo hagas», te está preservando de un mal que Él puede prever.

Nos conviene ser santos. Vale la pena obedecer la Palabra de Dios. El pecado tiene consecuencias negativas en nuestra vida, y, si persistimos en él, nos espera una eternidad sin Dios.

Es mucho mejor vivir en santidad.

Padre amado, límpiame de toda contaminación de carne y de espíritu.
Muéstrame mis errores, aun aquellos que me son ocultos. Quiero
agradarte y caminar en santidad. En el nombre de Jesús, amén.

«Y sucedía que cuando alzaba Moisés su mano, Israel prevalecía; mas cuando él bajaba su mano, prevalecía Amalec».

ÉXODO 17.11

EL PUEBLO DISFRUTABA del agua de la roca. Era un tiempo de victoria y regocijo. Pero no sabían que un conflicto mayor estaba por delante.

Luego de un logro espiritual, es normal que el enemigo lance una contraofensiva. Como dice el apóstol Pablo: «Así que, el que piensa estar firme, mire que no caiga» (1 Corintios 10.12).

Moisés, Aarón y Hur se dirigieron al monte, al encuentro con Dios. Moisés comisionó a Josué para alistar el ejército y presentarle batalla a Amalec. La oración y la acción están presentes en esta victoria.

La oración es primordial. La batalla se gana primero en el campo espiritual: sobre tus rodillas. La victoria contra Amalec estaba condicionada a lo que sucedía en el monte: «cuando alzaba Moisés su mano, Israel prevalecía; mas cuando él bajaba su mano, prevalecía Amalec». ¡Tu batalla se gana en oración!

Luego, la acción es importante: Josué y el pueblo tuvieron valor en el fragor de la batalla. Algunos oran, pero nunca actúan. Y las dos cosas son importantes: Orar y actuar en la voluntad de Dios.

Moisés no se quedó solo en el día de la batalla. Aarón y Hur le sostuvieron las manos cuando sus fuerzas flaquearon hasta lograr la victoria.

Si estás cansado, si la prueba es prolongada, no te quedes solo. Pide ayuda a tus hermanos.

En el monte está tu victoria.

Señor, tú eres mi estandarte en la batalla; el que va delante de mí y me da el triunfo. Glorifícate en mi adversidad.
Lo pido en el nombre de Jesús, amén.

Zarzas para Dios

> «Y se le apareció el Ángel de Jehová en una llama de fuego en medio de una zarza; y él miró, y vio que la zarza ardía en fuego, y la zarza no se consumía».

ÉXODO 3.2

LA ZARZA ES simple, común y ordinaria. Sin embargo, Dios la escogió para revelarse a Moisés. No buscó un sólido roble, ni un elevado ciprés; apenas una zarza que se encendiera con su fuego.

Dice el apóstol Pablo: «Pues mirad, hermanos, vuestra vocación, que nos sois muchos sabios según la carne, ni muchos poderosos, ni muchos nobles; sino que lo necio del mundo escogió Dios, para avergonzar a los sabios; y lo débil del mundo escogió Dios, para avergonzar a lo fuerte» (1 Corintios 1.26, 27). ¡Dios busca simples zarzas para manifestar su gloria!

Seguramente tú eres como yo, un hombre o una mujer común; alguien que tiene limitaciones. Pero algo sobrenatural te ha sucedido. ¡No eres una zarza cualquiera! Cristo vive en tu corazón. Tienes al gran tesoro en tu vasija de barro. ¡Ahora ardes con el fuego del Espíritu Santo!

Dios te ha escogido para revelar su gloria al mundo. Muchos verán en ti el fuego que no se apaga. Tu vida va a «dar sed» a otros por conocer a Dios. Es el fuego del Espíritu Santo lo que te hace diferente.

Deja de mirar tus limitaciones y debilidades. Dios ya sabe que eres una zarza. ¡Por eso te escogió! Deja que su poder sobrenatural te capacite para servirlo y vivir en victoria.

¡Enciéndete con el fuego del Espíritu Santo!

Señor, quiero que ardas en mi ser. Así como la zarza, enciéndeme con tu poder para mostrar al mundo que tú vives.
En el nombre de Jesús, amén.

«¿Quién conoció la mente del Señor? ¿Quién le instruirá? Mas nosotros tenemos la mente de Cristo».

1 CORINTIOS 2.16

UN JOVEN OBSERVABA cómo un gigantesco elefante era apenas retenido por una simple cadena en su pata atada a una estaca. Se acercó al cuidador y le preguntó sobre el asunto. Este le dijo: «Cuando el elefante era pequeño, le pusimos un grillete en la pata y lo atamos con una cadena a un poste imposible de mover. Durante meses el pequeño elefante trató infructuosamente de liberarse. Cada tirón hacía que el grillete lastimase su pata, y gritaba de dolor. Con el tiempo se convenció de que era imposible librarse y desistió de su intento. Ahora, apenas siente que la cadena se tensa, el recuerdo del dolor y de los intentos inútiles lo detienen de ir más allá».

Muchos cristianos están atados a una pequeña estaca. El Señor los ha hecho libres y cuentan con su poder para romper las ataduras del pasado y enfrentar los desafíos, pero su mente no renovada les sigue diciendo: «Jamás lo lograrás». Sus fracasos de ayer los han marcado, y el enemigo ha logrado construir una fortaleza en sus mentes convenciéndolos de una mentira.

Tal vez en el pasado fuiste preso del dolor. Intentaste ser feliz, pero todo fue inútil. Hoy tu mente debe reconocer tu nueva condición. Los complejos que te retenían, los temores que te paralizaban, las heridas que te retraían ya no deben gobernar tu vida.

Deja que el Espíritu Santo tome control de tus pensamientos y te muestre la verdad. Una pequeña estaca, una dificultad, no puede retenerte. ¡Dios te ha hecho libre!

Tú tienes la mente de Cristo.

Señor, renueva mi mente con tu verdad.
En tu nombre haremos proezas. Amén.

Un espíritu diferente

«Estos son los nombres de los valientes que tuvo David: Joseb-base-bet el tacmonita, principal de los capitanes; éste era Adino el eznita, que mató a ochocientos hombres en una ocasión. Después de éste, Eleazar hijo de Dodo, ahohíta, uno de los tres valientes que estaban con David [...]»

2 SAMUEL 23.8,9

LOS VALIENTES DE David fueron hombres intrépidos. Pero sobre todos estos guerreros, la Biblia destaca a «tres valientes» que lograron el máximo lugar junto a su líder. Ellos son un ejemplo para nosotros porque tenían «un espíritu diferente», que Dios quiere imprimir en ti para convertirte en un conquistador.

¿De dónde sacaron este espíritu de victoria, de fe y de arrojo para la conquista? Sin lugar a dudas, de la persona de David. Un hombre que más allá de sus problemas decía: «Mi corazón está dispuesto, oh Dios; cantaré y entonaré salmos; esta es mi gloria. Despiértate, salterio y arpa» (Salmos 108.1,2). «En Dios haremos proezas, y él hollará a nuestros enemigos» (Salmos 108.13).

Comienza este día como David: danzando por la victoria, cantando la grandeza de Dios. Él quiere darte «una gran victoria», así como la dio a los valientes (2 Samuel 23.10). Este es el año de la conquista, es el año de concretar los sueños en Dios.

No te enfoques en tus problemas, sino en el Dios que soluciona todos los problemas. Dios quiere cambiar tu espíritu, levantarte como un conquistador para este nuevo milenio. Todo lo que ha puesto en tu mano te será multiplicado. ¡Créelo!

Señor, pon en mí «otro espíritu». Dame un espíritu valiente, propio de un conquistador. Te alabo por la victoria. En tu nombre haré proezas. Lo creo. En el nombre de Jesús, amén.

«Por tanto, nosotros también, teniendo en derredor nuestro tan grande nube de testigos, despojémonos de todo peso y del pecado que nos asedia, y corramos con paciencia la carrera que tenemos por delante, puestos los ojos en Jesús».

HEBREOS 12.1-2

¿HAS ESTADO EN un estadio de fútbol repleto de personas que gritan desde las tribunas para alentar a su equipo? Asimismo, cada día siento que desde una gran tribuna baja el aliento para mi victoria.

«Por tanto, nosotros también, teniendo en derredor nuestro tan grande nube de testigos [...]» (Hebreos 12.1). ¿Quiénes son estos testigos? Son aquellos que nos precedieron y nos dejaron un claro ejemplo de fe: Abel, Enoc, Noé, Abraham, Isaac, Jacob, José, Moisés y muchos más (Hebreos 11). Ahora, desde las tribunas, nos llega el aliento de estos vencedores que sufrieron por ser fieles a Dios, pero comprobaron que Él es galardonador de los que le buscan. Corrieron la carrera y llegaron victoriosos a la meta.

Quizás hoy te sientes cansado por las pruebas, derrotado por el pecado. Desanimado frente a la adversidad o porque no ves el fruto que esperas. Desde las páginas de la Biblia llega tu aliento. Moisés parece gritarte: «¡Sigue adelante, y las aguas se abrirán! Abraham te aconseja: «Entrégale a Dios lo que amas, y Él te recompensará». Y José parece decirte: «Detrás de las pruebas e injusticias hay un propósito de Dios. ¡No desmayes!»

Jesús está delante de ti, te extiende sus brazos y te dice: «Mírame. No te distraigas». Si te atreves a seguir marchando con fe y paciencia, verás sus promesas cumplirse en tu vida.

No te desanimes. ¡Sigue adelante!

Amado Señor, en medio de mis dificultades pongo mis ojos en ti.
¡Tú me darás la victoria! En el nombre de Jesús, amén.

Unidos en la batalla

«Y si alguno prevaleciere contra uno, dos le resistirán; y cordón de tres dobleces no se rompe pronto».

ECLESIASTÉS 4.12

EXISTEN DÍAS EN nuestra vida en los que sentimos que la atmósfera espiritual que nos rodea se enrarece. Percibimos que las fuerzas del enemigo se concentran para atacarnos y obstaculizar la obra de Dios trayendo confusión, angustia, temores e incredulidad. Esto es lo que el apóstol Pablo llama «el día malo» (Efesios 6.13), y nos aconseja tomar toda la armadura de Dios para que podamos resistirlo.

Pero también, cuando arrecia la batalla espiritual, podemos contar con el apoyo de nuestros hermanos.

Una hermosa lección de unidad en medio de una batalla la podemos ver en 2 Samuel 10.1-19 en el relato de Joab y Abisai, dos generales del rey David que eran hermanos. Joab le dijo a su hermano: «Si lo sirios pudieren más que yo, tú me ayudarás; y si los hijos de Amón pudieren más que tú, yo te daré ayuda. Esfuérzate, y esforcémonos por nuestro pueblo, y por las ciudades de nuestro Dios; y haga Jehová lo que bien le pareciere» (2 Samuel 10.11-12). Y la victoria fue completa.

Cada uno pelea su batalla en un frente diferente, pero estamos construyendo un solo muro, y la derrota de uno es la derrota de todos. Nunca lo olvides: si la batalla arrecia, estamos para ayudarte. De lo contrario, ayuda a quien lo necesite. Somos un pueblo en Cristo.

Padre santo, dame la sensibilidad para ayudar e interceder por aquellos
que pasan por el «día malo». Quiero bendecir, especialmente,
a mis pastores y los que me presiden, guárdalos
de todo mal y dales una gran victoria. Amén.

Oasis de agua de vida

«Y cuando tengas sed, ve a las vasijas, y bebe del agua que sacan los criados».

RUT 2.9

¿PODRÁ EL SEÑOR decirle a los que no tienen a Cristo, a los que se encuentran vacíos, deprimidos y angustiados, enfermos y oprimidos, que vayan a saciar su sed a las vasijas de sus siervos, los cristianos? ¿Podrán los necesitados encontrar en ti, vasija del Señor, una verdadera respuesta para sus vidas, el agua fresca que calme su sed?

Nueve siglos después de la historia de Rut, Jesús se detuvo a hablar con una mujer samaritana que estaba sedienta en un mediodía caluroso. El Evangelio de Juan dedica 30 versículos para relatar este encuentro y apenas tres versículos para hablar del avivamiento en Samaria. Seguramente nosotros hubiésemos hecho al revés; dedicaríamos páginas enteras a hablar del avivamiento en una ciudad y apenas mencionaríamos un testimonio personal como ejemplo. Pero el Señor tiene un enfoque diferente. Él quiere que apreciemos la necesidad de cada persona en particular para que le ofrezcamos nuestro amor y el agua que salpica para vida eterna; para que le demos toda nuestra atención y todo nuestro tiempo.

Ahora, ¿puede Dios enviarte las almas para que calmes su sed? Uno no puede dar lo que no tiene. Si tu vasija está vacía, ¡debes llenarla! Dios quiere usarte para saciar la sed de muchos, pero antes tú mismo debes estar saciado y completo en Él. Solamente así podrás ser el instrumento de Dios para ganar almas para Cristo y revolucionar tu ciudad.

Llénate del agua viva y ofrécela a todos los sedientos.

¡Dios quiere usarte!

Padre, ¡haz rebozar mi vasija con el agua de vida! Quiero ser un oasis para las vidas sedientas. Te lo pido en el nombre de Jesús, amén.

Sabiduría de las cosas pequeñas

> «Cuatro cosas son de las más pequeñas de la tierra, y las mismas son más sabias que los sabios».
>
> PROVERBIOS 30.24

DIOS TIENE LECCIONES de sabiduría en los sitios menos pensados. La Palabra de Dios nos llama la atención sobre cuatro animalitos: las hormigas, los conejos, las langostas y las arañas. ¿Crees que podemos aprender algo de ellos?

«Las hormigas, pueblo no fuerte, y en el verano preparan su comida» (Proverbios 30.25). Debemos ser previsores y aprovechar las oportunidades que Dios nos da. Vivimos tiempos maravillosos de comunión con Dios. El Espíritu Santo se está manifestando a la iglesia como nunca, y los campos están blancos para la siega. Dios te dice: ¡Aprovecha las oportunidades! ¡Predica a los perdidos!

«Los conejos, pueblo nada esforzado, y ponen su casa en la piedra» (Proverbios 30.26). ¡Debemos tomar lo que Dios nos ha provisto! Todo lo que necesitas te ha sido provisto en Cristo, ¡solamente debes ir con fe a su presencia y tomarlo!

«Las langostas, que no tienen rey, y salen todas por cuadrillas» (Proverbios 30.27). Las langostas se mueven todas en un mismo sentido sin que nadie las dirija. Son una ilustración de la unidad espiritual que debe reinar en la iglesia: ¡Todos marchando en un mismo sentido! Debemos tener iniciativa propia y sensibilidad a la dirección del Espíritu Santo.

Por último: «La araña que atrapas con la mano, y está en palacios de rey» (Proverbios 30.28). La araña suele ser pequeña y despreciada, ¡pero vive en palacios de rey! No sé cómo está tu autoestima, pero si sientes que eres poco, recuerda: ¡Dios te hizo parte de la familia real!

Aprende de las cosas pequeñas. Hallarás en ellas sabiduría.

Bendito Dios, ayúdame a poner en práctica estos principios de sabiduría. En el nombre de Jesús, amén.

«Porque el tabernáculo estaba dispuesto así: en la primera parte, llamada el Lugar Santo, estaban el candelabro, la mesa y los panes de la proposición».

HEBREOS 9.2

UNA HERMANA CUANDO oraba decía: «Señor, ten misericordia de mí. ¡Soy una basura!» El pastor decidió darle un escarmiento. Un día le dijo: «¿Cómo está hermana basura?» Ella abrió los ojos asombrada y el pastor agregó: «Sucede que, de oírla tantas veces, al fin logró convencerme».

Muchos cristianos no comprenden la posición de honor que tienen en el reino de Dios. Jesús «nos hizo reyes y sacerdotes para Dios, su Padre» (Apocalipsis 1.6).

Eres único, y Dios tiene proyectos exclusivos para ti. Pero existen tres ministerios principales que te involucran como sacerdote de Dios y que se encuentran representados por los muebles ubicados dentro del Lugar Santo.

El altar del incienso representa nuestro ministerio «hacia arriba»: Nuestras oraciones, intercesiones, adoración y ofrendas suben como incienso a la presencia de Dios. Es tu primer servicio: Ministrar al Señor.

El candelabro, la única luz del recinto, simboliza nuestro ministerio «hacia afuera»: Somos la luz del mundo. Jesús te ha llamado a alumbrar con tus obras y a predicar el evangelio a los perdidos.

La mesa con los panes de la proposición habla de nuestro ministerio «hacia adentro»: La edificación de la iglesia, la comunión de unos con otros, nuestro llamado a servirnos en amor, a ayudarnos en el camino de la santidad, a enseñarnos y sostenernos. Tu iglesia, tus hermanos te necesitan.

Se fiel y cumple con tu ministerio.

Bendito Dios, gracias por la posición de honor que me has dado en tu reino. Quiero servirte con fidelidad. ¡Usa mi vida hoy! Te lo pido en el nombre de Jesús, amén.

«Hierro con hierro se aguza; y así el hombre aguza el rostro de su amigo».

PROVERBIOS 27.17

UNA FORMA DE afilar un cuchillo es frotarlo contra otro cuchillo. De igual manera, Dios pone en nuestro camino hermanos que nos ayudan para tener «mejor filo».

Seguramente has conocido a los «hermanos lija». ¡Quizás tú mismo eres uno de ellos! Son hermanos que, con su áspera forma de actuar, te ayudan a ser pulido en el amor. Dios permite que te relaciones con estas personas con las cuales te cuesta llevarte bien para que crezcas en el verdadero amor.

Jesús dijo: «Porque si amáis a los que os aman, ¿qué recompensa tendréis? ¿No hacen también lo mismo los publicanos?» (Mateo 5.46). Nuestra capacidad de amar no se prueba con los que nos tratan bien o tenemos afinidad. Amar a los que nos aman es sencillo. El desafío es amar a aquellos que no nos comprenden o abusan de sus derechos y no nos dan el trato justo que merecemos. Amar a los que no son amables es un nivel de amor superior.

Dios nos amó aun cuando éramos sus enemigos. Perdonó nuestros pecados y nos dio una salvación que no merecíamos. No merecemos tanta abundancia de favores, pero aun así nos sigue amando. Y este es el ejemplo de amor que debemos seguir.

Tal vez estás desafiado por una relación que no funciona correctamente. Te cuesta llevarte bien con otra persona o fuiste herido por ella. Es la oportunidad de Dios para crecer, para aprender un nuevo nivel de amor.

Ama y bendice a aquellos que te hacen mal. Verás que ese amor hará la diferencia.

Señor, gracias por aquellas personas con las cuales me cuesta llevarme bien; las bendigo y las amo en tu nombre, amén.

Lástima inmerecida

«Entonces Pedro, tomándolo aparte, comenzó a reconvenirle, diciendo: Señor, ten compasión de ti; en ninguna manera esto te acontezca».

MATEO 16.22

CUANDO NOS ESFORZAMOS por servir a Dios, al pasar por momentos de prueba, de dolor, escuchamos a menudo la voz del enemigo que nos dice: «Ten compasión de ti».

El propósito del diablo es que quitemos los ojos del Señor y de su voluntad y nos echemos al lamento por nuestra situación. Pero Jesús mismo reprendió a Satanás cuando Pedro intentó disuadirlo de la voluntad de Dios, que era la cruz. Él sabía que después de la cruz vendría la gloria.

Lamentaciones 3.39 dice: «¿Por qué se lamenta el hombre viviente? Laméntese el hombre en su pecado». Dios no quiere que nos entreguemos a un lamento eterno por las circunstancias de nuestra vida. Mas bien nos desafía a revisar nuestra consagración y arrepentirnos de nuestros pecados para disfrutar de su perdón y de su amistad.

La auto conmiseración es contraria a la fe. Al poner los ojos en nosotros mismos, y no en el Señor, nos confrontamos con nuestras propias imposibilidades y caemos en el desánimo.

La auto conmiseración fomenta el egocentrismo. Buscamos llamar la atención de todos y pretendemos que estén siempre a nuestra disposición. No queremos la cruz, no queremos la disciplina correctiva de nuestra padre, no queremos sufrir por el evangelio, no buscamos crecer en la fe.

No te abandones a un pecado tan nocivo. Dios conoce tu dolor y está dispuesto a mostrarte su gloria si confías en Él.

Tú no eres alguien que merece lástima, ¡eres el hijo del Rey!

Padre santo, renuncio hoy al pecado de la auto conmiseración y recibo tu fe en medio de la adversidad. En el nombre de Jesús, amén.

Fidelidad recompensada

«Por sus frutos los conoceréis».

MATEO 7.16

UN JOVEN ESCUCHÓ a su pastor anunciar nuestra llegada a la ciudad para celebrar una reunión de avivamiento. Este joven, que trabajaba en un restaurante de comidas rápidas, se alegró porque el día en que haríamos la reunión era su día libre. Tenía grandes expectativas de lo que Dios haría en su vida en esta reunión. Sin embargo, faltando pocas horas para la cruzada, otro empleado anunció que no podría asistir al trabajo, ¡y él tendría que reemplazarlo! ¡Qué gran decepción! Pero decidió ser obediente a Dios y cumplir con sus responsabilidades.

Esa noche, el culto fue hermoso y finalizó cerca de la madrugada. Después de la reunión, los pastores de la ciudad nos invitaron a cenar a un buen restaurante, pero ninguno estaba abierto, ¡excepto aquel en el que trabajaba este hermano! Cuando nos vio llegar, nos comentó muy emocionado todo lo que había sucedido. Allí, oramos por él y tuvimos otro precioso culto. Dios se encargó de honrar su fe porque había fruto del Espíritu Santo en su vida.

Dios exalta a aquellos que son obedientes en toda circunstancia. La vida de José es un testimonio de esta verdad: Fue vendido como esclavo, fue acusado falsamente, encarcelado, pero su integridad, fidelidad y responsabilidad delante de Dios y de los hombres lo llevó a ser el segundo hombre en Egipto, después de Faraón.

Tu fidelidad y vocación por la obediencia no pasan desapercibidas delante de Dios. Muestra el fruto de tu compromiso con el Señor y a su tiempo tendrás la recompensa.

¡Sigue adelante! ¡Tu Dios te ve!

Señor, úngeme para vivir la santidad en lo íntimo. Que aun en lo pequeño te sea fiel. En el nombre de Jesús, amén.

Una riqueza única

«Yo conozco tus obras, y tu tribulación, y tu pobreza (pero tú eres rico)...»

APOCALIPSIS 2.9

UN JOVEN SE disponía a iniciar el viaje más desafiante de su vida. Luego de trabajar un año, había gastado hasta la última moneda para comprar su pasaje. Se ubicó en la bodega con los pasajeros de última clase. Los días pasaban y no tenía ni para comer. En ocasiones espiaba el salón comedor de los pasajeros de primera clase y le dolía el estómago de hambre mientras los observaba. Así estaba cuando el capitán de la nave habló a sus espaldas: «¡Qué hace usted aquí! Permítame su pasaje». Tembloroso entregó el pasaje que no sabía leer. El capitán se mostró sorprendido y le dijo: «Discúlpeme caballero, no sabía que usted tenía un boleto para primera clase. Por favor, pase y póngase cómodo». El joven campesino más sorprendido aún, continuó la travesía disfrutando de los manjares que, por su ignorancia, no supo aprovechar desde un principio.

De igual modo muchos cristianos caminan en la vida como si fuesen pobres, cuando en verdad son ricos.

Hay algo diferente en ti. Una riqueza única que no se cuenta en billetes. Se trata de tu relación personal con Dios. El tesoro del Espíritu Santo en tu vida. Eres rico en gracia, en amor, en poder. Y puedes soportar con gozo y paz situaciones que la gente común no podría.

No te desanimes por la prueba que estás pasando. ¡Tú eres rico! Tienes un boleto de primera. Acude a la presencia de Dios en este día y disfruta de sus manjares. ¡Como el hijo de un Rey!

Padre amado, gracias porque soy rico. ¡Tú me has hecho rico en gozo, paz, amor y vida eterna! En el nombre de Jesús, amén.

Capacidad de amar

«[...] tiempo de amar».   ECLESIASTÉS 3.8

UNA HERMANA ME acercó una carta donde me relataba su dolorosa vida antes de conocer Jesús: «La presencia de mi padre siempre me inspiró seguridad y amor. No sucedía lo mismo con mi madre que, sin motivos aparentes, me rechazaba [...] y me propinaba tremendas palizas. Era mi papá quien siempre intervenía para defenderme. Siempre tenía una palabra de disculpa hacia mi mamá y me enseñaba a amarla a pesar de todo. Su preocupación por guardar la unidad familiar llegó a tal extremo que, [...] mientras agonizaba, me pidió que jamás abandonara a mi mamá y a mi hermana. ¡Pobre papá! Sin saberlo me colgó al cuello una pesada piedra que arruinaría mi vida para siempre. El mismo día que sepultamos a mi padre, una vez en casa de mi madre, [...] comenzó a golpearme hasta cansarse mientras me decía: "¡Llora, llora, veamos si esta vez él te escucha y viene para salvarte!". No solo no lloré, juré que nunca nadie me vería llorar».

Quizás tienes heridas que no te dejan amar con libertad. Tal vez te defraudaron y te encerraste en tu caparazón protegiéndote para no volver a sufrir. Pero Dios puso en ti la capacidad maravillosa de amar y ser amado, y si no la desarrollas, se convierte en una necesidad. Y cuando esa necesidad se oculta, puede transformarse en la enfermedad de no amar ni ser amado.

El costo de cerrarte al amor es aún mayor que el dolor del sufrimiento. Pídele a Dios que sane tus recuerdos. Todavía puedes ser feliz.

Dile a tu corazón que ha llegado el tiempo de amar.

Padre, sana las heridas de mi corazón. Restaura mi capacidad para amar. En el nombre de Jesús, amén.

«Por tanto, no desmayamos; antes aunque este nuestro hombre exterior se va desgastando, el interior no obstante se renueva de día en día».

2 CORINTIOS 4.16

LA BIBLIA NOS cuenta el testimonio de Caleb, un tremendo hombre de fe que aún a los 85 años tenía ánimo para seguir conquistando (Josué 14.11-12). Caleb conquistó el monte de Hebrón que Dios le había prometido por herencia. No le importó que hubiera allí gigantes y grandes ciudades fortificadas, y con su victoria trajo la paz para el pueblo de Israel.

¡Qué gran ejemplo para imitar! Algunos piensan: «Ya hice mucho para Dios. Que sigan los jóvenes». Pero Dios dice: «Aún queda territorio por conquistar». Aunque por fuera nos desgastamos, por dentro... ¡estamos más fuertes que nunca!

En Salmos 92.14 dice respecto a los justos: «Aun en la vejez fructificarán; estarán vigorosos y verdes» (v. 14). ¡Es una promesa de Dios! Mientras el árbol viejo se seca y no da frutos, el hombre de Dios se mantiene fructífero y vigoroso.

Tu ministerio nunca cesará, sino que termina cuando termina tu vida. Cuando Dios dispuso el final de los días Aarón, el sumo sacerdote de Israel, en la tierra, le indicó a Moisés que subiera al monte de Hor con Aarón y Eleazar, su hijo. Allí, despojaron a Aarón de sus vestiduras sacerdotales y partió a la presencia de Dios. Cuando acabó su ministerio, acabó su vida.

No dejes de servir al Señor. Solamente envejece el que deja de conquistar para Dios, el que pierde la capacidad de soñar con Él.

¡Renuévate en tu corazón! Dios jamás dejará de contar contigo.

Amado Dios, hasta el último minuto de mi vida quiero servirte con gozo y fidelidad. Renueva mis fuerzas y mi visión.
En el nombre de Jesús, amén.

Perseverar en oración

> «Respondiendo él, dijo: No está bien tomar el pan de los hijos, y echarlo a los perrillos. Y ella dijo: Sí, Señor; pero aun los perrillos comen de las migajas que caen de la mesa de sus amos».

MATEO 15.26-27

JESÚS SE ENCONTRABA en una región gentil. Estaba consciente que su ministerio debía dirigirse primero a los judíos; luego los gentiles entrarían también en la gracia. Por eso, trataba de forma aparentemente distante a una mujer cananea necesitada.

Ella le suplicaba a Jesús gritando: «¡Señor, Hijo de David, ten misericordia de mí! Mi hija es gravemente atormentada por un demonio». Pero Jesús no le respondía (Mateo 15.22-23).

¿Te ha sucedido alguna vez? Oras, pero pareciera que Dios no te escucha. Cuando calla, Él espera que perseveres en oración y tu fe crezca. La mujer cananea no se rindió ante el silencio de Jesús, siguió clamando. Los discípulos intercedieron por ella, pero Jesús se negó. Sin embargo, ella se postró a los pies de Jesús y continuó clamando. El Señor nuevamente rechazó su pedido: «No está bien tomar el pan de los hijos, y echarlo a los perrillos» (v. 26). Esta era una expresión dura que los judíos aplicaban a los gentiles. Pero la mujer dijo con humildad: «Sí, Señor; pero aun los perrillos comen de las migajas que caen de la mesa de sus amos» (v. 27). Estas palabras conmovieron el corazón de Jesús: «Oh mujer, grande es tu fe; hágase contigo como quieres». Y su hija fue sana (Mateo 15.28).

A Dios le agrada el corazón cuya fe no se rinde, que se humilla y persevera hasta que las puertas de los cielos se abran.

¡Sigue orando! Hay un milagro de Dios para ti.

Señor, fortaléceme para perseverar en oración y confiar en ti. Amén.

Preservemos nuestras familias

«Mejor es un bocado seco, y en paz, que casa de contiendas llena de provisiones».

PROVERBIOS 17.1

HAY PERSONAS QUE materialmente lo tienen todo, excepto paz. Me recuerdan a aquel hombre que salió de vacaciones con su familia y su fue a unas playas paradisíacas del caribe. Apenas llegó al lujoso hotel puso su gran valija sobre la cama y sacó su ropa, sus zapatos, su dinero, sus perfumes, y ...¡sus problemas! Por el contrario, conozco familias de sencilla condición económica que son ricas en Dios.

¿Cómo preservar nuestra familia en paz cuando escasea el dinero? En primer lugar, poniéndonos de acuerdo para orar. El no dejar nuestras ansiedades en Dios hace que todos estemos tensos y propensos a la irritación. Muchos matrimonios han sido sumidos en crisis profundas y aún divorcios, porque no soportaron unidos las crisis económicas.

Además será de mucho provecho usar palabras de fe, de ánimo, en nuestra comunicación diaria. El esposo que llega a su casa luego de un día infructuoso necesita aliento. Confianza en que verá la gloria de Dios.

Otra actitud fundamental es brindarles tiempo y atención a nuestros seres queridos. Algunos viven tan abstraídos en sus problemas que no reparan en los pequeños ojos de sus hijos que mendigan ese amor que les proporciona seguridad.

Finalmente, Dios quiere que seamos agradecidos. Que apreciemos su bendición en las pequeñas cosas de la vida. ¡El enemigo no encuentra cómo derribar a un cristiano que sabe dar gracias a Dios por todo!

Abraza a tu familia y diles: «Esta prueba no nos va a separar». Ellos son tu especial tesoro.

Señor, en medio de la crisis, decido poner especial atención y cuidado a mi familia. Haz de mi hogar un sitio de refugio.
En el nombre de Jesús, amén.

Con los ojos de Jesús

«Y al ver las multitudes, tuvo compasión de ellas; porque estaban desamparadas y dispersas como ovejas que no tienen pastor. Entonces dijo a sus discípulos: A la verdad la mies es mucha, mas los obreros pocos. Rogad, pues, al Señor de la mies, que envíe obreros a su mies».

MATEO 9.36-38

UN CORO QUE cantamos en la iglesia eleva esta «Ayúdame a mirar con tus ojos. Yo quiero sentir con tu corazón. No quiero vivir más siendo insensible. ¡Tanta necesidad, oh Jesucristo!» Necesitamos que Jesús nos ayude a mirar con sus ojos.

Cuando el Señor dijo «Id» en la gran comisión, se refería a que tuviéramos una actitud solícita para acudir a la necesidad. Cuando ves a tus compañeros de trabajo, a tus familiares, a todo el que te rodea, ¿qué es lo que ves? Jesús veía personas «desamparadas y dispersas como ovejas que no tienen pastor». Él veía corazones heridos y sin esperanza, personas destruidas por el vicio, el odio, el abandono y la promiscuidad. ¡Él veía la necesidad! Lamentablemente, algunos de nosotros nos hemos alejado e insensibilizado para no ver la necesidad de los perdidos.

La compasión no es un simple pesar. La compasión te mueve a actuar, no te deja indiferente. Jesús quiere ayudarte a mirar con sus ojos. Quiere poner su compasión en ti porque en verdad la mies es mucha, y los obreros dispuestos son pocos.

Se necesitan obreros que tengan el corazón del buen pastor para brindar amparo y compartirle la Palabra de esperanza al que está sufriendo.

El Señor le dijo a sus discípulos: «Rogad, pues, al Señor de la mies, que envíe obreros a su mies» (Mateo 9.38). ¿Serás tú la respuesta a la oración de los discípulos?

Señor, ¡cuéntame entre tus obreros! En el nombre de Jesús, amén.

Recompensa abundante

«Y el rey Salomón dio a la reina de Sabá todo lo que ella quiso y le pidió, más de lo que ella había traído al rey».

2 CRÓNICAS 9.12

SI VAMOS A la presencia del Rey con nuestros presentes, nuestra alabanza (Hebreos 13.15), nuestro amor, nuestra vida, Él nos devolverá mucho más.

Así le sucedió a la reina de Sabá. Ella había oído de la fama de Salomón y acudió a su palacio con presentes carísimos. Quería conocerlo, hacerle preguntas, así como nos pasó con Jesús. Nos hablaron de su amor, y vinimos a Él con preguntas, llenos de necesidad. Y nos sucedió como a la reina: «yo no creía las palabras de ellos, hasta que he venido, y mis ojos han visto; y he aquí que ni aun la mitad de la grandeza de tu sabiduría me había sido dicha; porque tú superas la fama que yo había oído» (2 Crónicas 9.6). ¡Gloria a Dios! ¡Jesús supera nuestras expectativas!

La reina de Sabá también se asombró por «las viandas de su mesa, las habitaciones de sus oficiales, el estado de sus criados y los vestidos de ellos» (9.4). ¿Te has deleitado en los manjares de la Palabra? ¿Has preparado tu vida como habitación del Espíritu Santo? ¿Es tu vida un testimonio de lo bien que se está con Jesús? ¿Están tus vestidos resplandecientes?

«Bienaventurados tus hombres, y dichosos estos siervos tuyos que están siempre delante de ti, y oyen tu sabiduría», dijo la reina. ¿Has valorado tu privilegio de vivir en la casa del Rey?

Acude hoy a su presencia y ofrécele tu vida en adoración. ¡Él te dará mucho más!

Padre, gracias porque me das mucho más abundantemente de lo que te ofrezco. Tu bondad es infinita. En el nombre de Jesús, amén.

Cristo, no religión

«Porque de tal manera amó Dios al mundo, que ha dado a su Hijo unigénito, para que todo aquel que en él cree, no se pierda, mas tenga vida eterna».

JUAN 3.16

RECUERDO LAS SABIAS palabras de un misionero que aconsejaba a otro que salía a su campo de labor: «Cuando un perro muerde un hueso seco y no tiene nada mejor a su alcance, no intentes sacárselo. ¡Te va a morder! Mejor preséntale un buen trozo de carne fresca y verás como deja su hueso y corre a comer la carne».

Algunos cristianos atacan la forma de vivir de aquellos que no conocen al Señor y les piden un cambio absoluto sin mostrarle los beneficios del evangelio. No les hablan de lo maravilloso que es vivir con Cristo. Sin embargo, Jesús impactaba con su amor a los pecadores. Compartía con ellos y, luego, los llamaba al arrepentimiento.

Nadie abandonará su vida de pecado si antes no es seducido por el amor de Dios. Las personas deben sentir que pueden acercarse a Dios en su condición actual y que obtendrán el perdón y la vida nueva. Prediquemos a Cristo, su gracia y su verdad, y no la religión.

Jesús es el gran tesoro, y las personas dejarían cualquier hueso de este mundo por tenerlo en el corazón. Solamente el amor de Dios puede llenar su vacío y transformar su vida. Muéstrales lo maravilloso que es vivir con Él.

¡Que el mundo conozca el amor de Dios a través de tus obras y palabras!

Amado Dios, ayúdame a ser un canal de tu amor para este mundo perdido. Que a través de mi vida y de mi testimonio muchos quieran abrazar tu camino. En el nombre de Jesús, amén.

«El ladrón no viene sino para hurtar y matar y destruir; yo he venido para que tengan vida, y para que la tengan en abundancia».

JUAN 10.10

¿CUÁNDO FUE LA última vez que te sentiste feliz? ¿Cuándo fue la última vez que saltaste de tu cama entusiasmado con tu día, pensando gratamente en lo que tenías por delante para hacer y para disfrutar?

El enemigo vino para robarte el futuro, para quitarte tu misión, tus metas, tu destino, pero el Señor vino para que tengas una vida abundante.

Hoy debes vivir tu vida «al estilo de Dios». ¿Puedes imaginarte a Dios depresivo, temeroso, triste o angustiado? ¿Verdad que no? Pues Dios te ha impartido su soplo divino para que hoy disfrutes su vida plena en tu corazón.

En otro tiempo, vivíamos vacíos, tristes. Habíamos nacido sin la vida, muertos espiritualmente. Pero Dios nos amó de tal manera que envió a su hijo Jesucristo para darnos la vida eterna, por lo que el apóstol Juan dice: «El que tiene al Hijo, tiene la vida; el que no tiene al Hijo de Dios no tiene la vida» (1 Juan 5.12). La verdadera vida está en Jesús, y Él la dispensa a todo aquel que acude con fe para recibirlo.

Si vives en la carne, no conocerás la verdadera vida. Pero si buscas la comunión con Él y haces morir lo terrenal, el Espíritu te llevará a una vida de gozo y plenitud que jamás has experimentado.

Jesús no te quiere ver derrotado bajo la suela de esos gigantes que traen angustia a tu corazón. ¡Deja aflorar la vida!

Vive tu vida al estilo de Dios.

Sí, Padre, ¡dame tu vida abundante! Quiero vivir en la plenitud de tu gozo. En el nombre de Jesús, amén.

«Tiempo de aborrecer».   ECLESIASTÉS 3.8

TRANSITANDO POR LAS calles de la ciudad, he visto edificios vacíos y abandonados a medio terminar. Estas estructuras contrastan con los edificios vecinos y llaman la atención de todos. Algunas tienen carteles que informan que la empresa constructora quebró y no pudo continuar con la obra.

Es la misma situación que mencionó Jesús: «¿quién de vosotros, queriendo edificar una torre, no se sienta primero y calcula los gastos, a ver si tiene lo que necesita para acabarla? No sea que después que haya puesto el cimiento, y no pueda acabarla, todos los que lo vean comiencen a hacer burla de él» (Lucas 14.28-29).

Toma tu calculadora y analiza correctamente los costos que tendrás que pagar para seguir a Jesús. Muchos creyentes recibieron un evangelio de ofertas solamente y ahora no tienen compromiso; viven sin entrega. Pero Jesús, justo antes de la parábola de la torre, aclaró los costos: «Si alguno viene a mí, y no aborrece a su padre, y madre, y mujer, e hijos, y hermanos, y hermanas, y aun también su propia vida, no puede ser mi discípulo» (Lucas 14.26).

Tu amor por Jesús debe ser tan grande, tan exclusivo y comprometido que, comparados con tu entrega al Señor, los principales amores de tu vida deben parecer aborrecimientos. Cristo debe ocupar el primer lugar en tu vida. Entonces, si Jesús es tu primer amor, podrás amar a tu familia con un amor mucho más profundo y enriquecido. Pero Jesús debe estar primero, aun sobre tu propia vida.

Pon a Jesús en primer lugar. Es tiempo de aborrecer.

Señor Jesús, declaro que eres lo primero en mi vida.
Como Pablo, lo tengo todo por basura por amor a ti.
Te amo. En tu nombre, amén.

Un toque restaurador

«Oh Dios, restáuranos; haz resplandecer tu rostro, y seremos salvos».

SALMOS 80.3

UN QUERIDO PASTOR, amigo de muchos años, había asumido el pastorado de una iglesia con muchas ilusiones, pero muy pronto comenzó a tener dificultades. La opresión espiritual en la región parecía impedir todo proyecto de crecimiento. La sobrecarga de trabajo, la asfixiante situación económica y la enfermedad y pérdida de algunos seres queridos fueron quebrantando su corazón. Entonces, su esposa cayó en un terrible estado depresivo. Desanimado, pensó que su ministerio había terminado.

Este pastor, que había escuchado del gran mover de Dios que se desató en nuestro ministerio, viajó para participar de nuestra reunión. Apenas llegó y traspuso la puerta, comenzó a llorar y no pudo dejar de hacerlo durante toda la reunión. Cuando lo vi y lo reconocí, mandé llamarlo a la plataforma para orar por él. ¡Y la gloria de Dios descendió sobre su vida! Las cadenas que lo oprimían cayeron una a una, y el gozo del Señor inundó su ser. De regreso en su casa, apenas abrió la puerta, su esposa lo miró y le dijo: «¿Qué te sucedió? No eres el mismo». Estaba absolutamente transformado.

Al día siguiente, la presencia de Dios se manifestó en su reunión dominical. El Espíritu Santo sanó el corazón de su esposa; no podía parar de gozarse y regocijarse. ¡Era un milagro! La depresión estaba vencida. ¡Gloria a Dios! Un nuevo tiempo y ministerio comenzaba para ellos. ¡Dios sana los corazones quebrantados y los restaura!

Si tu vida está quebrada, si piensas que no hay esperanzas, ven a la presencia del Espíritu Santo. Deja que Él te toque y te transforme.

La restauración total también es para ti.

Señor, restáurame, haz resplandecer tu rostro y seré salvo.
En el nombre de Jesús, amén.

Agosto

Dios todo lo puede

«Entonces dijo David al filisteo: Tú vienes a mí con espada y lanza y jabalina; mas yo vengo a ti en el nombre de Jehová de los ejércitos, el Dios de los escuadrones de Israel, a quien tú has provocado».

1 SAMUEL 17.45

ERA SOLAMENTE UN joven pastor de ovejas, pero podía derrotar a los gigantes. Tenía una fe y un valor que no se halló en ningún soldado de los escuadrones de Israel.

Goliat representaba un imposible para todos los israelitas. Medía tres metros de altura. Su coraza pesaba 57 kilos, y la punta de hierro de su lanza pesaba siete kilos más. Durante 40 días retó a los israelitas: «[...] dadme un hombre que pelee conmigo» (1 Samuel 17.10).

Hoy nos enfrentamos a gigantes que representan al mismo diablo que vino a «hurtar y matar y destruir» (Juan 10.10). Viene a intimidarte, atemorizarte, a traer a tu mente pensamientos de derrota. Te señalará tus áreas débiles, tus limitaciones y te dirá: «Jamás lo lograrás. Tú no eres nada». El gigante viene a robarte la esperanza, a matar tu vida espiritual para que no sea abundante. Viene a llenarte de depresión y queja; a destruir tus planes y proyectos. ¡Pero Jesús destruyó a todos tus gigantes en la cruz del Calvario! Él aceptó el desafío y ganó la victoria para nosotros.

Sea cual fuere tu gigante, un desafío económico o un serio conflicto familiar, no permitas que te robe la alegría. No dejes que te arrastre al temor y al desánimo. Dile como David: «Tú vienes a mí con espada y lanza y jabalina; mas yo vengo a ti en el nombre de Jehová de los ejércitos».

¡Tu victoria ya está asegurada!

Señor, proclamo que todo gigante caerá derrotado.
En el nombre de Jesús, amén.

«Por tanto, no seáis insensatos, sino entendidos de cuál sea la voluntad del Señor».

EFESIOS 5.17

CUANDO DESPERTÓ TENÍA fuertes dolores de cabeza y nauseas. Como sabía medicarse sola, no fue a consulta médica. Su madre le había comentado acerca de un remedio que le dio excelentes resultados en un cuadro similar, y, sin perder tiempo, compró el producto en la farmacia. Esperaba recuperarse muy pronto, ¡pero el remedio fue peor que la enfermedad! No conocía las indicaciones contrarias del medicamento y se agravó. Finalmente, el médico acudió a su casa.

La automedicación es muy peligrosa. El remedio que resulta efectivo para otros no siempre es el adecuado para nosotros. Es mejor consultar al médico.

En la vida espiritual sucede lo mismo. Queremos usar la receta de otros para solucionar nuestros problemas, y muchas veces no es lo indicado. Aun lo que fue efectivo para nosotros en el pasado puede no serlo en la situación presente. ¿Qué debemos hacer? ¡Consultar al especialista! Dios quiere que seamos entendidos de cuál es su voluntad en cada momento.

Debemos ser sensibles a la voz de Dios, tener discernimiento de su voluntad. Dios te hablará de diferentes maneras: A través de las escrituras, de un hermano espiritual, de otras circunstancias de la vida o en tu comunión con el Espíritu Santo. ¡Pero sin duda te hablará si lo buscas! El Señor se agrada de aquellos que toman las decisiones en comunión con Él.

No te auto mediques. Acude al médico divino que tiene la respuesta apropiada para todos tus problemas. No te apoyes en tu propia prudencia.

¡Busca su voluntad en este día!

Amado Dios, enséñame tu perfecta voluntad. Líbrame de tomar decisiones que no sean las tuyas. En el nombre de Jesús, amén.

«Aconteció que yendo de camino, entró en una aldea; y una mujer llamada Marta le recibió en su casa. Esta tenía una hermana que se llamaba María, la cual, sentándose a los pies de Jesús, oía su palabra».

LUCAS 10.38,39

MARÍA, SENTADA A los pies de Jesús, escuchaba sus enseñanzas, mientras que Marta trabajaba arduamente en las tareas del hogar, por lo que Jesús le dijo: «sólo una cosa es necesaria; y María ha escogido la buena parte, la cual no le será quitada» (vv. 41,42).

¿Qué haces con tu tiempo libre? ¿Cambias a Jesús por las cosas del mundo? ¿O estás «tan ocupado» que no tienes tiempo para Él? ¿Por atender la obra de Dios has dejado de atender al Señor de la obra?

A veces, fallamos en «ocuparnos de Jesús». Le prestamos atención durante un culto, en un momento de oración o un determinado día de la semana, pero, luego, nos olvidamos de Él.

Nada se puede comparar a Jesús. Él es lo más hermoso, lo que sacia, lo que nutre, lo que fortalece el alma. Como María, debemos sentirnos atraídos a venir a sus pies, que nuestro mayor interés sea estar con Él.

Puede ser que, cuando decidas buscar a Dios, hayan muchas cosas que quieran distraerte, muchas personas que traten de impedirlo. Pero la mejor parte es postrarse a los pies de Jesucristo, ocuparse de Él, adorarlo, decir: «Señor, nací para conocer el poder de tu voluntad».

Padre, te pido perdón si, por volcarme a la mucha actividad o
equivocarme en las prioridades, he dejado de estar a los pies de Jesús.
Yo quiero ser un adorador, alguien que use su tiempo
libre para honrarte. Amén.

«Tiempo de romper».

ECLESIASTÉS 3.7

EN UNA PELÍCULA infantil, un personaje malvado llevaba a los niños a un lugar para que pudieran divertirse cometiendo toda clase de travesuras y así convertirlos en burros. Una de las opciones era una casa donde los invitaban a romper todo lo que estaba a su alcance, todo lo que normalmente no se debe romper.

Hoy, Dios te invita a «deshacer las obras del diablo» (1 Juan 3.8) con pasión e ira santa. Es tiempo de romper.

«¿No es más bien el ayuno que yo escogí, desatar las ligaduras de impiedad, soltar las cargas de opresión, y dejar ir libres a los quebrantados, y que rompáis todo yugo?» (Isaías 58.6). En la oración, Dios te ha dado autoridad para atar y desatar (Mateo 18.18). Tienes poder en el nombre de Jesús para atar la obra del diablo en tu familia, en tu ciudad. Puedes ordenar que caigan las tinieblas que ciegan a los incrédulos y que conozcan a Cristo. Pero luego debes actuar predicando el evangelio y haciendo el bien a los que sufren. La guerra espiritual no se limita al campo de la oración. La victoria se consuma cuando arrebatas las almas del infierno. Si solamente oramos y no predicamos el evangelio de salvación, las almas seguirán bajo el dominio de Satanás.

Es tiempo de dejar a un lado nuestra pasividad y romper las filas del enemigo con la luz del evangelio. Es tiempo de romper las murallas y los yugos que él ha levantado para ejercer dominio sobre personas, familias y naciones.

¡Es tiempo de romper!

Amado Dios, rompo toda cadena, todo yugo que esté atando a mi familia, a mi nación. Desato tu bendición sobre ellos.
En el nombre de Jesús, amén.

«Entonces María tomó una libra de perfume de nardo puro, de mucho precio, y ungió los pies de Jesús, y los enjugó con sus cabellos; y la casa se llenó del olor del perfume».

JUAN 12.3

JESÚS SE HALLABA en la casa de Lázaro poco tiempo después de resucitarlo. Se había preparado una cena en su honor. Marta, siempre activa, corría con todos los preparativos. Todos amaban a Jesús y le estaban inmensamente agradecidos por lo que había sucedido. Pero una sencilla mujer transformó el ambiente de aquella casa llenándola con el olor del perfume...

¿Qué significa adorar? No es acudir a Dios para pedirle, ni orar o cantar solamente. Judas estaba siempre con Jesús, pero ¿era un adorador? Marta servía la mesa, pero ¿sabía adorar? Adorar es rendirle nuestra vida en forma incondicional y completa a Dios, sin medir los costos. Es entregarle a Dios en el altar aquello que más amamos.

Podemos formar parte de una iglesia, estar involucrados en muchos proyectos nobles y aun así no adorarlo. Y solamente el que adora, el que quebranta su vida como María quebrantó la vasija, puede liberar el perfume de la presencia de Dios. Entonces, dondequiera que esté llevará esa fragancia de vida (2 Corintios 2.14-16).

Sin embargo, no todos apreciarán este olor. María misma de inmediato sufrió la crítica y el rechazo. Pero, así como Jesús defendió a María de sus críticos, así también Dios te defenderá a ti cuando encuentres deleite en su presencia y te acerques a Él para adorarlo. Le dirá a tus enemigos, a los que desean tu mal: «¡Déjenlo!» Y te tendrán que dejar.

Dios busca verdaderos adoradores. ¿Serás tú uno de ellos?

Señor, quiero ser un verdadero adorador. En el nombre de Jesús, amén.

> «[...] estando persuadido de esto, que el que comenzó en vosotros la buena obra, la perfeccionará hasta el día de Jesucristo».

FILIPENSES 1.6

UN HOMBRE DECIDE que el sábado va a arreglar la grabadora de sus hijos. Al llegar el día, descuartiza sobre la mesa la pobre grabadora. Al parecer, el desperfecto no es tan sencillo porque pasa el tiempo, y la solución no aparece, así que decide que mejor termina en otro momento. Acto seguido, guarda sus herramientas, pone la grabadora en una bolsa y la guarda en el desván. Allí se quedará la grabadora para siempre. Un trabajo más que se comenzó pero quedó sin terminar...

¡Cuántos jóvenes dejan sus estudios a mitad! ¡Cuántos cristianos se proponen leer la Biblia en un año y dejan de hacerlo a mitad de camino!

Los hombres dejamos las cosas sin terminar, pero Dios no. La obra preciosa que Dios comenzó en ti, la acabará por completo.

¡Cuánta seguridad nos da saber esto! Tenemos un Dios amoroso y paciente que, como divino alfarero, ha tomado nuestra vida en sus manos y no se detendrá hasta completar su imagen en nosotros. Él no se cansará de ti; perseverará porque te ama. Su Espíritu Santo seguirá tratando contigo hasta que seas lo que Dios se ha propuesto. ¡Qué maravilloso!

Si eres «barro blando», moldeable, sensible a su Palabra y dispuesto al arrepentimiento, Él te hará semejante a Cristo y te llevará a nuevos horizontes en tu ministerio. Dios hace todo lo que quiere. Nadie puede impedirlo. Él perfeccionará la obra que comenzó en ti, en tu familia, en tu ministerio.

¡Confía plenamente en sus manos!

Amado Dios, qué bueno es saber que harás una obra completa en mi vida. Pongo en ti mi esperanza. En el nombre de Jesús, amén.

Cuando «el arroyo se seca»

«Y los cuervos le traían pan y carne por la mañana, y pan y carne por la tarde; y bebía del arroyo. Pasados algunos días, se secó el arroyo, porque no había llovido sobre la tierra».

1 REYES 17.6-7

EL PROFETA ELÍAS tuvo una experiencia singular con Dios. En medio de una gran sequía, Dios lo sustentó milagrosamente junto a un arroyo. Disfrutaba de abundante agua fresca, y los cuervos le traían el alimento a la mañana y a la tarde. ¡Todo marchaba de manera excelente! Pero imprevistamente el arroyó se secó.

Dios tenía cosas mayores para Elías y necesitaba moverlo de aquel lugar. El profeta difícilmente hubiese abandonado un sitio tan confortable si Dios no hubiese intervenido. Al secarse el arroyo, él tuvo que buscar nuevos horizontes en el plan de Dios.

Quizás estás viviendo esta experiencia. Todo marchaba viento en popa, pero repentinamente «Dios te secó el arroyo». No comprendes el por qué de todos estos cambios imprevistos y no sabes cómo resolver tus problemas. ¡No te desanimes! Dios quiere enseñarte nuevos caminos.

Durante siete años mi congregación no superaba las siete personas. Nuestro arroyo estaba bien seco, y la tentación a deprimirme y dejarlo todo era muy fuerte. Sin embargo, en su bondad, Dios me guió a buscarlo, a depender solamente de Él, y nos movió a sitios que jamás habíamos imaginado.

Cuando se seca el arroyo es simplemente porque Él tiene algo mejor para tu vida. Ora, ayuna, busca su rostro y comprenderás aquello que hoy está velado. Conocerás que Dios tiene una solución para cada conflicto. Pero debes escuchar su voz guiándote.

No hay despropósitos en Dios.

Amado Señor, en medio de toda adversidad, ¡cumple tus propósitos en mi vida! Te lo pido en el nombre de Jesús, amén.

La importancia del perdón

«No juzguéis, para que no seáis juzgados. Porque con el juicio con que juzgáis, seréis juzgados, y con la medida con que medís, os será medido».

MATEO 7.1-2

EN UN DESCUIDO, un elefante le pisó una patita a la hormiga con la que conversaba amigablemente.

—¡Ay! —gritó la hormiga—. ¡Ten cuidado donde pisas!

—¡Oh! Lo siento. Perdóname —dijo el elefante.

—Con disculpas no se arreglan las cosas. Mira mi patita.

—Por favor, discúlpame. Fue sin querer —suplicó el elefante.

—¡No! —gritó la hormiga— Eres un grandote torpe y no mereces mi amistad.

El elefante, fastidiado de pedir disculpas, dijo: «Bien, aquí termina nuestra amistad». Aplastó a la hormiga y siguió solo su camino.

Moraleja: Cuando una persona condena a otra y se niega a perdonarla, termina aplastada por el peso de su propio resentimiento.

Jesús dijo: «Nada hay fuera del hombre que entre en él, que le pueda contaminar; pero lo que sale de él, eso es lo que contamina al hombre» (Marcos 7.15).

Es cierto que pueden lastimarte, ofenderte o defraudarte, pero, si de tu corazón brotan el rencor, los deseos de venganza, los juicios de condenación, estos contaminarán tu alma. Matarán tu vida espiritual robándote la paz, la alegría y la comunión con el Señor.

Si acudes a la presencia de Dios, Él sanará tu corazón quebrantado. Allí, tendrás que decidirte a perdonar y renunciar a todo juicio que levantaste. Ese perdón es el que te sana, te liberta y restaura la comunión gozosa con Dios.

No dejes que el resentimiento te aplaste. ¡Acude a los brazos de Cristo!

Amado Padre, te presento mi corazón. Perdóname si he guardado resentimiento o levanté juicio contra alguno. Guárdame en tu amor y tu perdón. En el nombre de Jesús, amén.

«Aconteció que al cumplirse el tiempo, después de haber concebido Ana, dio a luz un hijo, y le puso por nombre Samuel, diciendo: Por cuanto lo pedí a Jehová».

1 SAMUEL 1.20

HAY UNA ORACIÓN que brota del corazón como un gemir del Espíritu, un clamor de necesidad. Es la oración de Ana.

Ana oró a Dios desde lo profundo de su aflicción. Llevaba sobre su corazón la tristeza de no poder tener hijos. Aunque contaba con el amor incondicional de su marido Elcana, sufría diariamente las agresiones y humillaciones de parte de la otra esposa de él. Era tanto el dolor de Ana que solamente lloraba y no quería comer. Quizás te sientes como Ana. Te has desanimado porque consideras que no has alcanzado ciertos logros. Tal vez has sentido el rechazo de otros que no supieron valorarte o simplemente no te tuvieron en cuenta. Puedes incluso haber sufrido los ataques de alguna persona y hoy te desangras en el enojo, el llanto y la depresión.

Ana le expresó a Dios sin rodeos la amargura que había en su alma. Tú debes hacer lo mismo. Debes orar hasta que se vaya la aflicción y recibas la Palabra de Dios que restaura tu fe, tu gozo, tu esperanza. Después de orar y recibir una promesa de Dios, Ana comió y no estuvo más triste (1 Samuel 1.18).

Qué maravilloso es pensar que el gran profeta Samuel fue el resultado de la oración de una mujer fracasada, dolida, rechazada.

Tal vez tu aflicción, tus lágrimas, empañaron tu visión y no ves para ti un gran futuro. ¡Busca a Dios!

Él tiene un nuevo comienzo para ti.

Oh Dios, oye mi clamor, mi gemir. En tus manos está mi aflicción y mi dolor. Confío en tus promesas. Amén.

«Y aconteció que cuando sintieron alegría en su corazón, dijeron: Llamad a Sansón para que nos divierta. Y llamaron a Sansón de la cárcel, y sirvió de juguete delante de ellos; y lo pusieron entre las columnas».

JUECES 16.25

UN JUGUETE EN las manos del enemigo fue el triste final de Sansón. Aunque Dios le diera la oportunidad de cobrar venganza de los filisteos a costa de su propia vida.

Un cristiano se encuentra en serios problemas cuando no aprende de sus errores. Si luego de una caída no reflexionamos sobre lo sucedido, reconocemos las causas y tomamos decisiones para que no vuelva a suceder, no aprenderemos de nuestros errores.

Un cristiano en peligro también se comporta en forma egoísta. Sirve a Dios en la medida que le reditúa algún beneficio personal. Exalta el «yo», pero no piensa en el «nosotros». El apóstol Pablo lo expresó así: «Porque todos buscan lo suyo propio, no lo que es de Cristo Jesús» (Fil 2.21).

Un cristiano en problemas se siente inseguro, amenazado por los demás. Imagina que todos lo va a rechazar o despreciar. Sus heridas y complejos de inferioridad lo llevan a asumir una posición defensiva y fácilmente se da al resentimiento.

La ingenuidad es otra señal de un cristiano que camina por la cornisa. Es ingenuo al pensar que puede resolver sólo sus problemas y pecados. La Palabra por el contrario dice: «...¡ay del sólo! que cuando cayere, no habrá segundo que lo levante» (Ec 4.10).

El pecado siempre te llevará lejos del plan de Dios. Siempre te costará más caro de lo que estabas dispuesto a pagar. Consagra hoy a Dios tu vida, y considera estas señales para replantear tu camino.

Padre amado, guárdame santo para ti. En el nombre de Jesús, amén.

> «Mas el que fue sembrado en buena tierra, éste es el que oye y entiende la palabra, y da fruto; y produce a ciento, a sesenta, y a treinta por uno».

> MATEO 13.23

UNA MADRE COMENTA angustiada: «Todos los niños de su edad ya caminan, y él todavía no». Otro padre se angustia cuando en el colegio le informan que su hijo tiene problemas de aprendizaje. Estos problemas preocupan al padre que quiere ver crecer a su hijo sano y vigoroso.

Como pastor, muchas veces he sentido la misma preocupación por algunos hermanos en la fe. Los años pasan y continúan pidiendo oración por los mismos problemas, recayendo siempre en el mismo pozo. Uno quisiera verlos gozosos, llenos de la vida de Dios, pero viven una vida cristiana sin mucho fruto.

En la parábola del sembrador, Jesús habló de los diferentes corazones que existen frente a la Palabra de Dios. La Palabra es la misma para todos, pero no todos la recibimos con el mismo corazón. Y el problema no es la semilla, el problema está en la tierra.

Medita en tu actitud frente a la Palabra. Cuando lees la Biblia, cuando escuchas un sermón, cuando recibes un sabio consejo, ¿qué clase de tierra eres? ¿Escuchas la Palabra y piensas que le viene bien a otro? Así no habrá fruto. Tierra fértil es aquel corazón que tiembla frente a la Palabra, que se pregunta a sí mismo: «¿En qué debo cambiar?» Es alguien que oye la Palabra, entiende sus alcances y obra en obediencia cueste lo que cueste; ¡alguien que tiene a Cristo por Señor de su vida!

Sé tierra fértil para crecer en su Palabra y llevar buenos frutos.

Padre amado, dame un corazón dócil a tu Palabra.
En el nombre de Jesús, amén.

Tapa la boca a tus leones

«Entonces Daniel respondió al rey: Oh rey, vive para siempre. Mi Dios envió su ángel, el cual cerró la boca de los leones, para que no me hiciesen daño, porque ante él fui hallado inocente; y aun delante de ti, oh rey, yo no he hecho nada malo».

DANIEL 6.21-22

QUIZÁS, COMO EL profeta Daniel, te encuentras en el foso de los leones. El diablo, como león rugiente, está buscando dañar tu salud física, emocional o espiritual. ¡Hoy, por la fe, podemos taparle la boca! En tu lugar de aflicción, Dios intervendrá a tu favor y saldrás victorioso.

Ahora bien, para que Dios le tape la boca a tus leones tendrás que imitar la integridad de Daniel. Dice Daniel 6.4: «los gobernadores y sátrapas buscaban ocasión para acusar a Daniel [...]; mas no podían hallar ocasión alguna o falta, porque él era fiel, y ningún vicio ni falta fue hallado en él». ¡Qué gran testimonio! Sus adversarios no pudieron encontrarle ninguna falta. Era íntegro. El enemigo no debe encontrar en ti ninguna ocasión para dañarte. Una debilidad consentida, un pecado oculto son puertas abiertas para el obrar del diablo.

Todos pecamos, pero aquel que quiere agradar a Dios, cuando peca, se arrepiente y abandona el pecado. Cuida su relación con Dios porque le importa.

Además, Daniel tenía una vida de oración disciplinada. Tres veces al día se arrodillaba para orar (Daniel 6.10). En oración recibirás la fe y el aliento para taparle la boca a tus leones. Esos pensamientos de mentira, desánimo y temor dejarán de rugir cuando te encuentres con Dios sobre tus rodillas.

¡Tápale la boca a tus leones con integridad y oración!

Señor, me comprometo a vivir una vida de oración e integridad.
En tu nombre, tapo la boca de mis leones. Amén.

«¡Oh Jehová, Dios de los ejércitos, restáuranos! Haz resplandecer tu rostro, y seremos salvos».

SALMOS 80.19

CUANDO EL SEÑOR desató un fuerte mover de su Espíritu en nuestra iglesia, recibimos muchos testimonios de vidas restauradas por Dios. Este es uno de esos testimonios:

«Del diario del Superintendente de la Unión de las Asambleas de Dios en Argentina. Diciembre de 1992: En la Conferencia Nacional Ordinaria de la Unión de las Asambleas de Dios en la ciudad de Mar del Plata fueron tantos los testimonios de pastores ministrados por el Pastor Claudio Freidzon que no podría enumerarlos todos. [...] Pastores bajo una depresión aguda fueron totalmente libres. Otros, que estaban agotados, y a los que los médicos aconsejaban dejar el ministerio, fueron renovados por el Espíritu Santo y sintieron deseos de trabajar [...] Mi propio ministerio ha sido enriquecido por esta unción del Espíritu Santo [...] Mi iglesia, de 400 miembros, pasó a 850 en solamente seis meses. Mis hijos cambiaron tremendamente. Dos de mis hijas [...] fueron bautizadas en el Espíritu Santo y llamadas al ministerio. [...] Agradezco a Dios por este ministerio precioso que cambia vidas, ministros, iglesias, y me animo a decir que cambiará el país. Firmado: Pastor José Manuel Carlos, Superintendente de la Unión de las Asambleas de Dios».

Los grandes avivamientos que afectan a las naciones, que cambian las sociedades y convocan a las multitudes al arrepentimiento y la conversión comienzan primero en el corazón de los cristianos. Esa presencia poderosa del Espíritu Santo da sentido y propósito a nuestra vida y a nuestro ministerio.

¡Sé lleno del Espíritu Santo!

Bendito Dios, derrama tu Espíritu Santo en mi vida, lléname de ti.
Restaura todo mi ser y que se cumpla en mí tu Palabra.
En el nombre de Jesús, amén.

Cuando el fracaso llama a la puerta

«Y vio dos barcas que estaban cerca de la orilla del lago; y los pescadores, habiendo descendido de ellas, lavaban sus redes».

LUCAS 5.2

EN OCASIONES, EL fracaso golpea a nuestra puerta. Todos nuestros esfuerzos resultan en vano, y nos sentimos como Pedro, luego de una agotadora e infructuosa jornada, lavando las redes de nuestra propia vida.

Cuando una persona se siente fracasada tiende a aislarse. Piensa que no tiene nada para dar. No se siente feliz con su vida y se desanima. Entonces, el diablo, que es muy afecto a poner el rótulo de fracasado, trata de convencerla para que asuma ese papel.

Hubo un tiempo en mi ministerio en el que me sentía fracasado. Me escapaba de las reuniones de pastores porque temía que me preguntaran cómo iban mis cosas o cuánto había crecido mi iglesia. Me sentía inseguro. Pero un día, en medio de mi angustioso desierto, Dios me habló. Me dijo: «Prepárate porque viene un nuevo tiempo, y voy a llenar tus redes». Mi actitud cambió. ¡Sabía que con Dios iba a lograrlo! Y al tiempo comenzó a llegar la respuesta.

Una experiencia de frustración puede impedirte avanzar si no la capitalizas correctamente. No tropieces hoy con la misma piedra de ayer. Debes aprender del fracaso y seguir adelante.

Quizás te sientes fracasado en tu rol de padre, o frustrado en tu matrimonio o noviazgo. Incluso puedes conocer el fracaso en tu vida laboral o ministerial, pero no es el fin. Dios puede transformar tu situación de fracaso en una experiencia de plenitud y victoria. El Señor quiere guiarte, como a Pedro y los demás discípulos, al lugar exacto de la bendición.

Amado Dios, te entrego todo sentimiento de frustración y proclamo que en tu nombre veré la victoria. Amén.

> «Por tanto, es necesario que con más diligencia atendamos a las cosas
> que hemos oído, no sea que nos deslicemos».
>
> HEBREOS 2.1

AL BARCO SE le han soltado las amarras, pero nadie se ha dado cuenta.
Calladamente, arrullado suavemente por el mar, comienza a alejarse
del puerto, adentrándose cada vez más en la inmensidad del mar. Está
a punto de naufragar, y los inmensos islotes rocosos lo esperan con
sus afiladas puntas.

Es tan silencioso el deslizarse que muchos no lo perciben hasta
que resulta demasiado tarde. El descuido negligente de la Palabra de
Dios nos aleja del puerto seguro de la comunión con Dios poniendo
en peligro nuestra fe. El apóstol Pablo tenía esto en mente cuando le
dijo a Timoteo: «manteniendo la fe y buena conciencia, desechando
la cual naufragaron en cuanto a la fe algunos» (1Timoteo 1.19). Silenciar la voz de nuestra conciencia permitiendo «pequeños deslices»
nos aleja peligrosamente de Dios.

Los hebreos tenían sus conciencias sucias y, por la falta de fe en la
obra de Cristo, no lograban limpiarlas. Muchos trataban de hacerlo
con sacrificios rituales. Otros, ante la imposibilidad de vencer al pecado, habían levantado las manos en señal de rendición entregándose a
él. Por eso, el autor los exhorta duramente: «Porque si pecáremos voluntariamente después de haber recibido el conocimiento de la verdad, ya no queda más sacrificios por los pecados» (Hebreos 10.26). Y:
«Mirad que no desechéis al que habla» (Hebreos 12.25).

El Señor te llama a poner cuidado y atención a su Palabra. No traiciones la voz de tu conciencia para quebrar los mandamientos de
Dios. El descuido de la Palabra de Dios acarrea graves consecuencias.

Manténte firme en el puerto seguro.

Amado Dios, guárdame firmemente en tu Palabra.
Te lo pido en el nombre de Jesús, amén.

Desde el fondo del pozo

«Pacientemente esperé a Jehová, y se inclinó a mí, y oyó mi clamor. Y me hizo sacar del pozo de la desesperación, del lodo cenagoso; puso mis pies sobre peña, y enderezó mis pasos».

SALMOS 40.1-2

¿HAS ESTADO ALGUNA vez en el pozo de la desesperación? Todos tus esfuerzos humanos resultan inútiles. Cuanto más intentas salir, más te hundes en el lodo. Es allí cuando experimentas el verdadero clamor. Ese que gime sabiendo que sólo Dios puede librarte.

Un querido misionero, siendo apenas un jovencito, conoció de cerca el peligro de la muerte. Junto a un amiguito se encontraba en una playa de acantilados y no tuvieron mejor idea que trepar por uno desde la orilla del mar. Eran muy altos y empinados. Más de lo que suponían y lo que parecía un juego se fue transformando en una pesadilla. Con lágrimas, este jovencito, le dijo al Señor a viva voz: «¡Jesús, si tú me salvas, te serviré toda mi vida!» Con esfuerzo logró poner su rodilla sobre la cima y luego todo su cuerpo. No menos sencillo resultó el rescate de su amigo. Ambos se abrazaron y supieron que habían vuelto a nacer.

El pozo de la desesperación es el lugar donde tomas conciencia de que tú sólo no puedes salir. Te mueves y te hundes, intentas salir, pero resulta peor. «Pacientemente esperé a Jehová, y se inclinó a mí, y oyó mi clamor», dijo David. Allí está la clave para tu victoria. Clamar a Dios con todas tus fuerzas ¡porque Él te oirá!, y esperar pacientemente su respuesta. Porque Él no te va a fallar.

No te desesperes, solamente clama a Él.

Padre mío, clamo a ti en mi imposible. ¡Tú no me vas a fallar!
En el nombre de Jesús, amén.

«Entonces los escribas y los fariseos le trajeron una mujer sorprendida en adulterio; y poniéndola en medio, le dijeron: Maestro, esta mujer ha sido sorprendida en el acto mismo de adulterio. Y en la ley nos mandó Moisés apedrear a tales mujeres. Tú, pues, ¿qué dices?»

JUAN 8.3-5

NINGUNO DE AQUELLOS religiosos tenía celo por la ley o la santidad. Aquella mujer era apenas una excusa para acusar a Jesús ante las autoridades romanas y el pueblo.

Si decía que no fuera apedreada, lo acusarían de quebrantar la ley de Moisés. Si ordenaba hacerlo, lo acusarían a los romanos por quebrantar su autoridad. Entonces sencillamente dice: «El que de vosotros esté sin pecado sea el primero en arrojar la piedra contra ella» (Juan 8.7). Y acusados por sus conciencias todos se retiraron.

Pocos días después, Jesús pagó en la cruz por el pecado de esa mujer, el tuyo y el mío.

Tus pecados ya fueron arrojados a lo profundo de la mar y allí deben quedarse. Deja de culparte y de pensar que seguirás repitiendo los mismos errores. Dios no quiere que te detengas en tu pasado.

No sigas recordando las voces acusadoras que te criticaron y reprocharon. Tú no eres lo que ellos han dicho.

Tampoco dejes que la voz del maligno hable a tu conciencia. No te dejes turbar con sus mentiras.

Jesús te hizo libre de tus pecados, de tus errores del ayer; que nadie turbe tu alma.

Señor Jesús, gracias porque todos mis pecados fueron
perdonados en tu nombre. He sido libre de mi pasado,
de los fracasos del ayer, para vivir una nueva vida en victoria.
Te alabo por tu gran amor y misericordia. Amén.

«Estad siempre gozosos».   1 TESALONICENSES 5.16

CUANDO COMPRAMOS LA casa para empezar nuestra labor pastoral en el barrio Parque Chás, el estado general de la casa era deplorable. No tenía agua caliente, ni las comodidades más elementales.

Hicimos algunos arreglos básicos y reunimos un dinero para colocar las cañerías del agua caliente. Cuando el plomero comenzó a trabajar, comenzaron a caer pedazos de pared que retumbaban con cada golpe del martillo. Parecía una imagen de la posguerra.

Sin embargo, Betty, radiante, cantaba alabanzas mientras barría los pisos y ordenaba todo lo que podía. Al terminar una de las jornadas de trabajo, el plomero, extrañado, me preguntó: «¿Qué tiene su esposa? Es la primera vez que veo una mujer cantando mientras le rompen las paredes de la casa». Le sonreí y aproveché la oportunidad para predicarle el evangelio y decirle cómo Dios pone su gozo en nuestro corazón.

Estar siempre gozosos es una orden de Dios que podrás cumplir si estás en comunión con el Espíritu Santo. El gozo es un fruto del Espíritu. No depende de lo que sucede a tu alrededor; tiene que ver con lo que ocurre en tu corazón.

Muchos han llamado «la epístola del gozo» a la carta del apóstol Pablo a los filipenses por lo mucho que menciona la palabra «gozo». Sin embargo, ¡Pablo estaba preso en una cárcel romana cuando la escribió! Pero su espíritu no estaba preso.

El gozo del Señor es tu fuerza. Busca su rostro. Si Él es tu contentamiento, verás la victoria en tu vida.

Padre santo, en medio de todas mis dificultades, te alabo y te bendigo.
Eres mi gozo y mi contentamiento. Sé que me darás la victoria.
En el nombre de Jesús, amén.

La bondad de Jehová

> «Hubiera yo desmayado, si no creyese que veré la bondad de Jehová
> en la tierra de los vivientes».

SALMOS 27.13

EL REY DAVID estaba atravesando diversas pruebas. Lo rodeaban ejércitos enemigos, testigos falsos y personas crueles que deseaban su mal. Sin embargo, él nos dejó un ejemplo de fe, una enseñanza para vencer el desánimo: Debemos creer en nuestro corazón que, a pesar de todo, veremos la bondad de Jehová.

Proclámalo: «En mi ministerio veré la bondad de Jehová. En mis necesidades económicas veré la bondad de Jehová. En toda mi vida veré la bondad de Jehová». ¡Cree esta afirmación de fe en tu corazón!

Algunos cristianos caminan como si alguien les repitiera al oído toda clase de mentiras y palabras de desaliento. Por el contrario, Dios siempre te hablará palabras de paz y esperanza para que no desmayes.

Muchos trataron de impedir que el ciego Bartimeo obtuviera su milagro, pero él no desistió en su clamor. Por su fe y persistencia, logró detener a Jesús y recibió del Maestro el milagro. Siempre habrá obstáculos, pero no podemos abandonar nuestra confianza.

Al comienzo de la conquista, el pueblo de Israel envió dos espías a reconocer la ciudad de Jericó. Estos espías se ocultaron en la casa de Rahab, la ramera. Ellos, preocupados por sus enemigos, recibieron de esta mujer pagana palabras de esperanza (Josué 2.9). En ocasiones, nuestros temores y prejuicios nos inquietan, pero Dios nos anticipa la victoria usando a quien menos lo esperamos.

¡No te desanimes! Dios te confirmará en estos días que Él está contigo para ayudarte.

Sea cual fuere tu prueba, di con fe: «Veré la bondad de Jehová».

Sí, Señor, proclamo en tu presencia que veré tu bondad en
todas mis necesidades. En el nombre de Jesús, amén.

«Tiempo de juntar piedras». ECLESIASTÉS 3.5

ES TIEMPO DE juntar piedras para levantar altares que testifiquen de la paz y la unidad con Dios y con tus semejantes.

En primer lugar, debemos juntar piedras y restaurar el altar de Dios tal como lo hizo Elías: «Y tomando Elías doce piedras, [...] edificó con las piedras un altar en el nombre de Jehová» (1 Reyes 18.31-32).

¿Por qué se había arruinado el altar de Jehová? Porque el pueblo de Dios estaba tan disperso como las mismas piedras del altar. No estaban de acuerdo para adorar al único y verdadero Dios.

Hoy día, ¿no está llamando Dios más que nunca a la iglesia a ponerse de acuerdo para adorar al único y verdadero Dios? Para que el evangelio impacte una nación, todo el pueblo de Dios necesita unirse en la oración y la alabanza. Cuando la iglesia se une, se consagra y adora al Señor, ¡cae el fuego del avivamiento! Como piedras vivas, debemos levantar un altar que testifique de nuestra unidad y consagración y evidencie nuestro primer ministerio: adorar al Señor, amarlo, conocerlo. Solamente así caerá el fuego del avivamiento.

En segundo lugar, es tiempo de juntar piedras para levantar un testimonio de paz con nuestro prójimo. Jacob y su suegro Labán se enfrentaron, pero Dios intervino, y cuando Jacob huía de Labán, se encontraron, juntaron piedras y levantaron un majano como testimonio de que nunca más estarían enfrentados (Génesis 31.46-55).

Quizás te sientes herido con alguna persona que te ofendió. Dios te invita a juntar piedras y ponerle fin al pleito haciendo un pacto de paz.

Es tiempo de juntar piedras.

Padre celestial, levanto un altar de adoración, consagración y paz en mi corazón. En el nombre de Jesús, amén.

Comunión gloriosa

«Mi alma tiene sed de Dios, del Dios vivo».   SALMOS 42.2

EN 1991, PASTOREABA una iglesia en la ciudad de Buenos Aires de alrededor de dos mil personas, y mi actividad ministerial era muy intensa. Sin embargo, tenía hambre «de algo más» y aún no sabía cómo saciarla.

Un querido amigo me dio la respuesta al preguntarme: «¿Cuánto tiempo dedicas para oír al Espíritu Santo? Él quiere hablarte, pero estás muy ocupado para escucharlo». Este llamado a la reflexión me quitó el sueño. ¡Necesitaba esa comunión gloriosa! Esa búsqueda personal derivó en un mover poderoso del Espíritu Santo que involucró naciones enteras.

Por eso, siempre que alguien me pregunta cómo puede comenzar un avivamiento y alcanzar su nación para Cristo, digo: «El avivamiento debe comenzar en tu corazón».

La primera fase de todo avivamiento tiene que ver con un despertar de la iglesia a la realidad del Espíritu Santo. Antes de la gran cosecha, debemos recibir la vida abundante de Dios, el poder que viene de lo alto. Esta primera fase nos lleva directamente a buscar el rostro de Dios, a adorarlo y hacerle fiesta. Nos habla de corazones que, hartos de la religiosidad y la mediocridad, despiertan a la realidad de Dios y entablan una comunión consciente y gozosa con el Espíritu Santo las veinticuatro horas del día. Son corazones que tienen hambre y sed del Dios vivo.

¿Tienes hambre de Dios? ¿Quieres conocer al Espíritu Santo? Debes saber que el avivamiento nace en tu corazón.

Señor, ¡comienza tu avivamiento en mí! Enciéndeme con el fuego de una nueva pasión por ti y por las almas perdidas.
En el nombre de Jesús, amén.

¿Fuerza o sabiduría?

«Si se embotare el hierro, y su filo no fuere amolado, hay que añadir entonces más fuerza; pero la sabiduría es provechosa para dirigir».

ECLESIASTÉS 10.10

¿CUÁNTAS VECES HEMOS intentado cortar un trozo de carne con un cuchillo desafilado? ¿O cortar leña con un hacha sin filo? Debemos hacer mucha fuerza y tal vez nos lastimaríamos las manos.

A veces nos toca enfrentar circunstancias difíciles que, humanamente, no podemos superar: un hijo rebelde con el Señor, un familiar que no comprende nuestro llamado, una persona que no cambia una actitud negativa hacia nosotros, un familiar enfermo o una deuda que no sabemos cómo afrontar. ¿Qué haremos? ¿Usaremos la fuerza o la sabiduría?

Déjame compartirte dos actitudes sabias para alcanzar la victoria. La primera, entrégale a Dios tu carga. Reconoce que solamente Él puede revertir tu situación. Renueva tu fe en oración. Tu momento de crisis es una excelente oportunidad para ver el milagro de Dios. Proclama como en Zacarías 4.6: «No con ejército, ni con fuerza, sino con mi Espíritu, ha dicho Jehová de los ejércitos». Si le das el lugar, el Señor se glorificará en tu problema.

La segunda actitud sabia es que aceptes el trato de Dios con tu vida. Estamos en su escuela aprendiendo a amar y perdonar; aprendiendo a crecer en la fe. Hagamos morir nuestro viejo hombre y que surja el hombre de Dios humilde, que se deja guiar, que, como Jacob, ya no batalla con sus fuerzas carnales, sino que ha aprendido a depender de la bendición de Dios.

¿La fuerza o la sabiduría? ¿Qué harás? Tú tienes la palabra.

Señor, dame tu sabiduría. Confío plenamente en ti. Amén.

«No debiste tú haber estado mirando en el día de tu hermano, en el día de su infortunio; no debiste haberte alegrado de los hijos de Judá en el día en que se perdieron, ni debiste haberte jactado en el día de la angustia. No debiste [...] haber echado mano a sus bienes en el día de su calamidad. Tampoco debiste haberte parado en las encrucijadas para matar a los que de ellos escapasen».

ABDÍAS 12-14

¡CUÁNTO ODIO HAY en el mundo! ¡Qué propenso está el hombre a llegar a situaciones impensadas solamente por no conocer el amor de Dios!

«No debiste» es el reproche de Dios para los edomitas. Y esta profecía nos sirve para comprender qué clase de relación debemos tener con nuestros hermanos.

El primer «no debiste» tiene que ver con mirar insensiblemente a tu prójimo en el día de su infortunio. Eres un simple espectador del mal ajeno, pero no te mueve la compasión.

El segundo se refiere a alegrarse del mal ajeno. No olvides que aún batallas con pecados tales como la envidia o la competencia que pueden producir sentimientos como este.

Los próximos «no debiste» son progresivamente peores. Nos hablan de sacar ventajas personales de la persona caída; y, por último, del homicidio.

Jesús dijo: «Oísteis que fue dicho a los antiguos: No matarás; y cualquiera que matare será culpable de juicio. Pero yo os digo que cualquiera que se enoje contra su hermano, será culpable de juicio» (Mateo 5.21-22).

Guarda tu corazón puro en el amor de Cristo.

Bendito Dios, quiero amar con el amor de Cristo. Renuncio a los celos,
la indiferencia y el rencor. Solamente quiero tu amor para dar.
En el nombre de Jesús, amén.

Cumple el llamado

«Jehová es mi pastor, nada me faltará».   SALMOS 23.1

DAVID CONOCÍA EL oficio de pastor. Sabía de las necesidades de sus ovejas. Y David en este salmo se identifica con ellas mirando al Pastor de los pastores: «Jehová es mi pastor, nada me faltará». ¡Cuánta seguridad hay en estas palabras!

¿Qué opinan aquellos que están bajo tu tutela·espiritual acerca de ti? ¿Pueden poner tu nombre en este salmo y decir: «Fulano es mi pastor, mi líder de célula, mi autoridad en el ministerio; entonces nada me faltará? ¿Tus ovejas se sienten satisfechas contigo?

¿Qué esperan las personas de un líder? Para comenzar, digamos que esperan a alguien que los escuche y que esté dispuesto a darles tiempo. Buscan un líder que ore con ellos por sus necesidades. Que sea un intercesor.

La gente espera que su líder sea alguien que infunda ánimo. Que sepa tener en su boca una palabra que los mueva a la esperanza cuando sus fuerzas decaen.

Un líder debe tener la capacidad de dar. Cuando enseñamos, compartimos tiempo, oramos con otra persona, no podemos estar con las manos vacías.

La gente espera encontrar en ti alguien que tenga sabiduría de Dios para guiarlos. Que se interese por ellos y los defienda. Que muestre en su vida práctica lo que enseña.

Si aún no te desempeñas en el liderazgo de tu iglesia, no te desentiendas. Es un llamado de Dios para ti. Puedes darles a otros todo esto y mucho más, porque Jesús el buen pastor, vive en tu corazón. Si ya estás en el liderazgo, recuerda: «el buen pastor su vida da por las ovejas» (Jn 10.11).

Padre amado, dame un corazón pastoral. El corazón del buen pastor.
En el nombre de Jesús, amén.

Poder de liberación

> «Volvieron los setenta con gozo, diciendo: Señor, aun los demonios se nos sujetan en tu nombre. Y les dijo: Yo veía a Satanás caer del cielo como un rayo».
>
> LUCAS 10.17-18

CUANDO ERA PROFESOR de teología, una mañana noté que la mayoría de mis alumnos se dormían en el aula. Me explicaron que se habían trasnochado porque estaban colaborando en una campaña evangelística de Carlos Annacondia. Me informaron, además, que miles de personas aceptaban a Jesucristo cada noche, y el poder de liberación era tan fuerte que ellos debían quedarse hasta altas horas de la noche para orar por los endemoniados. Decidí asistir para ver lo que estaba sucediendo.

La campaña se hacía en un descampado al aire libre. Apenas subió el evangelista a la plataforma y tomó el micrófono, sentí la unción del Espíritu Santo llenar ese lugar. Predicó el evangelio e hizo el llamado. ¡Miles de personas corrieron al altar a recibir a Jesucristo! Luego comenzó a orar por las personas con gran autoridad. Muchos caían al suelo dando gritos y debían ser retirados aparte para orar por ellos. El poder de liberación del que hablan los evangelios estaba delante de mis ojos.

Dios nos ha dado autoridad sobre toda fuerza del enemigo. ¡Mayor es el que está en nosotros que el que está en el mundo! Si eres de Cristo y caminas en su Palabra, no tienes nada que temer. Satanás es un enemigo vencido. Él no tiene lugar en tu vida, ni en tu familia, ni en tu ministerio. Discierne sus maquinaciones, repréndelo en el nombre de Jesús, y caerá a tierra como un rayo.

Jesucristo ya te dio la victoria.

Padre, tomo la autoridad que tengo en el nombre de Jesús y proclamo tu triunfo sobre toda fuerza del enemigo. Amén.

«Porque él me esconderá en su tabernáculo en el día del mal; me ocultará en lo reservado de su morada; sobre una roca me pondrá en alto».

SALMOS 27.5

EN UNA OPORTUNIDAD se realizó un concurso de pintura con el tema «La paz». Muchos pintores expresaron el tema mediante hermosos paisajes. Uno pintó un bello amanecer sobre el mar; otro, un suave paisaje campestre. Pero la pintura que ganó el concurso y cautivó al jurado, salió de lo corriente. Se veía una pequeña ave escondida en una peña detrás de una estruendosa caída de agua. Más allá de las turbulencias, esta pequeña ave había encontrado un lugar seguro donde esconderse y descansar.

Así es la paz que Dios nos proporciona. Es una paz sobrenatural que va más allá de las circunstancias.

Jesús vivió una vida muy agitada y peligrosa. En sus tres años de ministerio público se vio sometido a presiones por parte de las multitudes que lo seguían, sus enemigos que buscaban matarlo, su arduo trabajo y la conciencia de que iba a morir en la cruz. Sin embargo, en la víspera de su arresto, les dijo a sus discípulos: «La paz os dejo, mi paz os doy; yo no os la doy como el mundo la da. No se turbe vuestro corazón, ni tenga miedo» (Juan 14.27).

La paz que el mundo ofrece es efímera. Por el contrario, la paz que Dios da no depende de las circunstancias, depende de que acudas al lugar seguro donde puedes refugiarte y encontrarte a solas con Dios. ¡Acude hoy mismo a este lugar!

Si los problemas te oprimen como una ensordecedora catarata, acude a tu refugio. Hay paz de Dios para ti.

Padre, tú eres mi paz. Refúgiame en tu presencia.
Lo pido en el nombre de Jesús, amén.

«En toda labor hay fruto; mas las vanas palabras de los labios empobrecen».

PROVERBIOS 14.23

LLEGÓ EL TIEMPO de la cosecha, de trabajar. Haz lo que Dios te mandó hacer sin demoras.

Algunos viven amarrados a una actitud de postergación. ¿Por qué nos distraemos de nuestro llamado? Una de las principales causas es la comodidad. Sabemos que Dios quiere llevarnos a un nuevo «domicilio espiritual», pero no queremos afrontar los costos de la mudanza. Queremos avivamiento, pero no estamos dispuestos a modificar nuestra rutina de oración o a emprender un proyecto que Dios nos ha señalado.

Cuando en 1985 Dios me llamó a fundar la iglesia en el Barrio de Belgrano, oré pidiéndole de inmediato un evangelista que realizase una campaña, pero sorpresivamente Dios me respondió: «Tú lo harás».

Y así fue. Antes de pararme frente a esa multitud estaba aterrado, pero luego, supe que no era el mismo hombre. Dios me había mudado a un nuevo ministerio, a un nuevo domicilio espiritual. Sentí la unción de Dios sobre mi vida. Un nuevo tiempo comenzaba para mí.

Dios quiere llevarte a vivir nuevas etapas, a escalar nuevos montes. Quiere ungirte y mudarte desde adentro hacia fuera. Pero debes ser fiel a su llamado, salir en fe hacia nuevas tierras, dejar la comodidad, lo conocido y abrirte a las nuevas posibilidades que Dios te presenta.

Hay mayor fruto para cosechar en tu comunión con Dios y en todo tu ministerio.

No demores. Haz lo que Dios te está pidiendo.

Señor, afirma mis manos para trabajar en tu voluntad. Declaro que
habrá mucho fruto de mi labor. Lo veré con mis ojos.
En el nombre de Jesús, amén.

«Muchos me dirán en aquel día: Señor, Señor, ¿no profetizamos en tu nombre, y en tu nombre echamos fuera demonios, y en tu nombre hicimos muchos milagros? Y entonces les declararé: Nunca os conocí; apartaos de mí, hacedores de maldad».

MATEO 7.22-23

UNA SEÑAL DE un cristiano en peligro es que confía en sus dones, pero no considera el fruto del Espíritu Santo. Sansón es un clásico ejemplo de este peligro. La unción de Dios que estaba sobre él lo capacitaba para hacer proezas. Tenía un claro llamado al ministerio sobre su vida. Pero el descuido constante de su santidad lo llevó a un rotundo fracaso.

El señor respalda su Palabra y actúa a favor de los necesitados. Sólo esto explica que ocasionalmente pueda usar a un hombre poco consagrado.

Imagina una persona a bordo del Titanic en la noche fatal. Viaja en primera. Come los más ricos manjares. La orquesta toca su música favorita. «¡Qué más puedo pedir a la vida!», se dice. «Todo marcha a las mil maravillas». Pero repentinamente se escucha un gran estruendo y todos caen al suelo. Nunca imaginó que sería su último viaje.

Así es la vida de un cristiano que sirve a Dios sin tener el fruto del Espíritu Santo. Puede recibir aprobaciones y halagos de los demás. Puede deleitarse escuchando testimonios de su ministerio. Puede creer que todo marcha excelente, que Dios está con Él. Pero vive engañado. Hay una dura realidad que lo espera más adelante. Dios no puede ser burlado y las cosas de Dios son santas. No se juega con ellas.

Revisa tu corazón delante de Dios. La santidad será siempre lo más importante.

Señor, no permitas que caiga en el engaño de servirte sin estar en santidad. En el nombre de Jesús, amén.

«Porque para mí el vivir es Cristo, y el morir es ganancia. Mas si el vivir en la carne resulta para mí en beneficio de la obra, no sé entonces qué escoger».

FILIPENSES 1.21-22

SOLAMENTE AQUEL CUYO vivir es Cristo puede afirmar, como el apóstol Pablo, que la muerte es ganancia. ¡Ya tiene el cielo en su corazón! Ya respira la atmósfera celestial en esa comunión diaria y gozosa con el Espíritu Santo. Sabe lo que vendrá porque tiene las arras del Espíritu, un adelanto divino de aquello que un día poseerá. Tiene la esperanza de la vida eterna.

Además, Pablo había tenido una experiencia única que también le ayudaba a sostener su esperanza: ¡Él estuvo en el cielo! (2 Corintios 12.2). Allí, en la misma gloria de Dios, escuchó palabras inefables que no le fue dado expresar.

Sin embargo, el apóstol Pablo, a pesar que sabía lo maravilloso que es el cielo, tenía tanta carga por la obra de Dios que no sabía qué escoger, si partir o quedarse. Se sentía tironeado en su alma por sus dos pasiones: Estar con Cristo cara a cara o quedarse para servirle en la tierra y cumplir así su ministerio. ¡Qué corazón más noble de imitar!

Si el apóstol Pablo estaba dispuesto a postergar la gloria del cielo por amor a las almas, ¡cómo podríamos nosotros menospreciar nuestro ministerio! ¡Cómo podríamos dejar de servir a nuestro prójimo, predicar el evangelio y pastorear las almas!

Tienes en tu corazón una esperanza gloriosa de vida eterna, pero Dios querrá darte una larga vida para que le sirvas provechosamente en este mundo.

¡Adelante!

Señor, gracias por la esperanza de la vida eterna, pero gracias también por el privilegio que tengo de servirte. En el nombre de Jesús, amén.

Tenerlo a Él es tenerlo todo

«¿A quién tengo yo en los cielos sino a ti? Y fuera de ti nada deseo en la tierra».

SALMOS 73.25

MUCHOS CRISTIANOS ATRAVIESAN tiempos de prueba y en su angustia se preguntan: «¿Vale la pena seguir al Señor y servirle?» Quizás tú mismo alguna vez te has preguntado: «¿Cómo es posible? A fulano, que nada quiere saber de Dios, todo le va bien, tiene salud y se da todos los gustos; y a mí, que oro, me congrego, doy mi diezmo, ¡todo me va mal!»

Asaf el salmista cayó en esa trampa. Comparó su realidad con la de otros y pensó que tal vez no valía la pena seguir al Señor: «Verdaderamente en vano he limpiado mi corazón, y lavado mis manos en inocencia; pues he sido azotado todo el día, y castigado todas las mañanas» (Salmos 73.13-14). Y comenzó a pensar en la posibilidad de abandonar la santidad y la fe.

En su crisis, se llenó de amargura, sentía punzadas en su corazón (v. 21-22). ¡Pero finalmente la luz llegó a su vida! «Hasta que entrando en el santuario de Dios, comprendí el fin de ellos» (v. 17).

¿Qué entendió Asaf en el santuario? En primer lugar, la realidad del juicio para los impíos. Y luego, que el verdadero tesoro en la tierra es conocer al Señor: «¿A quién tengo yo en los cielos sino a ti? Y fuera de ti nada deseo en la tierra» (v. 25).

Si estás afligido o confundido, entra al santuario de Dios en oración, y Él te hará entender.

¡Valora tu salvación! ¡Considera lo hermoso que es conocer a Cristo! Si lo tienes a Él, lo tienes todo.

Señor, ¡tú eres bueno con los que te aman!
Jamás me soltaré de tu mano. En el nombre de Jesús, amén.

«Clama a mí, y yo te responderé, y te enseñaré cosas grandes y ocultas que tú no conoces».

JEREMÍAS 33.3

«SEÑOR, UN PROVEEDOR llama por una cobranza. Quiere hablar con usted», le anuncia la secretaria al jefe. El jefe le contesta: «Dile que no estoy, que ya me retiré».

En el mundo, estas situaciones suceden, pero alégrate: ¡nunca te pasará en el reino de Dios! El Señor dice: «Clama a mí, y yo te responderé». La línea directa con el cielo está abierta para ti las 24 horas del día.

¿Quieres oír la voz de Dios respondiéndote, que te enseñe las «cosas grandes y ocultas que tú no conoces»? ¡Clama a Él! Búscalo en oración sin importar lo difícil de tu situación.

Cuando Jeremías recibió esta Palabra no estaba orando en el templo. Estaba preso (33.1), padeciendo por ser fiel a Dios frente a un pueblo que no quería oír la verdad. Sin embargo, aunque su cuerpo estaba preso y las circunstancias eran adversas, su espíritu estaba libre para buscar a Dios y obtener la respuesta.

Tal vez te sientes preso de una angustia, en una situación que no puedes resolver. Estás atado a tu conflicto. El Señor te dice: «Si me buscas, si clamas con todo tu corazón, yo prometo responderte. Tengo la respuesta. Y tengo para enseñarte cosas que no conoces, ¡que te sorprenderán!» Dios quiere sacarte de tu conflicto y compartir sus secretos contigo.

¡Comunícate con Dios! No temas, la línea no está ocupada para ti. Él está esperando tu clamor, la oración que mueve su mano para obrar prodigios.

Es una promesa que no falla: Si clamas, Dios te responderá.

Señor, clamo a ti en mi necesidad. Te presento todos mis conflictos.
¡Revélate a mi vida! En el nombre de Jesús, amén.

Septiembre

«Aconteció después de la muerte de Moisés siervo de Jehová, que Jehová habló a Josué hijo de Nun, servidor de Moisés, diciendo: Mi siervo Moisés ha muerto; ahora, pues, levántate y pasa este Jordán, tú y todo este pueblo, a la tierra que yo les doy a los hijos de Israel».

JOSUÉ 1.1,2

CUANDO SE NECESITA cubrir un puesto vacante se busca a una persona que reúna los requisitos indispensables. Cuando Dios necesitó un hombre para liderar al pueblo en la conquista de Canaán, escogió a Josué, de quien puedes aprender virtudes que te ayudarán a conquistar la tierra que Dios quiere entregarte.

El Señor tiene promesas de plenitud para tu vida: sueños y anhelos por cumplir, una etapa espiritual de madurez, una vocación por desarrollarse, un ministerio ungido, «tierras» que Dios te ha prometido. Para poseerlas, deberás, al igual que Josué, tener el perfil de un verdadero conquistador.

Toda tarea se fundamenta en la oración y se continúa con hechos prácticos. Algunas personas quieren frutos, pero no trabajan. Hablan y opinan acerca de cómo deberían hacerse las cosas, pero ellos mismos no las hacen.

La obra de Dios es la suma de la fidelidad en las cosas pequeñas. Los principios pequeños, a su tiempo, dan grandes frutos. Dios busca hombres espirituales, pero también prácticos; que trabajen, que quieran servir a Dios, al pastor, a su iglesia.

Esfuérzate. Trabaja. No te detengas en tus logros.

Un conquistador es un hombre de acción.

Padre, me pongo en tus manos para servirte. Quita de mí toda pereza o estancamiento. Quiero pelear por la buena tierra. Trabajar con fidelidad en mis tareas. Te lo pido en el nombre de Jesús, amén.

Sueños hechos realidad

«Como la mujer encinta cuando se acerca el alumbramiento gime y da gritos en sus dolores, así hemos sido delante de ti, oh Jehová. Concebimos, tuvimos dolores de parto, dimos a luz viento».

ISAÍAS 26.17-18

EL EMBARAZO ES el tiempo de «la dulce espera». La mamá se prepara para recibir a ese ser pequeñito que se mueve dentro de ella. Ella está consciente que deberá pasar por los dolores del parto, pero sabe que son dolores que traen vida. Y con esa esperanza afronta el alumbramiento con una admirable enterez.

Pero la historia no siempre tiene un final feliz. Muchas mujeres pasan por la dolorosa experiencia de enterarse durante el embarazo que el niño que llevan en sus entrañas está muerto. Y tienen que enfrentar los sufrimientos del parto sin la ilusión de la vida. Como lo expresa el profeta Isaías, la mujer gime y grita de dolor para dar a luz viento. Es decir, para nada.

En otras áreas de la vida, puede suceder lo mismo. ¿Cuántos proyectos concebiste en el interior de tu corazón y terminaron en nada? Eran proyectos buenos que no lograron concretarse.

Debes examinar qué lugar ocupa Dios en tus decisiones, en tus proyectos. Él debe ser el fundamento. Solamente prosperará aquello que esté en su perfecta voluntad y que se lleve a cabo dependiendo en Él. Además, cuídate que ese anhelo no ocupe un lugar más importante que Jesús en tu corazón.

El Señor tiene pensamientos de paz para ti. No te des por vencido, ni te detengas en tu pasado.

Los deseos de tu corazón serán colmados por Él.

Padre santo, te entrego todos mis sueños y mis anhelos para que los hagas realidad. Cumple tu voluntad en mí.
En el nombre de Jesús, amén.

«Yo soy la vid, vosotros los pámpanos; el que permanece en mí, y yo en él, éste lleva mucho fruto; porque separados de mí nada podéis hacer».

JUAN 15.5

DOS EXPEDICIONES DISTINTAS salieron en el año 1911 con el objetivo de ser los primeros en llegar al Polo Sur. Una de ellas no llegó a la meta, pero la otra tuvo el honor de ser la primera en llegar al Polo Sur.

La moraleja es simple: Todos nos trazamos metas en la vida pero no siempre logramos concretarlas.

Piensa en una novia en el altar: Hermosa, radiante y perdidamente enamorada. Sueña con tener un hermoso hogar donde reine el amor y la alegría. Pero, al tiempo, todo se derrumba. Es un corazón roto que no ha logrado concretar sus sueños.

A menudo, los fracasos son el resultado de dirigir nuestra vida sin depender de Dios. Nos apoyamos en nuestras propias capacidades y talentos sin consultar a Dios ni pedir su bendición para nuestra vida. El Señor nos dice: «separados de mí nada podéis hacer».

No tomes tus propias decisiones y esperes luego que Dios las bendiga. Ahora, si estás seguro que persigues los mismos objetivos que Dios, sigue el consejo de Proverbios 3.5-6: «Fíate de Jehová de todo tu corazón, y no te apoyes en tu propia prudencia. Reconócelo en todos tus caminos, y él enderezará tus veredas».

Aún para lo pequeño, teme a Dios y depende de Él.

Padre santo, quiero vivir en tu voluntad. Reconozco que separado de ti nada puedo hacer. Quiero alcanzar tus objetivos, que son los mejores para mí. Guíame por las sendas de bendición.
Te lo pido en el nombre de Jesús, amén.

Con la mirada hacia delante

«Entonces la mujer de Lot miró atrás, a espaldas de él, y se volvió estatua de sal».

GÉNESIS 19.26

EL PECADO DE Sodoma y Gomorra había colmado la medida. Lot y su familia tenían la oportunidad de salvarse del juicio pero la mujer luchaba en su corazón contra esta decisión divina. No quería mudarse. Nunca había conocido las comodidades de un hogar estable. Estaba conforme con su vida. Pero no debía quedarse allí; debía marchar a un lugar mejor que Dios le tenía preparado.

Sin que su marido la viese, echó su última mirada hacia Sodoma. Ese era el problema: Ella salió de Sodoma, pero Sodoma nunca salió de ella. Mirar hacia atrás le costó la vida.

¡Cuántas personas hoy día, como la mujer de Lot, viven atadas a su pasado! En vez de mirar hacia delante y marchar hacia el plan de Dios, miran hacia atrás, recordando situaciones que las lastimaron y no pueden perdonar. Se contaminan con la amargura y los pensamientos del mundo. Mientras, la familia sufre la pérdida emocional de ese ser querido que, como estatua de sal, está allí, pero no les brinda el amor y la atención que ellos necesitan.

Hoy, Dios te llama a marchar hacia su plan, a seguir avanzando detrás de sus objetivos sin detenerte ni enredarte con los asuntos del mundo. No hay nada que codiciar en Sodoma. No hay motivos para seguir mirando atrás.

Dios quiere mudarte a una mejor tierra.

Señor, hoy quiero poner mi mirada hacia delante. Perdóname si me he quedado mirando hacia mi pasado o codicié las cosas del mundo. Cumple tu plan en mi vida. En el nombre de Jesús, amén.

Vivir con alegría

«Tiempo de reir».   ECLESIASTÉS 3.4

SE CUENTA QUE un asesor de Abraham Lincoln le sugirió una persona para ocupar un cargo en el gobierno de los Estados Unidos. Lincoln rechazó la sugerencia diciendo: «No me gusta su cara». Su asesor le replicó: «Señor Presidente, él no es culpable de la cara que tiene». Pero Lincoln respondió: «Después de los cuarenta años, toda persona es responsable de la cara que tiene».

Es triste ver cristianos que viven amargados. Parece que fueron bautizados en jugo de limón y no en agua. Sin embargo, en el listado del fruto del Espíritu, al gozo lo precede solamente el amor, así que la alegría es una característica principal de la fe cristiana.

El rey Salomón conocía el valor de la risa: «El corazón alegre constituye buen remedio; mas el espíritu triste seca los huesos». La actitud negativa y pesimista produce enfermedad.

Además, anunciando la liberación del cautiverio, el salmista dijo: «Cuando Jehová hiciere volver la cautividad de Sion, seremos como los que sueñan. Entonces nuestra boca se llenará de risa, y nuestra lengua de alabanza; [...] Grandes cosas a hecho Jehová con nosotros; estaremos alegres» (Salmos 126.1-3).

Jesús te ha hecho libre del pecado, de la muerte, de las circunstancias que te tenían cautivo del dolor. ¡Es tiempo de reír! Tu gozo no se fundamenta en que todo marche bien; tu gozo es el resultado de tu comunión con Cristo. ¡Viene de adentro y llena tu boca de risa! Vive con salud, vive con alegría. Ya lloraste demasiado cuando no conocías al Señor; ¡es tiempo de reír!

Señor, gracias porque tu gozo inunda mi ser y es mi fortaleza.
Has hecho grandes cosas por mí; siempre estaré alegre.
En el nombre de Jesús, amén.

«Y su padre y su madre le dijeron: ¿No hay mujer entre las hijas de tus hermanos, ni en todo nuestro pueblo, para que vayas tú a tomar mujer de los filisteos incircuncisos? Y Sansón respondió a su padre: Tómame ésta por mujer, porque ella me agrada».

JUECES 14.3

BIEN DICE PROVERBIOS 17.25: «El hijo necio es pesadumbre de su padre, y amargura a la que lo dio a luz». Los padres de Sansón sufrían viendo a su hijo tomar malas decisiones. ¡Y cuántos padres hoy viven la misma experiencia!

Muchos son los que toman decisiones sin orar. Llevados por su temperamento, su entusiasmo, su sólo deseo de que salgan bien las cosas, toman decisiones de las cuales luego se arrepienten. Algunos, como Sansón, son reacios al sabio consejo. Eluden pedir consejo para que nadie les diga lo que no quieren oír, o buscan refugio ciegamente en aquellos que apoyan la idea, aún cuando ésta contradiga claramente las leyes de Dios.

El Señor quiere que nuestro temperamento e impulsos estén controlados por el Espíritu Santo. El dominio propio es un fruto de esa comunión. No es vivir gobernados por impulsos y pasiones que se sueltan descontroladamente como un río fuera de cauce. Es poner bajo el control de Dios esas capacidades, sentimientos e iniciativas, para que fluyan sanamente.

¡Cuántos padres dejan estallar la ira y sus malos modos en su familia! ¡Cuántos hijos heridos por padres descontrolados! ¡Cuántas esposas lastimadas por sus maridos y viceversa! Son cristianos que se dejan guiar por sus impulsos y pasiones.

Rinde hoy todas las áreas de tu vida al Espíritu Santo de Dios.

Padre, hoy quiero arrepentirme de mi mal carácter. De dejarme llevar
por impulsos y pasiones, y no por el Espíritu.
En el nombre de Jesús, amén.

«No os conforméis a este siglo, sino transformaos por medio de la renovación de vuestro entendimiento, para que comprobéis la buena voluntad de Dios, agradable y perfecta».

ROMANOS 12.2

CUANDO NIÑOS CORRÍAMOS detrás de una mariposa intentando atraparla y ver de cerca sus vivos colores. ¿Quién hubiera dicho que tiempo atrás era apenas un gusano? El proceso de la metamorfosis ha llamado la atención del hombre desde tiempos muy antiguos.

Hoy la Palabra de Dios nos invita a ser transformados. La raíz etimológica de la expresión «transformaos» es la misma que se usa para metamorfosis. Como si Dios dijese: «metamorfoseaos por medio de la renovación de vuestro entendimiento». ¿Aprecias cuánta riqueza hay en la Palabra? Puedes escoger andar como el gusano arrastrándote en tus debilidades, complejos y pecados; o transformarte en un bella mariposa que vuela alto en los propósitos de Dios.

Este es un tiempo donde Dios quiere obrar en ti cambios profundos. Para experimentarlos, debes renovar tu mente con la verdad de Dios.

La clave está en el altar. Como dice Ro 12.1 «...que presentéis vuestros cuerpos en sacrificio vivo, santo, agradable a Dios, que es vuestro culto racional». No se trata de entregar sólo aquellas áreas que consideres inadecuadas. No, debes entregar toda tu vida, aún lo bueno que crees tener, bajo el control del Espíritu Santo. Si vivimos nuestra vida en la carne, seremos gobernados por las debilidades y pensamientos de la carne. Si pasamos tiempo con Dios en oración, si lo buscamos vivamente, Él renovará nuestra mente y todo nuestro ser para que vivamos en la victoria de Cristo libres de los complejos y temores del pasado.

Bendito Dios, llévame bien alto a la vida victoriosa en el Espíritu.
Te lo pido en nombre amado de Jesús, amén.

«Elías le dijo: No tengas temor; ve, haz como has dicho; pero hazme a mí primero de ello una pequeña torta cocida debajo de la ceniza, y tráemela; y después harás para ti y para tu hijo».

1 REYES 17.13

LA SEQUÍA HABÍA afectado a toda la población y la comida era un lujo. El estado de esta pobre viuda, sin nadie que la sustentara y a cargo de un hijo, era desesperante. Pero el profeta le dijo: «Hazme a mí primero».

Parecería excesivo el pedido de Elías, pero no es así. Esta demanda vino acompañada de una gran promesa: «hazme a mí primero [...] Porque Jehová Dios de Israel ha dicho así: La harina de la tinaja no escaseará, ni el aceite de la vasija disminuirá [...]» (1 Reyes 17.13-14). Y por la obediencia de esta mujer un milagro de prosperidad vino sobre su casa (v. 15-16).

Tal vez, como la viuda, pasas por un grave momento económico. Tus recursos son insuficientes para afrontar las deudas, y en medio de tu crisis, Dios te dice: «Dame a mí primero». Te desafía a ser generoso, a seguir diezmando y ofrendando.

Quizás sientes que tus capacidades y talentos son escasos, y el Señor te dice: «Dame a mí primero». Pon esos talentos, por pequeños que parezcan, al servicio del Señor. ¡Dios te usará poderosamente!

El Señor quiere obrar en tu vida. Te ha dado grandísimas promesas, pero éstas se cumplirán en ti si le das a Dios primero. Puedes comerte tu último bocado y dejarte morir, o puedes darle al Señor lo poco que tienes y dejar que Él lo multiplique.

Para recibir, ¡dale a Dios primero!

Señor, ¡te doy a ti primero! Confieso que lo demás vendrá por añadidura. En el nombre de Jesús, amén.

Yugo de amor

«Venid a mí todos los que estáis trabajados y cargados, y yo os haré descansar. Llevad mi yugo sobre vosotros, y aprended de mí, que soy manso y humilde de corazón; y hallaréis descanso para vuestras almas; porque mi yugo es fácil, y ligera mi carga».

MATEO 11.28-30

EN LOS TIEMPOS bíblicos los bueyes eran muy útiles en las tareas del campo, ya que tiraban del arado y labraban la tierra. Para iniciar a un buey novato en esas labores, lo enyuntaban con un buey experimentado que sabía arar la tierra y conocía el camino. De esta manera, el yugo los unía, y cuando el buey joven quería marchar por otro camino, el buey experimentado le mostraba el camino a seguir.

En el andar cristiano, nosotros somos ese buey novato que necesita aprender a caminar en la voluntad de Dios. A menudo, nos parecemos a un animal brioso, difícil de amansar. No queremos obedecer las leyes de Dios, sino que queremos hacer nuestro propio camino. Pero el Señor Jesús, caminando a nuestro lado, nos muestra su perfecto ejemplo. Nos invita a llevar el yugo y nos convoca para dejarnos llevar por sus caminos.

Quizás hoy te sientes fatigado, abrumado por los problemas. Las cargas se han multiplicado y piensas que no podrás seguir adelante. ¡No te rindas! Jesús es tu descanso; Él camina a tu lado y te sostiene. Búscalo en oración y deja que guíe tus pasos. Si estás marchando por un camino incorrecto, pídele perdón y toma su yugo de amor, que es fácil de llevar.

Él te enseñará el camino por el que debes andar.

Señor, abrazo tu yugo, me dispongo a hacer tu voluntad y recibo tu paz
para mi alma. En el nombre de Jesús, amén.

«Y salió el varón hacia el oriente, llevando un cordel en su mano; y midió mil codos, y me hizo pasar por las aguas hasta los tobillos».

EZEQUIEL 47.3

EZEQUIEL FUE LLEVADO hacia aguas profundas, pero fue un proceso.

Quiero repasar estas etapas aplicándolas a la realidad del creyente para desafiarte a seguir avanzando en el río de Dios.

«Las aguas hasta los tobillos» reflejan la realidad de aquella persona que está en la orilla del río. Reconoce que Jesús es la verdad, pero aún está cerca del mundo. Quiere tener el control de su vida. Se refresca los pies en el evangelio, pero no conoce la vida abundante. Necesita internarse en las aguas del compromiso.

«Las aguas hasta las rodillas» nos presentan a un cristiano que ha decidido alejarse de la orilla de la mundanalidad. El espíritu Santo lo ha guiado a doblar sus rodillas y reconocer que Jesús es el Señor. Depende más de Dios, ora, pero no experimenta aún la plenitud del Espíritu Santo. No disfruta la vida abundante. Necesita avanzar hacia las aguas del quebrantamiento.

«Las aguas hasta los lomos» simbolizan el trato de Dios con nuestras fuerzas naturales. Pueden significar una etapa de fracasos y desilusiones, donde Dios nos muestra que separados de Él nada podemos hacer. Debemos avanzar hacia las aguas de la comunión íntima con el Espíritu Santo.

«El río no se podía pasar sino a nado». Hemos llegado a aguas profundas. Ahora nos movemos en la realidad del Espíritu. Experimentamos la vida abundante, la sanidad, el fruto en el carácter y en el servicio cristiano. ¡Y queda aún muchísimo por descubrir!

Padre, gracias por tratar con mi vida en el escuela del Espíritu santo.
Quebrántame y llévame a la plenitud de vida.
En el nombre de Jesús, amén.

«Oh Jehová, he oído tu palabra y temí. Oh Jehová, aviva tu obra en medio de los tiempos, en medio de los tiempos hazla conocer».

HABACUC 3.2

EL DOLOR Y la barbarie han sorprendido a la humanidad. Terribles atentados contra victimas inocentes conmocionan a todo el mundo, y el temor y la perplejidad se apoderan de la mayoría. ¿Qué debemos hacer los cristianos frente a tanto dolor?

Primero, debemos comprometernos con Dios. Vivimos tiempos peligrosos y no hay lugar para la tibieza. Por lo tanto, cuidemos nuestra salvación con temor y temblor, obedeciendo toda la Palabra de Dios.

Segundo, debemos consolar y dar esperanza a los que sufren. En los momentos de más oscuridad es cuando más brilla la luz del evangelio. Durante años, los argentinos estuvieron bien cerrados al evangelio. Pero la humillante derrota en la guerra de las Malvinas y la crisis económica fueron quebrando los corazones endurecidos, y comenzaron a buscar a Dios. La iglesia salió a las calles a predicar las buenas nuevas. Y el Señor la respaldaba con milagros y señales. En medio de la crisis y el dolor, Dios estaba haciendo su obra en muchas vidas.

El profeta Habacuc se quejó delante de Dios por la sociedad llena de violencia, iniquidad, destrucción, contiendas e injusticias de su tiempo (Habacuc 1.1-4). Pero Dios le dijo: «Mirad entre las naciones, y ved, y asombraos; porque haré una obra en vuestros días, que aun cuando se os contare, no la creeréis» (Habacuc 1.5).

Dios no está quieto. En medio del dolor y la confusión, Él está realizando su obra y cuenta con nosotros para ello.

Hoy más que nunca el mundo necesita conocer a Cristo.

«Oh Jehová, aviva tu obra en medio de los tiempos, en medio de los tiempos hazla conocer». Amén.

¡Aviva el fuego!

«Por lo cual te aconsejo que avives el fuego del don de Dios que está en ti por la imposición de mis manos. Porque no nos ha dado Dios espíritu de cobardía, sino de poder, de amor y de dominio propio».

2 TIMOTEO 1.6-7

EL JOVEN TIMOTEO estaba desanimado, cansado, como una locomotora cuyo fuego en las calderas se ha ido apagando y va deteniéndose en su marcha. Servía a Dios, pero no al cien por ciento de sus posibilidades. Estaba al frente de una importante iglesia en Asia menor, vivía días de persecución y rechazo para el evangelio, y las doctrinas erróneas y las divisiones lo atacaban. Su llama comenzó a apagarse. Pero el apóstol Pablo no dudó un instante en exhortarle: «¡Aviva el fuego del don de Dios que hay en ti! ¡Vuelve al servicio pleno en el poder del Espíritu Santo!»

El fuego del Espíritu Santo es el que te lleva a alcanzar tus metas y servir al Señor. El apóstol Pablo dijo: «Porque no nos ha dado Dios espíritu de cobardía, sino de poder, de amor y de dominio propio». Si te rodea el rechazo y la incomprensión, el fuego del Espíritu Santo te dará la fortaleza y el denuedo para seguir predicando el evangelio. Si los que te rodean se han tornado enemigos y te han lastimado, el fuego del Espíritu Santo te dará el amor para amarlos sin rencores. Si las tentaciones del mundo te han salpicado y tu estilo de vida ya no marca la diferencia, el fuego del Espíritu Santo te dará el dominio propio para sujetar tus viejas pasiones y vivir en santidad.

¡Aviva el fuego del Espíritu Santo en ti y cumple con tu ministerio!

Señor, ¡aviva tu fuego en mí! En el nombre de Jesús, amén.

Ríos de agua viva

> «En el último y gran día de la fiesta, Jesús se puso en pie y alzó la voz, diciendo: Si alguno tiene sed, venga a mí y beba. El que cree en mí, como dice la Escritura, de su interior correrán ríos de agua viva».
>
> JUAN 7.37-38

EL SEÑOR DIJO que de nuestro «interior» correrán los ríos de agua viva. La unción no viene «de afuera»; Dios ya nos dio a beber de su Espíritu Santo. La gloriosa presencia de Cristo ya habita en nuestro corazón, solamente necesita manifestarse. El apóstol Pablo expresó muy claramente estas verdades: «Pero tenemos este tesoro en vasos de barro [...] llevando en el cuerpo siempre por todas partes la muerte de Jesús, para que también la vida de Jesús se manifieste en nuestros cuerpos» (2 Corintios 4.7, 10).

El tesoro se manifiesta cuando los cántaros se rompen, cuando estamos dispuestos a morir a nuestros deseos carnales y hacer la voluntad de Dios. El apóstol Pablo expresa que, para que fluya de nuestro interior la vida de Dios, primero debe operar la muerte de Cristo en nosotros. Primero viene la cruz, luego el poder de la resurrección. ¡Y entonces fluye la vida! ¡Se manifiesta la unción que pudre los yugos de esclavitud y nos restaura a una vida de gozo y victoria!

El tesoro habita dentro de ti. Si quebrantas tu vida en la presencia de Dios, los ríos de agua viva correrán de tu interior. Y cuando quebrantes y rindas tu corazón ante Él, el Espíritu Santo fluirá e impactará a los que te rodean.

No hay poder sin consagración.

Padre santo, dame un corazón puro y quebrantado para que tu santa presencia fluya a través de mí. En el nombre de Jesús, amén.

«Y su Señor le dijo: Bien, buen siervo y fiel; sobre poco has sido fiel, sobre mucho te pondré; entra en el gozo de tu Señor».

MATEO 25.21

A NUESTRA IGLESIA ASISTE un hermano que trabaja como mayordomo en un exclusivo hotel. Está entrenado para servir y complacer a sus huéspedes. Se entrenó con el mayordomo de la reina de Inglaterra, y tuvo el privilegio de atender en una oportunidad al presidente de los Estados Unidos.

En principio, un mayordomo debe tener capacidad para administrar los bienes y los recursos humanos del dueño. Ha recibido de él un nivel superlativo de confianza y debe velar fielmente por sus intereses. Un ejemplo bíblico lo encontramos en la vida de José, cuando estuvo en la casa de Potifar (Gn 39).

Por otra parte, un mayordomo se caracteriza por su actitud de servicio. Trabaja en lo secreto buscando exaltar a su amo.

¿Cómo eres tú como mayordomo? ¿Estás exaltando a tu amo con tu vida? ¿Representas fielmente los intereses de Jesucristo?

En ocasiones, una persona con necesidad acude a un líder de la Iglesia y no encuentra una actitud de servicio. No existe una disposición, una sonrisa de amor, un deseo de servirle. ¿Cómo hacemos quedar «al dueño de la empresa»? No es un tema menor, todos compareceremos ante el tribunal de Cristo.

Sin embargo no nos mueve el temor sino el amor. Estamos para servir, y no para que nos sirvan. Estamos para exaltar a Dios y no para ser exaltados. Todo lo que hacemos a nuestro prójimo, se lo hacemos a Jesús.

¡Sirve a Dios con todas tus fuerzas y de Él recibirás la recompensa!

Señor, quiero caminar en tus pisadas de humildad y servicio. Quiero ser un mayordomo fiel. En el nombre de Jesús amén.

Edificar para la gloria de Dios

«[...] tiempo de edificar».   ECLESIASTÉS 3.3

EN TU MINISTERIO debes plantearte: ¿Qué estoy edificando? ¿Mi propio ministerio o el reino de Dios y la vida de las personas? Algunos, como en Babel, quieren levantarse, «hacerse un nombre», pero Dios confundirá, como sucedió entonces, todo proyecto que no se realice en su perfecta voluntad.

¿Cómo debes edificar tu vida, tu familia, tu trabajo o ministerio, y que tus obras permanezcan? Debes construir siguiendo el modelo divino. En todo lo que hagas, pregúntate: «Si Jesús estuviera en mi lugar, ¿lo haría?»

Asegúrate, asimismo, de estar construyendo el templo de Dios: «edificados sobre el fundamento de los apóstoles y profetas, siendo la principal piedra del ángulo Jesucristo mismo, en quien todo el edificio, bien coordinado, va creciendo para ser un templo santo en el Señor» (Efesios 2.20-21). Debes trabajar para el propósito eterno de Dios: Ser imitador de Cristo, considerar tu vida como un templo santo, predicar el evangelio para que otras «piedras» se añadan al edificio de Dios, edificar tu familia y tus hijos en la doctrina de Cristo, edificar la iglesia cumpliendo tu ministerio y ver que en todas tus obras Jesús sea glorificado. No estamos llamados a construir nuestras propias casas artesonadas; ¡hemos sido llamados a edificar la casa de Dios! (Hageo 1).

Recordemos la advertencia del salmo 127.1: «Si Jehová no edificare la casa, en vano trabajan los que la edifican». Toda obra perdurable la realiza Dios mismo a través de nosotros. Nuestras obras deben realizarse por medio de Él (en absoluta dependencia del Espíritu Santo) y para Él (para darle toda la gloria).

Es tiempo de edificar.

Señor, mi Dios, edifica mi casa para gloria tuya. Quiero construir mi ministerio según tu voluntad, con Cristo como fundamento. Amén.

«Jesús les dijo: Mi comida es que haga la voluntad del que me envió, y que acabe su obra. ¿No decís vosotros: Aún faltan cuatro meses para que llegue la siega? He aquí os digo: Alzad vuestros ojos y mirad los campos, porque ya están blancos para la siega».

JUAN 4.34-35

JESÚS TENÍA, EN el inmenso amor de Dios, una necesidad que lo movió a pasar por Samaria y aún lo mueve a pasar por dondequiera que haya un alma perdida.

Tu necesidad no fue lo que te hizo salvo ni la que envió a Jesús. ¡Es la necesidad del Padre que en su infinito amor quiso tener una familia de muchos hijos semejantes a Jesús! ¡Dios escogió necesitarte!

Esa «necesidad» de Dios se expresa en las palabras de Jesús: «Mi comida es que haga la voluntad del que me envió, y que acabe su obra» (Juan 4.34). El corazón del Padre se llena de gozo cuando las almas vienen al conocimiento de la verdad.

El agua que sacia la sed de Jesús es tu vida rendida en entrega y adoración a los propósitos del Padre. Él te dice como a la samaritana: «Dame de beber». Y tú puedes entregarle tu corazón, tu alabanza, tu servicio en completa rendición.

Sin embargo, un corazón herido, resentido, amargado no podrá llenar el corazón de Jesús con su alabanza. Esas aguas amargas tienen que sanar, y el remedio está en la cruz. Si acudes a ella con un corazón abierto y quebrantado, encontrarás perdón, liberación y serás restaurado. Tu corazón volverá a ser dulce. Y tu alabanza y adoración alegrarán el corazón de Jesús.

¡Ofrécele tu agua al Señor!

Señor, te adoro y te bendigo. Gracias por elegirme. Guárdame de toda amargura; quiero darte mi mejor adoración. Amén.

> «Y la tierra estaba desordenada y vacía, y las tinieblas estaban sobre la faz del abismo, y el Espíritu de Dios se movía sobre la faz de las aguas».
>
> GÉNESIS 1.2

LA PRIMERA NOCHE de una cruzada que realizábamos se desarrolló en un marco de gran libertad espiritual. Al terminar ese tiempo tan bendecido, anuncié con convicción: «Mañana Dios hará cosas mayores».

Pero, apenas comenzamos la reunión en la segunda noche, se produjo un corte en el suministro de energía eléctrica.

Me sentía en deuda por lo que estaba pasando. Ignoraba que, en la densa oscuridad, Dios se estaba moviendo.

Apenas regresó la energía eléctrica, testimonios de milagros comenzaron a llegar hasta la plataforma. En la oscuridad, una persona con parálisis fue sanada. Un hombre que había comprado un arma para matar a su esposa y quitarse la vida subió a la plataforma y, arrepentido, le pidió perdón a su esposa públicamente. Una joven que se había apartado del evangelio al sentirse rechazada por quedar embarazada se había involucrado en la prostitución. Ella tomó el micrófono y dijo: «Hoy, Dios cambió mi vida. Voy a vivir para Él». ¡Gloria a Dios! Mis planes para esa noche no habían salido como pensaba, pero Dios tenía mejores planes.

Cuando todo a tu alrededor se altera y te confunde, no te quejes. No te lamentes. Confía en Dios y déjalo actuar. ¡Él tiene un plan para ese momento!

Padre, te doy gracias porque todas mis circunstancias están bajo tu control, aun aquellas que no comprendo. Confieso que tus planes son los mejores y que veré tu gloria en toda situación.
En el nombre de Jesús, amén.

¿Quién soy yo?

«Entonces Moisés respondió a Dios: ¿Quién soy yo para que vaya a Faraón, y saque de Egipto a los hijos de Israel?»

ÉXODO 3.11

MOISÉS LLEGÓ A decirle a Dios que estaba equivocado al pensar en él como libertador. Su autoestima estaba tan baja que no podía creer que Dios pudiera usarle para algo.

Muchas personas, como Moisés, tienen un llamado de Dios sobre sus vidas, pero le han puesto límites a Dios por su incredulidad. No saben realmente quiénes son en Cristo.

En ocasiones, el concepto que nuestros padres y familiares más cercanos tienen de nosotros nos afecta al formar nuestra propia imagen. Incluso, nos pueden hacer creer que somos incapaces de hacer las cosas. Pero el temor a equivocarnos no debe paralizarnos. Tenemos que dejarnos usar por Dios. En toda obra hay riesgos, pero, si Dios está con nosotros, veremos el fruto.

Deja que Dios te hable en oración, que te muestre sus planes. Lee en la Biblia lo que Él opina acerca de ti: ¡Verás que es bien diferente a lo que tú piensas!

Él tiene cosas grandes para ti, pero debes renovar tu mente, tu visión. De lo contrario, tus moldes auto impuestos impedirán que Dios cumpla sus planes.

Ven a la cruz de Cristo y haz morir allí todos tus moldes, lo que otros dijeron de ti o lo que tú mismo has pensado. Dios cree en ti. Eres un escogido suyo para llevar fruto.

Mírate con los ojos de Dios.

Amado Dios, no quiero ponerle límites a tu voluntad. Quita mis temores e inseguridades. Dejo en la cruz mi pasado y me pongo en tus manos para que me uses poderosamente. En el nombre de Jesús, amén.

Una vida sabia

«Enséñanos de tal modo a contar nuestros días, que traigamos al corazón sabiduría».

SALMOS 90.12

EL CUADRO ES el siguiente: Dios está sentado en su trono eterno, inconmovible. Los hombres nacemos y partimos de este mundo a un ritmo vertiginoso. Y el Señor nos llama a ser sus siervos y llevar las almas a los pies de Cristo.

Muchos caminan sin propósito en la vida. No entienden que son los siervos de Dios para esta generación. Mientras tanto, el reloj sigue corriendo y la vida se pasa. El apóstol Pablo escribió al respecto: «Mirad, pues, con diligencia cómo andéis, no como necios sino como sabios, aprovechando bien el tiempo, porque los días son malos. Por tanto, no seáis insensatos, sino entendidos de cuál sea la voluntad del Señor» (Efesios 5.15-17).

Un hermoso himno dice: «Ayer ya pasó, mañana quizás no será. Enséñame hoy, yo quiero vivir un día a la vez». Cada día Dios te da la oportunidad de vivir a plenitud en su voluntad, de servir a los que te rodean. Él quiere que disfrutes todo lo que tienes: en primer lugar, su presencia, luego, tu familia, tu ministerio, tu trabajo... Esa es la bendición de estar vivo y con un propósito en la vida.

La vida es breve. Comienza este día en victoria. Pídele a Dios que sea un día de fruto, en el cual puedas servirle y gozar de su comunión. Se sabio y aprovecha tu tiempo.

Padre, te doy gracias porque te conozco.
Enséñame a caminar con sabiduría.
Dame siempre un corazón agradecido y lleno de gozo.
Y úsame cada día como un siervo tuyo.
Te lo pido en el nombre de Jesús, amén.

«Y Pedro y los que estaban con él estaban rendidos de sueño; mas permaneciendo despiertos, vieron la gloria de Jesús, y a los dos varones que estaban con él».

LUCAS 9.32

EN EL MONTE de la transfiguración hay un letrero que dice: «Prohibido acampar».

El monte es un lugar maravilloso. Contemplar la gloria de Jesús es algo incomparable. Requiere como dice nuestro texto de hoy «permanecer despiertos». Es decir, velar en oración, persistir en la búsqueda hasta que nos amanezca su gloria. Luego que esto sucede no queremos descender del monte.

Cuando mis ojos se abrieron como nunca antes a la realidad del Espíritu Santo, pasaba horas enteras orando a Dios, contemplando su hermosura. Por las noches, no lograba conciliar el sueño, mi corazón ardía con la presencia de Dios.

Sabíamos cuando comenzaban nuestros cultos, pero nunca cuando acabarían. Fue en aquellos tiempos que Dios nos recordó el propósito de ese derramamiento y nos guió a la necesidad de las almas. Jesús luego de cada encuentro con su gloria nos señalaba su cártel: «Prohibido acampar». Y cada uno volvía a su lugar de trabajo, a cumplir sus responsabilidades y llevar a otros la bendición recibida.

Recuerdo una llamada que recibimos en aquellos tiempos. Una señora, que no asistía a la iglesia, nos llamó una mañana por un problema con su empleada doméstica, que sí asistía a nuestras reuniones. «Dice que la unción tocó su vida», decía alarmada esta mujer, «y que no puede levantarse para trabajar». Sabiamente la telefonista le dijo: «Mire, la reunión de anoche fue gloriosa, pero todos los demás estamos trabajando».

Sube al monte y luego resplandece en este mundo.

Señor, quiero tener una visión de tu gloria y servirte con poder.
En el nombre de Jesús, amén.

«Jesucristo es el mismo ayer, y hoy, y por los siglos».

HEBREOS 13.8

EN UNA CAMPAÑA evangelística, colgamos carteles en la plaza que decían «Jesucristo salva, sana y liberta». A renglón seguido pusimos «Todos los días, excepto los lunes». ¡Qué texto más desacertado! Queríamos aclarar que los lunes no realizábamos la reunión, pero parecía decir otra cosa. Digámoslo claro: ¡Jesucristo salva, sana y liberta todos los días!

Un joven llamado Javier sufrió una gran caída y se fracturó una vértebra. Lo operaron, pero sin éxito. Como consecuencia, sufría tremendos dolores y caminaba apoyado en un andador. En una cruzada, oré por él y le dije con fe: «Levántate y camina». Y él se levantó y me abrazó. ¡Gloria al Señor! A partir de ese día comenzó a caminar normalmente.

Hoy, este joven testifica su sanidad. Veintinueve médicos habían asegurado que no tenía cura, pero Jesucristo, «el mismo ayer, y hoy, y por los siglos», sigue obrando maravillas y sanando a los enfermos. ¡Gloria a Dios!

Jesús prometió que las señales de su poder seguirían a la predicación del evangelio. Y una de esas señales es la sanidad: «sobre los enfermos pondrán sus manos, y sanarán» (Marcos 16.18). Así como Cristo hoy sigue salvando las almas, también sigue sanando a los enfermos.

Si estás padeciendo una enfermedad, o un ser querido la está sufriendo, confía en las promesas de Dios. Su voluntad es sanarte. Jesús no ha cambiado. Cree en tu corazón que Él corta las raíces de tu enfermedad, y la sanidad total llegará a tu vida.

¡Él ya te sanó en la cruz del calvario!

Padre amado, recibo en el nombre de Jesús la sanidad completa para mi vida. Declaro con fe que me has sanado. En el nombre de Jesús, amén.

«Y llamó Abraham el nombre de aquel lugar, Jehová proveerá. Por tanto se dice hoy: En el monte de Jehová será provisto».

GÉNESIS 22.14

ABRAHAM ERA UN hombre que conocía a Dios. Su disposición a ofrecer a su hijo en sacrificio nos revela su gran sensibilidad para discernir la voz de Dios.

El Señor le había dicho: «Toma ahora tu hijo [...] y ofrécelo allí en holocausto sobre uno de los montes que yo te diré» (v. 2). Abraham tuvo que discernir la voz de Dios indicándole sobre qué monte debía ofrecer su hijo. Debía escoger el monte de la provisión, el lugar donde hallaría al carnero que sustituiría a su hijo en el altar (aunque él todavía lo ignoraba).

¿Qué hubiera sucedido si Abraham escogía otro monte? No hubiera hallado la provisión de Dios, y la historia habría sido otra.

A veces acudimos al monte equivocado, y las decisiones apresuradas que realizamos sin tomar en cuenta a Dios traen graves consecuencias.

Dios desea que «seas prosperado en todas las cosas, y que tengas salud, así como prospera tu alma» (3 Juan 2). Él quiere que crezcas en el ministerio, que su bendición llene tu casa, que tus negocios progresen, pero tu alma tiene que prosperar. ¿Estás dispuesto a seguir sus instrucciones y acudir al monte indicado? Solamente así alcanzarás la provisión deseada.

En el monte de Jehová te será provisto. Acude allí, levanta un altar y ofrece tu vida, tus sueños, todo lo que amas. Conságrate por completo.

Si eres sensible para hacer su voluntad, la provisión de Dios vendrá con abundancia para todas las áreas de tu vida.

Padre amado, guíame siempre por las sendas de tu voluntad. ¡Llévame al monte de la provisión abundante! En el nombre de Jesús, amén.

La paz de Dios

«Por nada estéis afanosos, sino sean conocidas vuestras peticiones delante de Dios en toda oración y ruego, con acción de gracias. Y la paz de Dios, que sobrepasa todo entendimiento, guardará vuestros corazones y vuestros pensamientos en Cristo Jesús».

FILIPENSES 4.6,7

«PAZ, PAZ, CUÁN dulce paz es aquella que el Padre me da». Así comienza un conocido himno que resalta lo hermoso que es vivir con la paz de Dios en nosotros.

¿Por qué muchos cristianos viven angustiados, preocupados, sin paz? Porque no oran. Dios nos dice: «Por nada estéis afanosos, sino sean conocidas vuestras peticiones delante de Dios en toda oración y ruego, con acción de gracias» (Filipenses 4.6). Para librarte de la ansiedad, tienes que dejarle tu carga a Dios en oración.

La expresión «oración y ruego» habla de persistencia, de derramar delante de Dios nuestro corazón diariamente. ¡Cuántas cargas se van acumulando sobre tus espaldas si dejas de orar unos días

Cuando uno derrama su corazón en la presencia de Dios, y cree que la victoria ya está ganada, la paz de Dios guarda nuestra mente de toda mentira del enemigo y nuestras emociones de toda angustia y ansiedad.

No estés preocupado. Eres un hijo de Dios. Dile lo que te preocupa, y Él te guardará con su dulce y maravillosa paz, que permanece aún en medio de los problemas, que «sobrepasa todo entendimiento». La paz de Dios es más fuerte que todos tus desafíos. Es la seguridad de que Él está contigo.

¡Cuán dulce paz!

Señor, en este día quiero echar todas mis cargas a tus pies y vivir confiado disfrutando de tu paz. Perdóname por estar preocupado y no buscarte. Hoy, te doy gracias por la victoria. Amén.

«Pedid, y se os dará; buscad, y hallaréis; llamad, y se os abrirá. Porque todo aquel que pide, recibe; y el que busca, halla; y al que llama, se le abrirá».

MATEO 7.7-8

HAY TRES ORACIONES importantes que no deben faltar en tu tiempo a solas con Dios.

En primer lugar, está la oración que pide: «Pedid, y se os dará». Es la oración que presenta las necesidades delante de Dios. El Señor quiere que le pidas aquello que necesitas. Como un Padre maravilloso, está atento a tu clamor y pronto para responder a todo aquello que esté en su perfecta voluntad. Cuéntale a Dios concretamente tu necesidad, y Él te sorprenderá con sus milagros.

En segundo lugar, está la oración que busca: «Buscad, y hallaréis». Es la oración que busca el rostro de Dios, que se dirige a Dios mismo. Es la necesidad de encontrar su presencia, contemplar su gloria y oír sus palabras. Es el tiempo sublime en el que toda nuestra atención se centra en Él y lo adoramos. Buscamos su rostro, su voluntad, su reino.

En tercer lugar, está la oración que llama: «Llamad, y se os abrirá». Es la oración perseverante de aquel que golpea las puertas del cielo intercediendo por los pecadores, los gobernantes y las naciones para que se haga la voluntad de Dios en la tierra. Implica orar, no basados en las necesidades propias, sino en la necesidad de Dios de hacer su obra en la tierra.

Dios no hará nada sin la oración de la iglesia.

¡Pide, busca y llama! Dios quiere escucharte.

Padre, santificado sea tu nombre. Que se manifieste tu reino y se haga tu voluntad en mi vida y en mi nación. Suple mis necesidades.
Te adoro. En el nombre de Jesús, amén.

«No puedo yo hacer nada por mí mismo; según oigo, así juzgo; y mi juicio es justo, porque no busco mi voluntad, sino la voluntad del que me envió, la del Padre».

JUAN 5.30

ALGUNOS CRISTIANOS PRACTICAN el ayuno, pero no evidencian grandes cambios en su vida. El problema es que confunden el ayuno con la huelga de hambre. Cuando ayunamos y oramos, lo hacemos para someter nuestra voluntad a la voluntad de Dios. Por el contrario, la huelga de hambre se realiza como un método de presión para imponer la voluntad propia sobre ciertas autoridades o grupos. En este caso, algunos ayunan con la expectativa de someter la voluntad de Dios a la suya. ¡Como si pudieran torcerle el brazo a Dios!

¿Por qué pensamos que nuestra voluntad será mejor que la de Dios? Luchamos con el Señor para imponer nuestros deseos, mientras Él, que nos ama y nos protege, tiene algo muchísimo mejor.

Cuando Dios dice «no» o «espera» a tu pedido, puedes enojarte con Él, o creer por fe que Dios te está encaminando a lo mejor. Dios nunca te privará de algo bueno. Tampoco te dará algo que te dañe porque Él quiere lo mejor para ti.

Permite que Dios te muestre su camino más perfecto. ¡Un camino de bendición! Solamente debes hacer morir tu propia voluntad, renovar tu mente dando un paso de fe.

Quizás te sientes inseguro porque Dios todavía no te ha mostrado lo que Él tiene delante. Pero, ¡no temas! ¡Confía en Él y déjate llevar! Presenta tu vida «en sacrificio vivo, santo, agradable a Dios», y Él te mostrará su voluntad «agradable y perfecta» (Romanos 12.1-2).

Señor, hágase siempre tu voluntad y no la mía.
En el nombre de Jesús, amén.

Jesús es la verdad

«Le dijo Pilato: ¿Qué es la verdad?»

JUAN 18.38

EN NUESTRA SOCIEDAD contemporánea parece que hay que pedir disculpas por tener valores. Se pretende que aceptemos que la verdad no existe, que en el mejor de los casos «cada uno tiene su verdad» porque «todo es relativo». Como en la época de los jueces, cada cual hace lo que bien le parece (Jueces 21.25).

En una oportunidad, el profeta Elías reprendió al pueblo de Israel: «¿Hasta cuándo claudicaréis vosotros entre dos pensamientos? Si Jehová es Dios, seguidle; y si Baal, id en pos de él» (1 Reyes 18.21). ¿Existen dos verdades, dos dioses...? ¿Será la verdad un concepto difuso, una mera utopía?

El Señor Jesús dijo: «Yo soy el camino, y la verdad, y la vida; nadie viene al Padre, sino por mí». Así, simplemente, se presentó como la verdad. Y si Jesús es la verdad, ¡amémoslo y cumplamos sus mandamientos! No hay lugar para grises. Debemos amar y respetar a todos los hombres más allá de sus creencias, pero eso no implica que claudicaremos en nuestras convicciones y nos arrodillaremos también ante sus dioses. Aun el más incrédulo de los hombres sabe apreciar a un cristiano que vive con integridad la fe que profesa, que no se dobla ante la mentira, ni se deja arrastrar por principios ajenos a la Palabra. No nos sonrojemos por decir: ¡Jesús es la verdad!

Dios te llama a vivir un cristianismo de compromiso, a ser un testimonio claro de luz a todo el que te rodea, a confesar a Cristo como la verdad que todos deben seguir.

Él es la única verdad.

Señor, tomo un compromiso firme con la verdad. Quiero serte fiel.
En el nombre de Jesús, amén.

Sembrar para luego cosechar

«Tiempo de plantar».   ECLESIASTÉS 3.2

DESEAMOS TENER UNA gran cosecha, recibir el fruto abundante que anhelamos; que nuestra familia y nuestro matrimonio camine en la voluntad de Dios, que nuestros negocios prosperen y nuestro ministerio crezca y se extienda. Pero, para llegar a recoger el fruto, debemos transitar por el «tiempo de plantar» y considerar siete preguntas importantes.

¿Qué queremos cosechar en nuestra vida? Algunos no saben lo que quieren. No tienen claro qué desean recibir, qué metas quieren alcanzar; define las tuyas.

¿Qué debemos sembrar para obtener esa cosecha? Todos deseamos cosechar, pero si no sembramos jamás segaremos. Cuando siembras, obtienes posibilidades y puedes orar y actuar en un sentido definido.

¿Dónde vamos a sembrar? Es importante que elijas bien el terreno y lo prepares cuidadosamente.

¿Cómo vamos a plantar? Es decir, ¿qué metodología vamos a utilizar? Los métodos son un medio importante para alcanzar el fin que estás esperando.

¿Con qué herramientas vamos a sembrar? Es una pregunta instrumental, pero también importante.

¿Cuándo vamos a arrojar la semilla? ¿De inmediato o más adelante? Hay un tiempo propicio para la siembra. Algunos fracasan por intentar un proyecto antes de tiempo. Su ansiedad los traiciona. Otros se frustran por postergar demasiado el inicio. Su pasividad los derrota.

Por último, ¿por qué vas a sembrar? Es una invitación a revisarnos interiormente y asegurarnos que nuestras motivaciones sean las correctas.

Responder a estas preguntas te llevará del sueño a la realización, del deseo al cumplimiento. Respóndelas bajo la supervisión y guía del Señor porque este es el tiempo de plantar.

Señor, quiero poner por obra aquello que has puesto en mi corazón.
Declaro que la cosecha será abundante porque sembraré abundantemente
en tu tiempo. En el nombre de Jesús, amén.

Transformado por Dios

«Después de esto edificó el muro exterior de la ciudad de David, al occidente de Gihón, en el valle, a la entrada de la puerta del Pescado, y amuralló Ofel, y elevó el muro muy alto; y puso capitanes de ejército en todas las ciudades fortificadas de Judá».

2 CRÓNICAS 33.14

LA PRIMERA PARTE del reinado de Manasés representó una vergonzosa expresión del paganismo. Sin embargo, ¡Dios lo transformó! Le devolvió el trono, y a partir de allí comenzó un nuevo reinado haciendo la voluntad de Dios.

Con su testimonio, Manasés nos enseña los pasos a seguir para ser restaurado por Dios. Primero, debemos tener sensibilidad para oír la voz de Dios. Dios le habló a Manasés y al pueblo, pero ellos no escucharon, ni quisieron atender sus mandamientos, y eso trajo su ruina.

También es necesario orar. Muchas personas, ni siquiera en sus peores momentos, buscan el rostro de Dios. Manasés se humilló y oró. No basta con reconocer que estamos mal, ¡tenemos que orar!

Luego, Manasés restauró los muros de la ciudad. No dejó espacios para que el enemigo los atacara. Algunos cristianos vuelven a recaer en sus pecados porque no fortalecen sus murallas espirituales, no se llenan del Espíritu Santo, ni se alejan lo suficiente de las cosas del mundo.

Por último, Manasés volvió a instaurar los sacrificios y la alabanza y restauró el servicio a Jehová (v. 16). ¡Dios te restaura para que le adores y le sirvas!

Puedes estar viviendo el peor momento de tu vida, puedes sentir que te hundes en el lodo cenagoso, pero aun allí Dios te extenderá su mano y te brindará una nueva oportunidad.

¡Dios quiere restaurarte!

Señor, restaura mi vida, mi ministerio e incluso mi santidad.
¡Restáurame por completo! Te lo pido en el nombre de Jesús, amén.

«De modo que si alguno está en Cristo, nueva criatura es; las cosas viejas pasaron; he aquí todas son hechas nuevas».

2 CORINTIOS 5.17

EMILIANO ES EL hijo mayor de diez hermanos. Su padre alcohólico golpeaba siempre a su madre, quien murió de cáncer cuando Emiliano tenía 14 años. Él, entonces, se hizo cargo de la familia, y comenzó a odiar a aquel padre que los hacía sufrir y le había hecho tanto daño a su madre.

La relación de Emiliano con su papá era cada vez peor, por lo que su padre lo echó de la casa. Pasó algunos años con tratamientos sicológicos, pero el dolor en su alma, la congoja por ver a sus hermanos sufrir se le hacía insoportable, así que decidió suicidarse. Fue a la estación dispuesto a arrojarse debajo de un tren, pero sucedió algo extraordinario. Él había visto un programa evangelístico que tenía nuestro ministerio en un canal de televisión, y en esa estación, Dios le mostró mi rostro sonriente compartiendo la Palabra.

Emiliano corrió donde una persona que caminaba con su Biblia en la mano para preguntarle si nos conocía. Y como aquel cristiano recordaba solamente el nombre del barrio en el que estaba nuestra iglesia, Emiliano recorrió las calles de la ciudad hasta dar con ella. Estábamos en plena reunión, y él participó de todas las reuniones mientras lloraba sin parar. Aquella noche llegó a su casa transformado. Asistió a un retiro de jóvenes y regresó feliz y con paz en su alma. Había perdonado a su padre y quería abrazarlo y decirle que lo amaba... Comenzaba una nueva vida con Jesús.

¡Jesús todavía sigue cambiando los corazones!

Señor, cambia por completo mi corazón y úsame para que
otros oigan de tu amor. En el nombre de Jesús, amén.

«Y tomad el yelmo de la salvación, y la espada del Espíritu, que es la palabra de Dios».

EFESIOS 6.17

DÍAS ATRÁS ME entretuve observando cómo los jugadores de un partido de fútbol americano preparaban sus jugadas. Uno de ellos tenía en su casco un audífono con el que se comunicaba con el entrenador del equipo y recibía las instrucciones para cada movimiento. Me dije de inmediato: «¡Así debe ser el yelmo de la salvación! Nuestra mente debe estar protegida contra los ataques del enemigo y ser sensible para oír las instrucciones del "entrenador" en las diferentes circunstancias».

Es importante que los cristianos vivamos con una mente renovada por el Espíritu Santo. El apóstol Pablo nos exhorta a renovar cada día nuestro entendimiento para comprobar la buena voluntad de Dios agradable y perfecta (Romanos 12.2).

¿Cómo se produce esa renovación? Poniendo nuestras vidas en el altar, presentando nuestros cuerpos «en sacrificio vivo, santo, agradable a Dios» (Romanos 12.1). Lo único racional, inteligente, es morir a nuestra vieja vida, a la vanidad de la mente y dejar que el Espíritu Santo nos controle y nos dé la mente de Cristo (1 Corintios 2.16). Esta es la verdadera adoración, el culto que a Dios le agrada.

También, debemos «alimentarnos» de la Palabra diariamente para que la verdad de Dios remueva las mentiras y la forma de pensar errónea que el enemigo ha puesto en nuestra mente. Entonces, Dios nos llama a obedecer sus instrucciones y mandatos.

Dios quiere vivas con la mente de Cristo, que disfrutes de su paz y su libertad en tus pensamientos.

Comunícate con el «entrenador» en todo momento para realizar la gran jugada que te dará el triunfo.

Amado Dios, tomo en este día el yelmo de la salvación. En el nombre de Jesús, amén.

Octubre

Una relación diaria

> «Y estableció a doce, para que estuviesen con él, y para enviarlos a predicar, y que tuviesen autoridad para sanar enfermedades y para echar fuera demonios».
>
> MARCOS 3.14-15

EL DISCIPULADO NO es un aprendizaje teórico; es una relación entre dos personas: el maestro y el discípulo. Jesús escogió a los doce «para que estuviesen con él». Los invitó a compartir con Él su vida.

Aquellos hombres convocados por Jesús iban a aprender de lo que Jesús vivía, no solamente de lo que decía. Caminaban con Él, reían con Él, trabajaban y comían con Él. Para ellos, en el cotidiano vivir, era claramente visible el amor de Jesús por los enfermos y necesitados, su indignación con los hipócritas, su arduo trabajo y dedicación, su sabiduría y su vida santa e intachable.

Más tarde, ellos recibirían el Espíritu Santo y pondrían en práctica las enseñanzas de Jesús, su vida, sus obras.

Jesús no puede enviarte con autoridad a predicar, a sanar a los enfermos y echar fuera a los demonios si primero no estás con Él. Lo encontrarás principalmente en dos lugares: Primero, en tu comunión personal e íntima con Él. Debes oír su voz en oración, llenarte con su Espíritu Santo, adorarlo y obedecerlo. Segundo, debes encontrar a Jesús en la iglesia, en tus hermanos en los que Él habita. Es importante ser formado y discipulado por un hermano mayor que viva realmente la Palabra de Dios.

Jesús te ha escogido «para que estés con Él», ¡para que vivas con Él! Cada día, cada hora, cada minuto, Él camina a tu lado y comparte su vida.

Mantén tu relación diaria con el Maestro. Procura ser un buen discípulo.

Señor Jesús, quiero caminar a tu lado cada día de mi vida.
En tu nombre, amén.

«Y Jehová de los ejércitos hará en este monte a todos los pueblos banquete de manjares suculentos, banquete de vinos refinados, de gruesos tuétanos y de vinos purificados. Y destruirá en este monte la cubierta con que están cubiertos todos los pueblos, y el velo que envuelve a todas las naciones».

ISAÍAS 25.6-7

MUY DE MADRUGADA llegan personas de diferentes lugares a nuestro templo para unirse a nuestro monte de oración. Es un tiempo especial que apartamos para encontrarnos con Dios e interceder por la sanidad de nuestra nación.

Un hermano se acercó y me compartió el pasaje de Isaías 25.6-7 diciendo: «Siento que esto mismo nos está sucediendo cada mañana cuando oramos». No pude menos que estar de acuerdo con él.

En la Biblia, el monte simboliza el lugar del encuentro con Dios, y todo aquel que venga al monte de Jehová será saciado de manjares espirituales. ¡Un verdadero banquete! El conocimiento de Dios, nuestra búsqueda íntima en oración es un deleite indescriptible, un manjar que deja nuestra alma gozosa, satisfecha por la presencia del Espíritu Santo.

Además, el Señor «destruirá en este monte la cubierta con que están cubiertos todos los pueblos, y el velo que envuelve a todas las naciones». Cuando nos unimos para orar, Dios derriba los velos que el maligno ha puesto sobre las naciones para que no les resplandezca la luz del evangelio.

Acude al monte del Señor. Deléitate en su banquete de manjares. Deja que Él te sacie con su presencia, y come de su Palabra. Intercede luego por los perdidos, clama por la sanidad de tu nación, que caigan los velos y todos confiesen que Jesús es el Señor.

¡Sube al monte de Jehová!

Señor, acudo al monte de tu presencia. En el nombre de Jesús, amén.

Ministerio a las naciones

«Me dijo entonces: Profetiza sobre estos huesos, y diles: Huesos secos, oíd palabra de Jehová. Así ha dicho Jehová el Señor a estos huesos: He aquí, yo hago entrar espíritu en vosotros, y viviréis».

EZEQUIEL 37.4-5

CUANDO DIOS ME dijo que levantaba mi ministerio «como un rompe-hielos», no comprendí los alcances de esta palabra hasta que choqué de frente contra la frialdad espiritual que se vive en algunas naciones y en algunas congregaciones.

Muchas de esas naciones en otro tiempo fueron cuna de grandes avivamientos. Pero hoy, como en la visión del profeta Ezequiel, solamente quedan huesos secos de aquel poderoso ejército. Las iglesias, vacías de gente y llenas de religión, se han transformado en museos. Los jóvenes no quieren acercarse a Dios. Falta la presencia poderosa del Espíritu Santo.

El mensaje de Dios es un mensaje de esperanza. Ezequiel 37 nos revela cómo Dios puede restaurar a su pueblo, al igual que resucita lo que está muerto. Vivimos tiempos de restauración. Dios llena con el Espíritu Santo a los que están hambrientos de Él.

El Espíritu Santo no es una doctrina solamente. Debes experimentar su poder. Permite que te revolucione por dentro, que te revele a Cristo. Pídele el denuedo de aquellos discípulos que salieron encendidos del aposento alto y predicaron a las multitudes el señorío de Jesús.

Necesitamos una iglesia viva, una iglesia de fuego, una iglesia con la autoridad de Dios. ¡Tú debes ser parte de este ejército!

Señor, no permitas que mi vida espiritual se seque. Quiero arder con el fuego de tu Espíritu. Decido buscarte en oración, adorarte y servirte. ¡Usa mi vida! En el nombre de Jesús, amén.

«Así que, hermanos míos amados, estad firmes y constantes, creciendo en la obra del Señor siempre, sabiendo que vuestro trabajo en el Señor no es en vano».

1 CORINTIOS 15.58

DURANTE 27 AÑOS en la ciudad alemana de Leipzig, todas las noches a la luz de una vela, un pobre y humilde músico componía obras musicales que al día siguiente interpretaba como organista de la iglesia de Santo Tomás. A causa de la poca luz de la vela, fue quedándose ciego. En 1750, murió en el absoluto anonimato, pero ochenta años después, sus obras comenzaron a conocerse. Este pobre e ignorado músico, que firmaba sus obras con una frase en el margen de sus partituras: «A la gloria de Dios», se llamaba Juan Sebastián Bach.

A menudo ignoramos los alcances de lo que hacemos para Dios. Nos parecen obras sencillas, poco valiosas, casi intrascendentes, pero cuando vivimos «para la gloria de Dios», ¡Él se glorifica! Y nos damos cuenta que nuestro trabajo en Él no es en vano.

Debemos vivir para que Dios reciba la gloria y no medir los costos. Así como Bach «gastó» su visión, nosotros también, aun desde el anonimato, debemos estar dispuestos a gastar nuestra vida sirviendo al Señor.

Si cada tarea, por pequeña que sea, la realizas para que Dios se sienta complacido, para que tu prójimo sea alcanzado por su amor, tendrás tu recompensa. Así que vive para la gloria de Dios. Todo lo que hagas, hazlo para Él, y Él te recompensará. Verás que tu trabajo en el Señor no es en vano.

Dios honra a los que le sirven.

Amado Dios, deseo vivir para tu gloria, servirte y serte fiel aun en lo pequeño. ¡Cumple tu voluntad en mi vida!
En el nombre de Jesús, amén.

Guerra al enemigo

«Tiempo de guerra».   ECLESIASTÉS 3.8

LOS CRISTIANOS ESTAMOS en pie de guerra; una guerra contra huestes de maldad declarada por Satanás. Y, nos guste o no, estamos en medio de la batalla. Si ignoramos esto, el enemigo atacará nuestras vidas, encontrándonos desprevenidos e infringiéndonos un gran daño.

El rey David padeció las consecuencias de ignorar la batalla. Dice 2 Samuel 11.1: «Aconteció al año siguiente, en el tiempo que salen los reyes a la guerra, que David envió a Joab, y con él a sus siervos y a todo Israel [...] pero David se quedó en Jerusalén». David escogió la comodidad del palacio y mandó a sus hombres al frente de batalla. Como consecuencia, su verdadero y gran enemigo, Satanás, logró su objetivo. Primero, lo sedujo con el ocio; mientras el pueblo peleaba, David dormía la siesta en su palacio. Luego, Satanás lo tentó con una mujer casada, y el resto de la historia la conoces: adulterio, falsedad, homicidio.

Las consecuencias de ignorar la guerra fueron terribles para David: Tuvo guerra con sus enemigos terrenales el resto de su vida. El pecado que cometió con la mujer ajena lo cometieron sus enemigos con sus concubinas. El hijo que Betsabé dio a luz, murió...

No ignores la guerra contra Satanás. Y aunque parezca que estás ganando la batalla, no olvides que el diablo está al acecho como león rugiente. ¡Ten cuidado! No te descuides, no te quites la armadura de Dios (Efesios 6.10-17). Tampoco te acomodes a la normalidad del mundo (2 Timoteo 2.3-4). Manténte alerta como un buen soldado de Cristo.

Es tiempo de guerra.

Señor, estoy dispuesto a luchar contra el enemigo. Gracias porque sé
que la victoria está segura en ti. En el nombre de Jesús, amén.

«Así, pues, nosotros, como colaboradores suyos, os exhortamos también a que no recibáis en vano la gracia de Dios».

2 CORINTIOS 6.1

ALGUNOS CRISTIANOS CONFUNDEN el significado de la gracia de Dios. Piensan: «Como Dios es un Dios de gracia, vivo como me da la gana». Así, proyectan la imagen de un Dios que «encubre» nuestros pecados.

La verdad bíblica es que Dios «cubre» las faltas de quienes fallamos sin desearlo y nos arrepentimos. El verdadero arrepentimiento conlleva un dolor por haberle fallado al Señor, una confesión sincera y un abandono del pecado. Cuando esto sucede, Dios, que es rico en misericordia, nos perdona, nos cubre con su gracia, la cual es la expresión inmensa de sus atributos.

Y esta gracia que operó salvándonos, librándonos, cambiándonos la vida, continúa dándonos la posibilidad de vivir libres del pecado, agradando a Dios, y haciendo su voluntad cada día; pero siempre que decidamos obedecerlo.

Debes elegir vivir en obediencia, caminar con Dios, hacer su voluntad; entonces su gracia y fortaleza operarán en ti. Entonces, experimentarás la victoria y la verdadera libertad.

En muchos hay algo que no ha terminado de liberarse. Salen del mundo, pero el mundo no sale de ellos. Pero al estar bajo la gracia puedes ser más espiritual que nunca. Ella viene para empujarte hacia adelante, para que huyas de la tentación, de la vanidad del mundo y agrades a Dios cada día de tu vida.

Señor, hoy me miro en el espejo de tu Palabra. Examíname, pruébame.
Perdóname si he mal entendido tu gracia. Hoy decido ser libre del
pecado y obedecerte cada día. Tu gracia me da la victoria.
En el nombre de Jesús, amén.

¡Dios busca obreros!

«Entonces dijo a sus discípulos: A la verdad la mies es mucha, mas los obreros pocos».

MATEO 9.37

JAPÓN ES UN país donde todo funciona casi de manera perfecta: los trenes, los horarios, las empresas... Los japoneses son personas muy preparadas, pero, como sucede en tantas partes del mundo, existe un gran vacío espiritual. La mayoría de las iglesias no supera los 20 miembros, y la sociedad, muy competitiva y materialista, registra un alto índice de suicidios. ¡Japón necesita conocer a Jesús!

El Señor dijo: «la mies es mucha, mas los obreros pocos». Son millones los que todavía no han oído hablar de Jesús, pero hay pocos obreros. ¿Por qué? Porque a muchos no les gusta trabajar, no quieren esforzarse. Cuando Jesús habla de un obrero tiene en su mente la imagen de la cosecha, un labrador que bajo el sol ardiente se interna en el campo para levantar la cosecha. Madruga, se esfuerza, carga el cereal y lo transporta. No es la imagen de un cómodo ejecutivo o de un experto en delegar tareas.

Aunque no todos estamos llamados a predicar en diferentes naciones, todos podemos interceder y apoyar la obra de Dios en otros lugares. Trabajemos con gozo y oremos por el privilegio de poder apoyar la obra de Dios en otras partes del mundo. ¡Esforcémonos por nuestra propia ciudad, por nuestra propia nación!

Intercedamos por las naciones. Apoyemos a los misioneros y evangelistas. Y por sobre todo, vistámonos nuestra ropa de trabajo y vayamos a levantar la cosecha.

Hay mucha gente a tu alrededor que necesita conocer el amor de Jesús.

¡Predica el evangelio!

Señor, úsame, quiero ser un obrero fiel. Salva mi ciudad, mi nación y extiende tu reino en todas las naciones. En el nombre de Jesús, amén.

En el sitio asignado

«Porque si callas absolutamente en este tiempo, respiro y liberación vendrá de alguna otra parte para los judíos; mas tú y la casa de tu padre pereceréis. ¿Y quién sabe si para esta hora has llegado al reino?»

ESTER 4.14

UN GRUPO DE judíos estaba cautivo bajo el reinado del rey Asuero. Este rey organizó una fiesta para sus príncipes y nobles y mandó llamar a la reina Vasti para que todos apreciaran su hermosura, pero ella se negó a asistir. Su rebeldía le costó la destitución y le abrió camino a Ester, una humilde y hermosa judía, para que fuese coronada como la nueva reina.

¡Qué maravillosos y sorprendentes son los caminos de Dios! Él está preparando un camino para ti. Si permaneces fiel, te mostrará a su tiempo el sitio de honra que desea que ocupes en su reino.

Amán, un alto funcionario del rey Asuero, había resuelto exterminar a todos los judíos. Entonces, Mardoqueo (padrastro de Ester) se comunicó con Ester y la desafió a interceder delante del rey para evitar el exterminio.

Dios te ha puesto en tu país, en tu lugar, para este tiempo. Levántate y ocupa el sitio que Dios te ha asignado. Él te llama a interceder por tu ciudad y nación para que se vuelvan a Dios. Tienes una función, un ministerio, ¡cúmplelo!

Ester fue una mujer valiente. No podía ir a la presencia del rey si este no la llamaba. Su vida corría peligro, pero lo hizo. Dios espera que tengas ese mismo valor para que anuncies el evangelio y seas luz en la tierra.

Ester aprovechó la oportunidad que Dios le dio. Y tú, ¿qué harás con tu llamado?

Padre amado, quiero cumplir fielmente con tu llamado. ¡Úngeme para lograrlo! En el nombre de Jesús, amén.

¡*Tus hijos son del Señor!*

«Y él les dijo: ¡Así sea Jehová con vosotros! ¿Cómo os voy a dejar ir a vosotros y a vuestros niños? ¡Mirad cómo el mal está delante de vuestro rostro! No será así; id ahora vosotros los varones, y servid a Jehová».

ÉXODO 10.10-11

ANTE LA PLAGA de langostas anunciada por Moisés, Faraón hace esta propuesta: «Vayan los varones a servir a Jehová, pero los niños que se queden en Egipto». ¿No te resulta familiar la sugerencia?

A veces escuchamos decir: «La iglesia es para la gente mayor, no para los niños o adolescentes». Y lamentablemente, muchos se dejan engañar por esta mentira y no se preocupan por la formación espiritual de sus hijos. Los dejan crecer «para que ellos decidan cuando sean mayores». Y cuando son grandes ya es demasiado tarde.

Dice Proverbios 22.6: «Instruye al niño en su camino, y aun cuando fuere viejo no se apartará de él». No es una tarea fácil, pero Dios te dará la sabiduría para hacerlo. En algunos momentos, el desaliento querrá apoderarse de ti. Los cambios que tú esperas ver en tus hijos no aparecerán. Pero ¡a su tiempo verás la cosecha! Educa a tus hijos en el camino de Dios, si no, otros los formarán en sus propios caminos.

No dejes a tus hijos en territorio enemigo. ¡Ellos han sido llamados a una vida de fe plena y abundante! Ninguna de tus palabras, ninguna de tus oraciones, ninguno de tus gestos de amor quedará sin fruto.

Haz tuya la promesa bíblica: «Cree en el Señor Jesucristo, y serás salvo, tú y tu casa» (Hechos 16.31).

Bendito Padre, hoy proclamo con toda mi fe que mi casa y yo serviremos al Señor. En el nombre de Jesús, amén.

«[...] a fin de que, arraigados y cimentados en amor, seáis plenamente capaces de comprender con todos los santos cuál sea la anchura, la longitud, la profundidad y la altura, y de conocer el amor de Cristo, que excede a todo conocimiento, para que seáis llenos de toda la plenitud de Dios».

EFESIOS 3.17-19

DURANTE MUCHOS AÑOS, supe muy de cerca lo que significa tener un ministerio sin fruto aparente. Mis compañeros del seminario tenían congregaciones pujantes en franco crecimiento, pero, en mi caso, todos mis esfuerzos parecían en vano. «¿Qué sucede? ¿Por qué no crezco?», le preguntaba a Dios.

Pero aquellos años de quebrantamiento y búsqueda espiritual me dieron «crecimiento hacia abajo», me dieron las raíces para sostener el ministerio que Dios me tenía reservado. Ahora sé que nunca dejé de crecer.

Sí, fueron años de gran crecimiento, pero no en números. Crecía en carácter, en amor, en paciencia, en dependencia de Dios.

Todos queremos «crecer hacia arriba», ser reconocidos. Pero los árboles más frondosos tienen raíces profundas que pocos conocen.

Quizás te encuentras frustrado, desilusionado porque no estás creciendo. Déjame decirte algo: El Alfarero tiene el control de tu vida. Las raíces que estás echando en amor y en santidad son el cimiento de toda obra perdurable, del perfecto plan que Dios está cumpliendo en ti. ¡Él va a sorprenderte!

Amado Dios, te doy gracias porque sé que en tus manos están mis tiempos. Tú eres mi alfarero, y quiero aprender a amar a mis semejantes y ser santo en lo simple y cotidiano. Ahora entiendo que estas son las raíces de todo logro perdurable en tus caminos. Gracias por esta etapa de mi vida. En el nombre de Jesús, amén.

El Señor de nuestro tiempo

«Al mandato de Jehová los hijos de Israel partían, y al mandato de Jehová acampaban; todos los días que la nube estaba sobre el tabernáculo, permanecían acampados».

NÚMEROS 9.18

DIOS ES EL Señor de nuestro tiempo. Tiene derecho a decir cuándo es tiempo de marchar y cuándo de acampar.

Este pasaje nos relata cómo la nube, la misma presencia de Dios, guiaba al pueblo de Israel en el desierto. Además, marca dos tiempos que debemos discernir: el de acampar, de estar quietos debajo de la nube; y el de marchar, de estar activos siguiendo la guía del Espíritu Santo.

¿Por qué Dios nos manda a acampar? Porque quiere tener un trato íntimo con nosotros, y, en el fragor de la actividad, esto no es posible. Si el pueblo no se detenía, no podía rendirle culto a Dios, levantar el tabernáculo y ofrecer sacrificios. También debía descansar física y espiritualmente; tener relación unos con otros, particularmente con la familia. ¡Todos lo días Dios nos indica un tiempo para acampar!

Luego, la nube se levantaba e indicaba el tiempo de marchar. Es el momento de emprender nuestras actividades bajo la guía y la unción del Espíritu Santo:

Dios nos ha dado el Espíritu Santo que nos guía a toda verdad, que nos enseña la voluntad de Dios. ¿Qué te dice el Espíritu Santo en este día? ¿Es tiempo de acampar o de marchar?

Piénsalo.

Padre, te pido, en el nombre de Jesús, que me des la sensibilidad para ser obediente a tus tiempos. Que nunca desobedezca tu llamado a la oración, ni deje de actuar cuando tú me lo pidas.
En el nombre de Jesús, amén.

Confía en Dios

> «Ahora, Jericó estaba cerrada, bien cerrada, a causa de los hijos de Israel; nadie entraba ni salía. Mas Jehová dijo a Josué: Mira, yo he entregado en tu mano a Jericó y a su rey, con sus varones de guerra».

> JOSUÉ 6.1-2

JERICÓ ERA UN bastión inexpugnable. Es como aquellas áreas de tu vida que no puedes modificar, esa bendición económica, familiar, vocacional que has tratado de conquistar, pero sin resultados. ¿Cómo poseer lo que Dios te ha prometido?

Primero, deja que Dios comande las acciones y te dé la estrategia. Ahora bien, la estrategia divina para tomar Jericó no parecía tener un sentido lógico. Ellos tenían que rodear la ciudad durante siete días. Los sacerdotes llevarían el arca del pacto y harían sonar las bocinas. El pueblo guardaría silencio hasta que Josué, al finalizar la última vuelta del último día, diese la orden de gritar fuertemente. Entonces, las murallas caerían (Josué 6.3-5).

La vida de fe es locura para la mente natural, pero si tienes fe ¡el milagro sucede! Tu mente dirá: «¡No tiene sentido». Pero Dios te dice: «No te desesperes, confía en mí. Solamente obedéceme y alábame».

Ignoro cuántas vueltas le has dado a tu problema, pero no abandones, ¡tal vez te encuentras girando en la última! No prestes oídos a la incredulidad, al desánimo, ¡escucha la voz de Dios! Por esta causa el pueblo debía marchar en silencio: para concentrarse en el plan de Dios y no oír las palabras de crítica o desaliento de algún disconforme.

En medio de tu problema, alaba a Dios, dale gracias y mantén tu espíritu en comunión con Él.

¡Alégrate! ¡Las murallas caerán ante tus gritos de alabanza y victoria!

Padre, proclamo que en tu nombre caerán todas las murallas que me separan de la bendición. Amén.

«Tú eres mi refugio; me guardarás de la angustia; con cánticos de liberación me rodearás».

SALMOS 32.7

LOS ESPECIALISTAS REUNIDOS en un importante congreso de cardiología en Buenos Aires determinaron que en nuestro país el 78 % de los pacientes con hipertensión arterial padece de tensión crónica. Y añadieron que la tensión resultó ser la variable más constante en todos los pacientes de cardiología, incluso frente a factores de riesgo como el tabaquismo, el sedentarismo o el aumento del colesterol. Definitivamente, la tensión es la enfermedad de estos tiempos.

Tú, como cristiano, debes evaluarte: Si ahora te irrita lo que antes no te irritaba... Si las pequeñas cosas que antes sobrellevabas, ahora te pesan y te desestabilizan.... Si ya no disfrutas lo que antes disfrutabas... Si las personas que antes tolerabas, ahora te molestan... ¡Atención! ¡Las tensiones te están afectando! Y la iglesia no debe entrar en el estado de confusión general que vive el mundo. ¡La iglesia encuentra paz y respuesta en Dios!

En los tiempos de conflicto tienes que tener claro cuál es tu identidad. Tú no eres cualquier cosa, ¡eres hijo de Dios! (Juan 1.12). Cuando te reconoces como hijo de Dios y lo adoras con una vida íntegra, el Señor te da el triunfo frente a toda adversidad.

El enemigo querrá poseer tu salud, tu paz, tus emociones, ¡pero defiende lo que Dios te dio! ¡No renuncies a lo que te pertenece!

Si las muchas presiones te afectan, acude al refugio de su presencia, al lugar donde Dios te guardará de la angustia y te dará la libertad.

Adóralo en medio de tu batalla. Él pondrá su paz en ti.

Padre, vengo a ti para entregarte todas mis cargas. Necesito tu paz.
Tú eres mi respuesta. En el nombre de Jesús, amén.

¡Cambia tus vestidos!

«Tiempo de coser».   ECLESIASTÉS 3.7

A CAUSA DE SU sufrimiento, Job se hizo un vestido de angustia, de dolor: «Cosí cilicio sobre mi piel, y puse mi cabeza en el polvo» (Job 16.15). Son tiempos «de baja costura», tiempos de poner la cabeza en el polvo y esperar que la tormenta pase. Pero existen otros tiempos en los que nos cosemos vestidos de poder.

El profeta Isaías dice de parte de Dios: «Despierta, despierta, vístete de poder, oh Sion, vístete tu ropa hermosa, oh Jerusalén [...] Sacúdete del polvo» (52.1-2). A diferencia de Job, que puso su cabeza en el polvo, Dios anima a su pueblo, afligido por el cautiverio y la esclavitud, a sacudirse el polvo y vestirse con ropas hermosas. ¡Eso sí es alta costura!

¿Qué clase de vestidos tienes puestos? ¿Vestidos de luto? ¿Arrugados? ¿Manchados? Quizás, como Job, estás vestido de lamento por las circunstancias duras que golpearon tu vida y te sientes triste y desanimado. Quizás descuidaste tu vida espiritual, y tu vestido está arrugado. O quizás tus vestiduras se han manchado con pecado. Hoy es un día propicio para quitarte esas vestiduras y purificarte. Dios quiere despertarte y llenarte otra vez con su Espíritu Santo.

Ve a la presencia de Dios y muda tu vestimenta. Él sacará para ti el mejor vestido, uno que señala que eres muy especial para Él, que sus dones y su gracia están sobre ti. Te vestirá con el poder del Espíritu Santo. Te pondrá ropas hermosas, limpias, de gala, para que ahora estés de fiesta.

¡Anímate! Es tiempo de coser.

Mi buen Dios, en tus manos dejo mis vestidos arrugados y manchados.
Vísteme de fiesta con tu poder y unción. En el nombre de Jesús, amén.

A su debido tiempo

«Ministrando éstos al Señor, y ayunando, dijo el Espíritu Santo: Apartadme a Bernabé y a Saulo para la obra a que los he llamado. Entonces, habiendo ayunado y orado, les impusieron las manos y los despidieron».

HECHOS 13.2-3

LA IGLESIA EN Antioquía era una iglesia compuesta por gentiles y judíos. Sus líderes espirituales, profetas y maestros, estaban ministrando al Señor y ayunando cuando el Espíritu Santo les habló indicándoles que el tiempo para que Pablo y Bernabé fuesen a predicar a los gentiles había llegado.

¿Te has puesto a pensar cuánto había esperado Pablo este momento? ¡Jesús mismo le había mostrado este llamado el día de su conversión! (Hechos 26.15-18). Sin embargo, él tuvo que esperar el tiempo de Dios.

En oportunidades, Dios nos habla, nos revela sus proyectos, y nosotros pensamos que su cumplimiento será inmediato, y no es así. El Señor nos permite ver el horizonte, pero queda en el medio un camino a transitar, un tiempo de preparación.

Antes de salir al campo misionero, Pablo esperó a que sus líderes le impusieran las manos. Es decir, hasta que lo bendijeron y le delegaron autoridad para la obra. Y siempre permaneció en comunión con la iglesia en Antioquía. Nunca desarrolló su ministerio en forma aislada.

Muchos cristianos reciben una palabra de Dios y no esperan que su congregación y autoridades la confirmen. Así, muchos se arriesgan a realizar cosas «para Dios» sin la cobertura espiritual sana y necesaria. Pero, si somos pacientes y estamos en obediencia, a su tiempo, aun cuando no sepamos cómo, Él hará la obra.

Dios ha puesto una semilla en tu corazón, ¡atesórala! A su tiempo dará su fruto.

Señor, descanso en ti todas mis obras. Cumple tu voluntad en mi vida.
En el nombre de Jesús, amén.

«Y Dalila dijo a Sansón: Hasta ahora me engañas, y tratas conmigo con mentiras».

JUECES 16.13

CIERTO PASTORCILLO MENTIROSO, mientras pastoreaba las ovejas de su padre, comenzaba a gritar: «¡Viene el lobo!» Entonces, su padre y toda la familia salían corriendo con las escopetas, dispuestos a defender el rebaño, pero al llegar descubrían al pastorcillo festejando su mentira. Era solamente una broma de mal gusto. Y seguía haciéndolo de tanto en tanto, pero siempre era mentira. Finalmente, un día vino el lobo, y el pastorcillo gritó desesperadamente, pero nadie le creyó. Ninguno acudió en su ayuda, y el lobo devoró todo el rebaño. La mentira tiene graves consecuencias.

Una señal de un cristiano en grave peligro es que se apoya en el engaño. Sansón era un experto en astucias y mentiras. Y muchas personas se le parecen. Son expertos en la mentira. Mienten como un hábito e, incluso, muchos llegan a creerse sus propias mentiras.

¿Qué le impide a un cristiano decir la verdad? En ocasiones, el pecado ha logrado seducirlo de tal manera que no quiere arrepentirse, pero tampoco quiere perder su posición ni su prestigio. ¿Qué hace entonces? Miente, oculta la realidad. Ese pecado al cual no quiere renunciar lo obliga a vivir mintiendo.

Dice el apóstol Pedro: «Pues para esto fuisteis llamados; porque también Cristo padeció por nosotros, dejándonos ejemplo, para que sigáis sus pisadas; el cual no hizo pecado, ni se halló engaño en su boca» (1 Pedro 2.21-22).

¿Hay lugar para la mentira en tu corazón? ¿Algún área en tinieblas? ¡Cambia de actitud! Sé un imitador de Cristo y habla siempre la verdad. Solamente el caminar en la luz es seguro.

Padre santo, quiero caminar en la verdad.
En el nombre de Jesús, amén.

Conforme al
corazón de Dios

«Crea en mí, oh Dios, un corazón limpio, y renueva un espíritu recto dentro de mí. No me eches de delante de ti, y no quites de mí tu santo Espíritu».

SALMOS 51.10-11

EL REY SAÚL recibió claras directivas de Dios para salir a pelear contra Amalec. Debía destruir todo lo que Amalec tenía y matar a todos los enemigos (1 Samuel 15). Pero Saúl tomó parte del ganado como botín y le perdonó la vida al rey Agag de los amalecitas.

Cuando el profeta Samuel lo confrontó con su pecado, Saúl intentó eludir su responsabilidad culpando al pueblo y aludiendo que él, por temor, consintió a su voz; Saúl era un rey conforme al corazón del pueblo. El pueblo lo había elegido, y él se cuidaba de agradarlo.

En cambio, David era un rey conforme al corazón de Dios. El Señor lo había elegido como rey, y él se cuidaba de agradar a Dios en todo. Cuando Saúl pecó, no le pesó haberle fallado al Señor, le siguió importando su imagen delante del pueblo y de los ancianos de Israel.

El rey David, cuando pecó, se dolió por haberle fallado al Señor. Su preocupación no fue qué pensarían los hombres, sino qué pensaría Dios, cómo quedaría ahora su relación con Él. Su clamor era no perder la comunión y la presencia del Espíritu Santo en su vida.

Hay muchos líderes, pero conforme al corazón de Dios no hay tantos. Ten cuidado que tu posición ministerial, social, no ocupe un lugar más importante en tu corazón que tu relación con Dios.

Sé un líder que busque ante todo agradarle a Él.

Señor, guárdame de aferrarme a mi posición. Me arrepiento ante ti de mi pecado. Quiero agradarte. En el nombre de Jesús, amén.

«Pero yo os digo la verdad: Os conviene que yo me vaya; porque si no me fuera, el Consolador no vendría a vosotros; mas si me fuere, os lo enviaré».

JUAN 16.7

¿QUIÉN NO HA deseado alguna vez haber caminado con Jesús por las calles de Jerusalén o en las ciudades de Galilea? ¿Quién no ha imaginado lo hermoso que hubiera sido acompañar a Pedro, Juan y los demás apóstoles, detrás de los pasos del Maestro mientras sanaba a los enfermos y libertaba a los oprimidos? ¡Quién no daría todo por ver a Jesús, tocarlo, escucharlo enseñar, cenar con Él! Sin embargo, cuando los discípulos estaban tristes porque Jesús se iba, Él les dijo: «Os conviene que me vaya». Solamente así podía venir el Espíritu Santo. ¡Gloria a Dios!

¡El Espíritu Santo está con nosotros y en nosotros! La tercera persona de la trinidad ha venido a hacer morada en tu corazón. ¿Lo conoces? ¿Amas su presencia? ¿Practicas su dulce comunión?

Jesús caminó «con» sus discípulos durante su ministerio terrenal, pero habitó «en» sus discípulos por medio del Espíritu Santo. ¡Qué maravillosa dispensación!

Durante siglos los profetas y los santos varones de Dios recibían el Espíritu de Dios para cumplir sus ministerios, pero la experiencia era temporal. Ahora, el sacrificio perfecto de Jesús nos ha dado la comunión perfecta con el Padre por medio del Espíritu Santo, y tenemos acceso al lugar santísimo. ¡Vivimos los mejores tiempos!

Hoy más que nunca debes apreciar el tesoro que Dios ha puesto en tu vasija de barro. Debes valorar la presencia del Espíritu Santo, proteger tu comunión con Él.

Dile: ¡Espíritu Santo, tengo hambre de ti!

Espíritu Santo, te amo y te recibo en mi corazón.
Toma el control total de mi vida. En el nombre de Jesús, amén.

«Porque también yo soy hombre bajo autoridad, y tengo bajo mis órdenes soldados; y digo a éste: Ve, y va; y al otro: Ven, y viene; y a mi siervo: Haz esto, y lo hace».

MATEO 8.9

UN CENTURIÓN ROMANO le dijo a Jesús: «Señor, no soy digno de que entres bajo mi techo; solamente di la palabra, y mi criado sanará» (Mateo 8.8). Reconoció que Jesús tenía autoridad porque actuaba en obediencia al Padre y, como buen soldado, solamente quería que Jesús diese la orden. Jesús se maravilló de su fe y lo alabó públicamente.

Este centurión sabía que un soldado, para progresar en su carrera militar, debía ser obediente a sus autoridades. Por lo tanto, reconoció que el poder de Jesús provenía de la obediencia a la autoridad del Padre.

Cuando Jesús terminó el Sermón del Monte, luego de compartir los principios prácticos del reino de Dios, «la gente se admiraba de su doctrina; porque les enseñaba como quien tiene autoridad, y no como los escribas» (Mateo 7.28-29). ¿En qué se basaba la autoridad de Jesús? ¿Por qué era diferente a los escribas? La respuesta es simple: Jesús vivía todo lo que enseñaba. Y la gente se daba cuenta que Jesús estaba en perfecta obediencia al Padre. Con esa autoridad, apenas descendió del monte, dio la orden y sanó a un leproso (Mateo 8.3). Con esa misma autoridad, dio la orden a la distancia y sanó al criado del centurión.

Jesús era un hombre bajo autoridad. Vivía en la obediencia. ¿Queremos unción? ¿Queremos autoridad espiritual? No existen los atajos. La obediencia a la Palabra de Dios es el camino.

Padre santo, en este día me limpio de toda rebeldía y abrazo el camino de la obediencia. En el nombre de Jesús, amén.

«Yo conozco tus obras; he aquí, he puesto delante de ti una puerta abierta, la cual nadie puede cerrar; porque aunque tienes poca fuerza, has guardado mi palabra, y no has negado mi nombre».

APOCALIPSIS 3.8

LOS HERMANOS DE la Iglesia en Filadelfia, aunque no tenían mucha fuerza, eran fieles; y en medio de sus pruebas y persecuciones, recibieron esta promesa. Dios puso delante de ellos una puerta abierta de bendición, de cuidado, de protección y triunfo. No estaban encerrados en su problema, el Señor les había provisto una salida.

Las «puertas abiertas» son posibilidades que se abren delante de ti, oportunidades de Dios que te permiten llegar a lugares que no habías alcanzado.

Dios puede abrir puertas en tu trabajo, en tu ministerio (2 Corintios 2.12; Hechos 14.27). ¡Puertas en el mismo cielo! (Apocalipsis 4.1-2). Y las puertas que Dios abre ninguno las cierra, y las que Él cierra ninguno las puede abrir. En ocasiones, Dios cierra una puerta simplemente porque tiene una mejor. Cuando el apóstol Pablo quería predicar el evangelio en Asia, el Espíritu Santo no se lo permitía. Finalmente, cuando llegó a Troas, Pablo tuvo una visión de Dios y comprendió que las puertas estaban abiertas para predicar en Europa (Hechos 16.6-10). A veces nos sucede lo mismo; nos enojamos y confundimos porque un plan se frustra, ¡pero Dios tiene otras puertas!

En otras ocasiones, hay puertas que se abren únicamente por tu oración persistente (Lucas 18.1-8). ¡Persevera en la fe!

También, existen puertas que se abrirán cuando Dios considere que estás maduro, preparado para trasponerlas (1 Pedro 5.4-7). Sé paciente y espéralas.

¡Dios tiene puertas de bendición para tu vida!

Amado Dios, abre tus puertas de bendición en mi camino.
Te lo pido en el nombre de Jesús, amén.

«Tiempo de nacer».   ECLESIASTÉS 3.2

PRESENCIAR EL NACIMIENTO de un hijo es una experiencia emocionante. Es el cumplimiento de sueños, de oraciones, de tiempos de espera y dolor. Seguramente estás esperando ver nacer nuevos proyectos, nuevas etapas y logros en tu vida. Y, como ocurre con el nacimiento de una criatura, debes estar dispuesto a transitar por diferentes etapas.

La primera etapa es el tiempo de la concepción. Si deseas que tus proyectos vean la luz, deben concebirse en la voluntad de Dios y no la tuya, así tendrás su bendición asegurada.

La segunda etapa es la de la gestación. Debes cuidar lo que se está gestando en tu interior por medio de la fe, la oración y la acción.

La tercera etapa es respetar los tiempos. Un embarazo interrumpido es un aborto, y un embarazo que se prolonga demasiado puede acarrear graves problemas de salud a la criatura. Así también, muchos creyentes, por querer las cosas instantáneamente, pierden su fe y abortan el proyecto. La fe es la certeza de lo que se espera. ¡No pierdas tu fe!

La cuarta etapa es el alumbramiento. Y el dolor precede todo nacimiento. Hay esfuerzo, problemas; pero si el proyecto fue concebido por Dios, y lo gestaste con fe y paciencia, nada podrá evitar el nacimiento. ¡Y tu dolor se convertirá en alegría! «La mujer cuando da a luz, tiene dolor, [...] pero después que ha dado a luz un niño, ya no se acuerda de la angustia, por el gozo de que haya nacido un hombre en el mundo» (Juan 16.21).

Tu sueño, tu proyecto, se hará realidad, y nadie podrá quitarte el gozo.

Amado Dios, ayúdame a esperar en ti. Sé que todo se cumplirá
en tu tiempo. En el nombre de Jesús, amén.

Un plan para mi vida

«Antes que te formase en el vientre te conocí, y antes que nacieses te santifiqué, te di por profeta a las naciones».

JEREMÍAS 1.5

CUANDO TENÍA NUEVE años, entré a una iglesia evangélica. Un pastor se acercó a mí y me dijo: «Tú vas a ser pastor como yo». Un frío helado recorrió mi espalda. Lo miré aterrorizado y pensé: «¡Jamás!» Yo quería ser jugador de fútbol y si no, ¡ciertamente el pastorado estaría en lo último de mi lista! Pero, cuando conocí al Señor y le entregué mi vida por completo, descubrí que Él tenía un plan específico para mí y que aquella palabra que recibí años atrás efectivamente era de Dios.

Algunos no le encuentran sentido a su vida. Otros imaginan que están en la tierra solamente por error, que nadie los puede querer. Otros asumen que nacieron para sufrir y se resignan. ¡Necesitan descubrir el precioso plan de Dios para sus vidas!

Jeremías quiso poner excusas para eludir su responsabilidad. Al igual que Moisés, ¡quiso insinuarle a Dios que él no era la persona indicada! Pero Dios no estaba improvisando. Antes que Jeremías fuese formado en el vientre de su madre, Dios ya lo conocía y lo había apartado para el ministerio.

La Palabra de Dios dice que «nos escogió en él antes de la fundación del mundo» (Efesios 1.4). Quizás en la vida te has sentido poco valioso, poco apreciado por los demás. Pero recuerda, ¡Él te escogió!

Tú no estás en este mundo por casualidad. ¡Dios tiene un plan para tu vida! ¡Un ministerio ungido, hecho a tu medida desde antes de la fundación del mundo!

Padre, perdóname si me he juzgado incorrectamente. Te alabo porque me escogiste y tienes un plan para mi vida.
En el nombre de Jesús, amén.

«En el año que murió el rey Uzías vi yo al Señor sentado sobre un trono alto y sublime, y sus faldas llenaban el templo».

ISAÍAS 6.1

VIVIMOS TIEMPOS DE crisis. Muchas naciones del mundo atraviesan graves situaciones económicas, sociales y políticas. Hay guerras y hambre. «Esto está cada vez peor», repetimos los cristianos, arrastrados por un espíritu de pesimismo y angustia, igual que los incrédulos.

Sin embargo, los momentos de crisis para los hijos de Dios son grandes oportunidades para crecer y conquistar espacios para el reino celestial.

La muerte del rey Uzías significó para el pueblo de Israel la pérdida de un monarca progresista y eficiente; un hombre que, en armonía con Dios, hizo grandes cosas para su nación.

¿Qué hizo el profeta Isaías en un momento tan difícil? Lo que todos debemos hacer: fue a orar al templo. Y ahí, en ese momento de angustia, tuvo la visión más sublime que jamás había tenido: «vi yo al Señor». ¡Qué experiencia tan gloriosa! Dios estaba transformando el peor año de su vida en un nuevo año lleno de visión y claridad en el ministerio.

Quizás estás atravesando momentos de angustia y zozobra. Todo parece derrumbarse a tu alrededor. Quiero compartirte un mensaje que cambiará tu angustia en alegría: «Dios transformará tu peor año en el mejor año de tu vida». Solamente ve y búscalo.

Señor, gracias porque tienes un plan para mi vida y no hay crisis que pueda impedir que lo cumplas. En medio de las pruebas, quiero ver tu gloria y renovar mi fe y mi confianza en ti. En el nombre de Jesús, declaro que este será el mejor año de mi vida. Amén.

Bendición matrimonial

«Y dijo Jehová Dios: No es bueno que el hombre esté solo; le haré ayuda idónea para él».

GÉNESIS 2.18

VOY A SER muy honesto contigo: Dios me ha dado una gran mujer en Betty.

Muchos matrimonios cristianos no disfrutan del romance y el compañerismo. Los esposos viven vidas independientes. Están juntos, pero no unidos. Tal vez uno de los cónyuges, o ambos, se refugian en la religión o aun en el servicio activo, pero en realidad no están completos. Y están vulnerables a los ataques del enemigo.

Sin embargo, Betty, a través de los años, ha colmado todas mis expectativas. Por donde yo estoy, salvo contadas excepciones, por allí cerca está Betty. No compartimos un matrimonio, compartimos la vida. Ella me escucha y es una buena consejera. Sabe comprenderme y en más de una ocasión la escuché orando pidiéndole a Dios que le diese la misma visión que Él me había dado. ¡Qué más puedo pedir!

El Señor formó a la mujer de una costilla de Adán. La tomó de su costado, cerca de su corazón, para que fuese su compañera y camine a su lado en la vida. Significa que ambos son un equipo y que luchan por las mismas metas. La esposa virtuosa pone todas sus habilidades, talentos y creatividad al servicio del equipo reconociendo el lugar que Dios le ha concedido a su esposo y respetándolo.

¡La bendición matrimonial es para ti! Tal vez te encuentres lejos del modelo ideal, pero puedes trabajar con fe para lograrlo. Muestra disposición a hacer tu parte y a su tiempo verás el cambio con tus propios ojos. ¡Créelo!

Padre, renueva mi matrimonio. Yo haré mi parte y tú, Señor, harás el resto. Lo creo. En el nombre de Jesús, amén.

La única fuente de recursos

«Pedid, y se os dará; buscad, y hallaréis; llamad, y se os abrirá. Porque todo aquel que pide, recibe; y el que busca, halla; y al que llama, se le abrirá».

MATEO 7.7-8

UN HOMBRE DE Dios me dijo: «El problema de muchos cristianos es que no usan su fe. Para ellos, ejercitar su fe es el último recurso, cuando debería ser el primero. Corren de aquí para allá, golpean cuanta puerta se les cruza en su camino, ¡excepto la puerta de los cielos!»

Es verdad. En mis años de formación en el ministerio tuve que aprender a reconocer a Dios como la única fuente de todos los recursos.

En una ocasión, fui a ver a un querido misionero para que nos brindara el apoyo económico necesario para comprar otro templo.

Este hermano me dijo emocionado: «Claudio, no siento que sea la voluntad de Dios lo que me estás pidiendo. Ora al Señor, y Él te va a suplir. Dios está ejercitando tu fe. No te apoyes en los hombres. Hay alguien que es todo suficiente y poderoso y puede cambiar tu difícil situación».

Después de nuestra conversación, me fui frustrado de aquella reunión. No quería atravesar esa escuela de Dios, mas bien buscaba algún atajo. Pero hoy, después de tantos años, me doy cuenta cuánta sabiduría había en las palabras de este querido misionero.

Dios te dice hoy: «Pedid, y se os dará; buscad, y hallaréis; llamad, y se os abrirá».

La oración de fe abrirá las puertas de los cielos para ti.

¡Señor Jesús, enséñame a depender de ti y solamente de ti; a orar y ver tus maravillas! ¡Para la gloria de tu nombre, amén.

> «Y se reunieron en Mizpa, y sacaron agua, y la derramaron delante de Jehová, y ayunaron aquel día, y dijeron allí: Contra Jehová hemos pecado. Y juzgó Samuel a los hijos de Israel en Mizpa».

> 1 SAMUEL 7.6

NINGUNA DECISIÓN ES tan acertada como la de arrepentirse. La palabra original en el griego es «metanoia» y significa literalmente «cambio de mentalidad». El arrepentimiento conlleva una nueva forma de pensar sujeta a Dios y nos impulsa a tomar decisiones para caminar en esa obediencia.

Mizpa simboliza ese lugar de arrepentimiento. Significó para el pueblo de Dios el lugar de la consagración y la liberación. Los israelitas vivían oprimidos por los filisteos en una constante derrota. Hacía 20 años, habían perdido la presencia de Dios simbolizada en el arca del pacto y se lamentaban por esa pérdida. Pero ellos mismos eran los responsables de su derrota; se habían alejado de Dios para adorar ídolos paganos. Necesitaban volver en sí.

Muchos cristianos se lamentan por haber perdido el gozo de la salvación. Recuerdan con nostalgia los tiempos del primer amor cuando la presencia del Espíritu Santo envolvía su vida. Pero ahora se sienten secos, derrotados, sin entender porqué. Necesitan volver en sí. Dios no ha cambiado. Es nuestro pecado lo que estropea todo.

El pueblo de Israel dijo: «Contra Jehová hemos pecado». Y en Mizpa, ayunó y buscó a Dios. Derramó agua como símbolo de su purificación y quitó todos los ídolos. Entonces, Dios lo defendió de sus enemigos y le devolvió sus tierras.

Hoy, Dios te llama a pasar por Mizpa con un corazón sensible y dispuesto al arrepentimiento. Luego te restaurará y te librará de toda opresión.

Amado Dios, abro mi corazón para que me limpies. Acudo a Mizpa dispuesto a cambiar. En el nombre de Jesús, amén.

> «Regocíjate, oh estéril, la que no daba a luz; levanta canción y da voces de júbilo, la que nunca estuvo de parto; porque más son los hijos de la desamparada que los de la casada, ha dicho Jehová».
>
> ISAÍAS 54.1

SOLAMENTE EL SEÑOR conoce cuánto sufre una mujer cuando no llega el hijo tan deseado.

Si esto es cierto en la actualidad, imagina cuánto más difícil era en los tiempos bíblicos, en una sociedad que privilegiaba el tener muchos hijos. Recuerda la historia de Ana; cómo sufría los desprecios de Penina, la otra esposa de Elcana (1 Samuel 1.5-8). No, no era sencillo. Pero a esta mujer estéril Dios le dice: «¡Regocíjate! ¡Canta! ¡Grita de alegría!»

Podría argumentar: «¿Qué motivos tengo para cantar o gritar de alegría? Solamente conozco la frustración y el rechazo». Y Dios le responde: «más son los hijos de la desamparada que los de la casada». En otras palabras: «¡Yo voy a darte los hijos que deseas!»

Quizás te sientes estéril en algunas áreas de tu vida. Te frustras al ver que otros progresan y tú no. Tal vez tengas batallas con tu baja autoestima. Hay heridas de rechazo y abandono en tu corazón. Dios te dice: «Si me crees, volverás a sonreír. Cantarás y gritarás de alegría».

La fe te permite disfrutar de la victoria aun antes de ver el milagro con tus ojos naturales. Te sostiene «como viendo al Invisible» (Hebreos 11.27).

¡Regocíjate! ¡Canta! ¡Da voces de júbilo! ¡Todo lo puedes en Cristo que te fortalece!

Amado Señor, recibo la fe para creer en el milagro. Y por la fe te alabo y te doy gracias por la respuesta. En el nombre de Jesús, amén.

Dios cumplirá sus promesas

> «Y cuando pasaban los madianitas mercaderes, sacaron ellos a José de la cisterna, y le trajeron arriba, y le vendieron a los ismaelitas por veinte piezas de plata. Y llevaron a José a Egipto».

> GÉNESIS 37.28

DÍAS ATRÁS, JOSÉ era el preferido de su padre. Dios mismo le había mostrado en sueños un destino de honra. Hoy, sus propios hermanos lo vendían como esclavo. ¿Qué tenía que ver esto con el plan de Dios?

Quizás, como José, te preguntas acerca de las promesas y los planes de Dios para tu vida. Quizás hasta dudes si en verdad Dios te ha hablado.

Cuando Dios me llamó al ministerio, me dio promesas de bendición, pero, durante siete largos años, mi congregación no superaba las siete personas.

Un día, pensé: «Esto no es para mí. Voy a renunciar al pastorado». Cuando fui a ver al superintendente de las Asambleas de Dios para entregarle mis credenciales me dijo: «Dios tiene algo glorioso para ti. Tú no lo ves, pero Dios te usará grandemente. No sé cuáles serán tus problemas, pero sigue adelante».

Guardé mi credencial en el bolsillo. Corrí a mi casa, abrace a Betty, y le dije: «Seguimos adelante». Y renovamos nuestros votos con el Señor. A su tiempo, Dios cumplió todas sus promesas y nos dio bendiciones que jamás hubiésemos imaginado.

El plan de Dios se cumplirá en tu vida, como se cumplió más tarde en la vida de José. Él tiene el control de todo.

Sigue adelante.

Señor, ¡mi vida está en tus manos! Confieso que tus planes se cumplirán en mí y lo veré con mis ojos. En el nombre de Jesús, amén.

Libres de celos

«Pues aún sois carnales; pues habiendo entre vosotros celos...»

1 CORINTIOS 3.3

EN UN SENTIDO positivo el celo se pude definir como el cuidado vigilante y afectuoso en una relación que nos compromete en una fidelidad mutua. Tal es el celo de Dios por su pueblo, un celo amoroso que busca nuestro bien, que nos mantengamos fieles en nuestro amor y obediencia (Stg 4.5).

Pero existen otros celos. Aquellos que son un pecado y que tanto daño ocasionan. Aquellos que brotan de una naturaleza no renovada y que se incluyen claramente en las obras de la carne (Ga 5.20).

¿Cuáles son las causas que originan los celos? Muchas veces existen en los corazones sentimientos de inferioridad no confesados. Si esta es tu situación, necesitas con urgencia que Dios te revele cuánto vales realmente, y cuánto tienes para ser amado y reconocido.

Otro causante de los celos son las heridas del pasado. Si fuiste traicionado, si te abandonaron, o te señalaron siempre los defectos, pídele a Dios que sane tu corazón y te haga libre para amar y confiar en tu prójimo.

Las consecuencias de los celos son terribles. La ansiedad y el temor sumen a la persona en depresión y angustia. Se originan odios y violencia. Finalmente el matrimonio, la amistad, se rompe por la situación reinante.

¿Quieres ser libres de tus celos? Confiésalos como un pecado. Renuncia a apropiarte de la persona que amas y entrégasela al Señor. Fortalece tu auto estima en Dios. Rechaza los espíritus de temor y perdona a los que te ofendieron.

No vivas con el tormento de los celos. ¡Jesús te hizo libre!

Amado Dios, líbrame de los celos y dame el verdadero amor que echa fuera el temor. En el nombre de Jesús, amén.

«Echando toda vuestra ansiedad sobre él, porque él tiene cuidado de vosotros».

1 PEDRO 5.7

EN EL AMBIENTE médico existe una presión arterial llamada «de consultorio». Es producto de la ansiedad que provoca estar en la sala de espera antes de la consulta con el médico.

En el campo espiritual sucede algo parecido. Cuando estamos frente a lo desconocido o a una respuesta de Dios que no llega, comenzamos a sentir síntomas de ansiedad. Hoy, su Palabra nos invita a echar toda esa ansiedad sobre Él y a reconocer que tenemos un Padre maravilloso que nos cuida.

El versículo anterior, 1 Pedro 5.6, nos habla de estar «bajo la poderosa mano de Dios». La mano de Dios es la mano protectora del Padre que ama a su hijo y lo dirige por sendas correctas. El Señor nos dice que su mano nos lleva a lugares donde nunca hemos estado, pero que, aun así, caminemos con confianza.

A veces, en este caminar, Dios nos pide determinadas cosas que a nosotros nos parecen imposibles. Pero el profeta Ezequiel testificó: «Me levantó, pues, el Espíritu, y me tomó; y fui en amargura, en la indignación de mi espíritu, pero la mano de Jehová era fuerte sobre mí» (Ezequiel 3.14). Quizás le dices al Señor que no estás preparado para olvidar tu pasado, para enfrentar el mañana y seguir adelante. Dios te dice: «La mano de Jehová será fuerte sobre ti».

Echa toda tu ansiedad en el Señor. Descansa. ¡Hay una gran victoria en Él!

Señor, quiero dejar a tus pies toda mi ansiedad, todos mis temores.
Entiendo que tú eres mi Padre amoroso, y nada malo podrá sucederme.
Te alabo y bendigo. Amén.

El camino a la vida eterna

«Así dijo Jehová: Paraos en los caminos, y mirad, y preguntad por las sendas antiguas, cuál sea el buen camino, y andad por él, y hallaréis descanso para vuestra alma. Mas dijeron: No andaremos».

JEREMÍAS 6.16

NUESTRA PRIMERA IGLESIA estaba ubicada en un barrio de calles circulares, por lo que la gente se perdía a menudo. En ocasiones veía pasar el mismo auto varias veces y al conductor desorientado mirando para todas partes. Finalmente, paraban y le preguntaban a algún vecino cómo salir de aquel laberinto.

Asimismo, el pueblo de Israel, extraviado, perdió el rumbo y no gozaba más de las bendiciones de Dios. Aquí, el Señor ordena: «paraos», «mirad», «preguntad» y «andad».

Primero, Dios nos llama a detenernos. ¿Estás seguro que estás en el camino correcto que enseña la Palabra? Es un llamado a detenerte y reflexionar sobre tu vida. ¡Cuántas personas, como los israelitas, marchan a un fracaso seguro pero se obstinan en seguir sus propios caminos!

Entonces, el Señor te dice: «Mira». ¿Adónde debes mirar para asegurar tu camino? ¡A la Palabra de Dios! Como dice en 2 Pedro 1.19: «Tenemos también la palabra profética más segura, a la cual hacéis bien en estar atentos como a una antorcha que alumbra en lugar oscuro [...]».

Luego, «pregunta» por las sendas antiguas. Pregúntale a Dios en primer lugar; que su Santo Espíritu alumbre tus ojos para rectificar el rumbo. Pregúntale también a tus hermanos mayores y líderes que tengan buen testimonio. Ellos te guiarán a las sendas antiguas del arrepentimiento, la fe sincera, la vida santa y llena del Espíritu Santo.

Cuando veas claramente el camino, ¡anda por él! Dios ha prometido que encontrarás el descanso para tu alma.

Padre santo, quiero caminar en tus sendas y no salirme jamás. En el nombre de Jesús, amén.

Noviembre

«¿Hasta cuándo, oh Jehová, clamaré, y no oirás; y daré voces a ti a causa de la violencia, y no salvarás? ¿Por qué me haces ver iniquidad, y haces que vea molestia? Destrucción y violencia están delante de mí, y pleito y contienda se levantan».

HABACUC 1.2-3

EL PROFETA HABACUC es conocido como el profeta de la queja. Atónito, observaba la sociedad corrupta en que vivía, y no podía comprender por qué Dios no actuaba. «¿Por qué, Dios? ¿Hasta cuándo, Dios?» era su lamento.

¿No es también este el clamor de muchos cristianos? En medio de la dificultad, se quejan delante de Dios y le reclaman como si Él no tuviese el control de todo. Y Dios responde: «Mirad entre las naciones, y ved, y asombraos; porque haré una obra en vuestros días, que aun cuando se os contare, no la creeréis» (Habacuc 1.5).

La respuesta para Habacuc nos sigue tocando hoy.

Dios no está quieto. Va a dejarte asombrado cuando veas su obra terminada. Si puedes ver más allá de tus problemas, si puedes tener una revelación de aquello que Dios está haciendo en el mundo espiritual, esa fe quitará la queja de tu boca y tendrás un canto de alabanza. Podrás decir: «Aunque la higuera no florezca, ni en las vides haya frutos [...] Con todo, yo me alegraré en Jehová, y me gozaré en el Dios de mi salvación» (Habacuc 3.17-18).

¡La respuesta está en camino! Solamente espérala con fe.

Bendito Padre, hoy renuncio a la queja y declaro que viviré por la fe.
¡Tú vas a asombrarme con tus maravillosas obras!
En el nombre de Jesús, amén.

Nueva oportunidad

«De doce años era Manasés cuando comenzó a reinar, y cincuenta y cinco años reinó en Jerusalén. Pero hizo lo malo ante los ojos de Jehová».

2 CRÓNICAS 33.1-2

MANASÉS FUE UNO de los peores reyes de Judá. Durante la primera parte de su reinado, levantó altares a los baales, hizo imágenes de Asera y rindió culto al ejército de los cielos (v. 3). Además, inmoló a sus hijos en los altares paganos y consultaba a adivinos y encantadores (v. 6). ¡Era un caso perdido! Arrastró a la nación hacia estos pecados y mató a cuanto profeta o sacerdote se puso en su camino.

Tal grado de maldad provocó el juicio de Dios contra este monarca y la nación: «Jehová trajo contra ellos los generales del ejército del rey de los asirios, los cuales aprisionaron con grillos a Manasés, y atado con cadenas lo llevaron a Babilonia» (v. 11).

¿Tendría este hombre malvado una oportunidad para ser restaurado, liberado y restituido?

Todo parecía indicar que no, pero «luego que fue puesto en angustias, oró a Jehová su Dios, humillado grandemente en la presencia del Dios de sus padres. Y habiendo orado a él, fue atendido; pues Dios oyó su oración y lo restauró a Jerusalén, a su reino. Entonces reconoció Manasés que Jehová era Dios (v. 12-13). ¡Gloria a Dios por su maravillosa gracia! Cuando Manasés se humilló de corazón y oró a Dios, Él le dio una nueva oportunidad.

Quizás crees que has fallado demasiado y no tienes remedio, pero Dios quiere hacer contigo una nueva vasija. Si te arrepientes, si te humillas de corazón y lo buscas en oración, Dios te restaurará.

Si lo hizo con Manasés, lo hará también contigo.

Padre santo, restáurame. Concédeme un nuevo comienzo.
En el nombre de Jesús, amén.

Cree en tu corazón

«Jesús le dijo: Ve, tu hijo vive. Y el hombre creyó la palabra que Jesús le dijo, y se fue».

JUAN 4.50

EN UNA CONFERENCIA INTERNACIONAL, un hermano vino desde Chile con su familia y nos compartió el milagro que Dios hizo en una de sus hijas.

Nueve años atrás, realicé una cruzada en Chile. En aquel tiempo, la hija menor de este hermano estaba muy enferma. Asistía al colegio, pero normalmente regresaba a su casa con fuertes vómitos y dolores de cabeza. Dormía todo el día, toda la noche y aun el día siguiente. Los médicos pensaban que se trataba de un caso severo de epilepsia. Mientras tanto, la niña rechazaba algunas comidas y bebidas, y debían someterla a un cuidado extremo. Toda la familia estaba muy triste.

Cuando se enteraron que realizaríamos la cruzada, asistieron a la primera reunión que hicimos. Y en el momento de la oración, ¡el Señor tocó a la niña poderosamente! La familia levantó sus manos y le dio gracias a Dios por el milagro.

El padre nos dijo en la conferencia: «Ella ahora asiste normalmente a su colegio. Nunca más estuvo enferma. Toma todas la bebidas y come de todo. Y esta noche está conmigo». ¡Gloria a Dios! ¡Él sigue sanando todas las dolencias!

Un oficial del rey también tuvo a su hijo muy enfermo (Juan 4.43-54). Él no analizó, le creyó a Jesús en su corazón, y en esa misma hora su hijo se sanó.

Quizás te enfrentas a un gran desafío, una situación que te entristece. ¡Jesús quiere hacer un milagro en tu vida!

Permite que la Palabra de Dios baje de tu mente a tu corazón.

Padre, te presento mi necesidad y creo que eres poderoso para realizar un milagro. En el nombre de Jesús, amén.

«Entonces Eliseo le envió un mensajero, diciendo: Ve y lávate siete veces en el Jordán, y tu carne se te restaurará, y serás limpio. Y Naamán se fue enojado, diciendo: He aquí yo decía para mí: Saldrá él luego, y estando en pie invocará el nombre de Jehová su Dios, y alzará su mano y tocará el lugar, y sanará la lepra».

2 REYES 5.10-11

MUCHAS PERSONAS NO reciben lo que Dios quiere darles porque esperan que Él se mueva de acuerdo a sus parámetros.

Naamán tenía sus ideas de cómo debía ser sanado de la lepra y, cuando las cosas no sucedieron como esperaba, se fue enojado. Era demasiado sencillo para ser cierto.

Una vez, me encontré con un compañero de estudios al que no veía desde hacía años. Me contó de su vida y las situaciones difíciles que había atravesado. Por mi parte, pude contarle cómo me había convertido al Señor y, naturalmente, lo invité a recibirlo en su corazón, diciendo: «Debes arrepentirte de tus pecados y, en oración, entregarle toda tu vida para que Él sea tu Señor». Pero él dijo: «¿Solamente una oración? No es posible. Es demasiado fácil».

Muchos piensan que acercarse a Dios debe ser algo complejo, pero es simple. Dios solamente demanda arrepentimiento y fe.

Hay muchos «Naamán» que lo tienen todo, pero están «leprosos». Necesitan el perdón de sus pecados y la vida eterna.

Naamán hizo como el profeta Eliseo le había mandado y fue sanado.

Otros serán transformados y sanados si tú les hablas de Cristo y ellos escuchan con fe.

Padre amado, gracias por revelarte a todo aquel que te busca con corazón sincero. Usa mi vida para hablarle de tu amor a todos. En el nombre de Jesús, amén.

En medio de la crisis

«Porque no me avergüenzo del evangelio, porque es poder de Dios para salvación a todo aquel que cree; al judío primeramente, y también al griego».

ROMANOS 1.16

EN MEDIO DE la crisis, la iglesia avanza.

A partir de la década del ochenta, la iglesia evangélica en Argentina creció de manera notable. El pueblo argentino, golpeado, abatido, humillado por la derrota en la guerra de las Malvinas y sufriendo crisis internas, comenzó a abrir su corazón para escuchar el evangelio. Se levantaron hombres pioneros que anunciaban la Palabra de Dios en lugares abiertos, predicando con testimonios milagrosos y una gran autoridad para libertar a los oprimidos. Literalmente, miles de personas corrían hacia la plataforma para recibir a Jesús como su Salvador cada noche. Hubo una gran cosecha, ¡y aún la seguimos levantando!

Al escribir estas líneas, en nuestro país se oye la queja de muchos por la grave crisis económica. Muchos jóvenes se han ido del país buscando el progreso en otros lugares, pero la iglesia mira los campos que están blancos para la siega. En medio de la crisis, la iglesia avanza y lleva adelante nuevos proyectos para Dios.

En este contexto adverso, nuestra congregación ha comprado varias propiedades en nuestra manzana y estamos edificando un templo para 5.000 personas ¡porque Dios bendice a su pueblo en medio de la crisis!

Ignoro la situación que estás viviendo o atraviesa tu nación. Quizás los pronósticos son malos. Pero no te desanimes. En medio de la crisis, Dios te da la oportunidad de predicar el evangelio a los que están sufriendo y, milagrosamente, te permite prosperar y cosechar aun en tierra seca.

La crisis no es para ti. ¡Avanza!

Señor, muéstrame todas las posibilidades que tengo para seguir avanzando en tu voluntad. En el nombre de Jesús, amén.

«Tiempo de hablar».   ECLESIASTÉS 3.7

EN LAS BODAS, los ministros dicen a los asistentes que, si alguno conoce algún impedimento para que se realice el matrimonio, «hable ahora o calle para siempre». Es el momento justo para hablar. Así también, en nuestro cotidiano vivir hay un tiempo para hablar y expresar lo que Dios quiere que se oiga.

Quizás seas alguien de pocas palabras, pero eso no debe impedir que te expreses, ni que Dios te use. Cuando comencé mi ministerio, era bastante tímido. Cerraba las ventanas de la iglesia para que la gente que pasara no me viera predicar. Pero Dios me ungió con el Espíritu Santo y me dio un arrojo que no era parte de mi vieja naturaleza. Entonces, comencé a anunciar el evangelio al aire libre. El Espíritu Santo te hace libre para que puedas expresarte, hablar de Jesucristo sin temores.

Mientras el pueblo de Samaria perecía de hambre por causa del sitio, unos leprosos penetraron en el campamento enemigo y lo encontraron abandonado y lleno de provisiones. Ellos comieron y disfrutaron de aquel banquete, pero luego reflexionaron y dijeron: «No estamos haciendo bien. Hoy es día de buena nueva, y nosotros callamos [...] Vamos pues, ahora, entremos y demos la nueva en casa del rey» (2 Reyes 7.9).

Hoy es día de buena nueva para el mundo, y los creyentes no podemos callar disfrutando egoístamente de nuestra salvación. No desperdicies las oportunidades que se te presentan. ¡Predica la Palabra! Dios te dice como al apóstol Pablo: «No temas, sino habla, y no calles; porque yo estoy contigo» (Hechos 18.9-10). Dios quiere usarte.

¡Anímate! Es tiempo de hablar.

Señor, en tu nombre hablaré las buenas nuevas. No estaré callado.
Que mis palabras bendigan las vidas de otros. Amén.

«Señor, le respondió el enfermo, no tengo quien me meta en el estanque cuando se agita el agua; y entre tanto que yo voy, otro desciende antes que yo. Jesús le dijo: Levántate, toma tu lecho, y anda».

JUAN 5.7-8

UNA MULTITUD DE enfermos y minusválidos rodeaba al estanque de Betesda día tras día. Esperaba un milagro porque, en ocasiones, un ángel descendía al estanque y agitaba las aguas, y el primero que descendía quedaba sano. En medio de aquella multitud se encontraba un hombre paralítico desde hacía 38 años... ¡toda una vida! Y había perdido las esperanzas.

«Cuando Jesús lo vio acostado, y supo que llevaba ya mucho tiempo así, le dijo: ¿Quieres ser sano?» (Juan 5.6). Pero aquel hombre postrado en cuerpo y alma ya no quería ilusionarse y le dijo: «Otros lo han logrado, pero yo no puedo. Nadie me ayuda». Pero Jesús insiste una y otra vez: «¡¿Quieres ser sano?!»

Muchas personas me dicen que llevan años orando por una necesidad, pero no pasa nada. Entonces, observan cómo otros son bendecidos por Dios y se preguntan resignados: «¿Por qué a mí no?» Sienten que se les escapan las oportunidades y los sueños.

No sé cuál es tu problema, la batalla que estás librando tal vez desde hace mucho tiempo. Pero Jesús conoce el significado de una prueba prolongada. Él es sensible para comprender lo que sientes cuando pasan los años, y la respuesta que esperas no llega a tu vida. Él quiere renovar tu esperanza. Si estás cansado, solo, frustrado, entristecido, ven corriendo a los brazos de Jesús. Cuéntale tu dolor. Él comprende lo que sientes.

Su Palabra tiene poder para sanarte.

Señor, te entrego mi dolor, mi frustración, mi desánimo.
¡Tómame en tus brazos! En el nombre de Jesús, amén.

«Dad, y se os dará; medida buena, apretada, remecida y rebosando darán en vuestro regazo; porque con la misma medida con que medís, os volverán a medir».

LUCAS 6.38

AL LLEGAR EL momento de las ofrendas en un culto, un pastor amigo mío abrió su billetera y notó que solamente tenía un billete de mucho valor, por lo que dijo: «Hoy olvidé traer la ofrenda». Su fiel asistente, quien había visto su billetera, le preguntó: «¿Cómo dice que no trajo la ofrenda, pastor?»

Mi buen amigo, suspirando, entregó el billete. Al finalizar el servicio, una hermana se le acercó y le dijo: «El Señor me mostró que tenía que darle este dinero», y le entregó un sobre. El pastor lo abrió y contó diez billetes del mismo valor del que puso en la ofrenda.

Este testimonio ilustra la premisa de Dios: «Dad, y se os dará». En la economía de Dios no prospera el avaro, sino el generoso, aquel que ha aprendido a dar en la voluntad de Dios.

Cuando damos con amor, desinteresadamente, Dios nos bendice. Es la consecuencia natural en el reino de Dios. Aquello que siembras, eso cosechas. Y la voluntad de Dios es colmarte de su bendición con tanta abundancia, que tengas que sentarte para recibirla.

Seamos buenos administradores de los bienes del Señor y no perdamos la oportunidad de apoyar la obra de Dios y bendecir a otros que están necesidad.

Señor, dame un corazón generoso y fiel para bendecir tu obra y a
aquellos que están en necesidad. Si he dejado de ofrendar o diezmar, te
pido perdón. Confío en tus promesas. Si doy, tú me vas a dar.
En el nombre de Jesús lo creo, amén.

Oremos por nuestros gobernantes

«Exhorto ante todo, a que se hagan rogativas, oraciones, peticiones y acciones de gracias, por todos los hombres; por los reyes y por todos los que están en eminencia, para que vivamos quieta y reposadamente en toda piedad y honestidad».

1 TIMOTEO 2.1-2

UNA MULTITUD DE alrededor de 300.000 cristianos evangélicos de todas las denominaciones se reunió en el centro de la ciudad de Buenos Aires para orar por nuestro país, confesar los pecados de nuestra nación y de nuestra ciudad. Allí, pedimos a Dios, conforme a la promesa de 2 Crónicas 7.14, que sane nuestra tierra. Intercedimos por cada una de nuestras autoridades.

Muchas personas se la pasan maldiciendo a su país y sus gobernantes. ¿Podemos los cristianos alinearnos con este pensamiento? La Palabra de Dios nos exhorta a orar por aquellos que están en eminencia. Sin considerar las banderas políticas del gobierno de turno, Dios nos ha puesto para bendecir nuestra tierra y para rogar especialmente por aquellos que están en autoridad. ¡La oración del justo puede mucho! Y nuestros gobernantes necesitan volverse a Dios para gobernar con sabiduría y justicia. ¡Que Dios haga su voluntad a través de ellos!

Dios nos ha dado la autoridad como iglesia para atar y desatar los cielos. Y Dios quiere derramar su Espíritu Santo en cada nación de la tierra. La oración es la clave para el avivamiento. Si nosotros no ocupamos nuestro lugar, el enemigo lo hará. Tomemos la autoridad que Dios nos ha dado.

Intercede por tu nación y por todos los que están en eminencia porque «esto es bueno y agradable delante de Dios nuestro Salvador» (1 Timoteo 2.3).

Bendito Dios, ¡bendice mi nación y a sus gobernantes! ¡Que se haga tu voluntad en mi país! En el nombre de Jesús, amén.

«Así venció David al filisteo con honda y piedra; e hirió al filisteo y lo mató, sin tener David espada en su mano».

1 SAMUEL 17.50

NUNCA NADIE HABÍA creído en David. Su padre no lo tuvo en cuenta cuando el profeta Samuel fue a ungir como rey a uno de sus hijos. Samuel tuvo también otras ideas respecto a quién debía ser el ungido. Sus hermanos hablaron mal de él y lo menospreciaron (1 Samuel 17.28). El rey Saúl lo descalificó para la batalla: «No podrás tú ir contra aquel filisteo, para pelear con él; porque tú eres muchacho» (v. 33). Y el mismo Goliat «le tuvo en poco; porque era muchacho, y rubio, y de hermoso parecer» (v. 42). ¿Qué virtudes se hallaron en David para derrotar a un gigante como Goliat?

David enfrentaba la adversidad. Cuando venía un león o un oso a atacar el rebaño, lo enfrentaba y lo derrotaba. Su valor se sustentaba en su relación con Dios y en su deseo permanente de ser fiel a la voluntad divina.

Además, David sabía que Dios oye la oración. Estaba seguro que Él lo iba a defender. Por eso, no se dejó descalificar. Y tú tampoco debes frustrarte por lo que otros piensen acerca de ti; ¡considera lo que Dios dice acerca de ti!

Dios no te quiere ver en el escuadrón de aquellos que tiemblan frente al gigante. Te quiere del lado de aquellos que, como David, saben que Dios es más grande que los grandes y más fuerte que los fuertes. No te rindas ni te desanimes. Dios quiere que ejerzas tu fe.

Harás proezas en su nombre.

Bendito Padre, dame el arrojo para enfrentar la adversidad. Creo en tus promesas. Gracias por la victoria en Cristo. En su nombre, amén.

«Nadab y Abiú, hijos de Aarón, tomaron cada uno su incensario, y pusieron en ellos fuego, sobre el cual pusieron incienso, y ofrecieron delante de Jehová fuego extraño, que él nunca les mandó».

LEVÍTICO 10.1

¡FUEGO EXTRAÑO! ESE fue el veredicto de Dios. Estos jóvenes sacerdotes ofrecieron incienso sin discernir lo santo y lo profano, por eso murieron.

¿Por qué un juicio tan severo? Porque Dios quería grabar fuertemente en el corazón del sacerdocio que sus cosas son santas, que la adoración debe realizarse con el fuego verdadero, no con fuego extraño.

¿Qué es el fuego extraño? Es el fuego que no fue encendido por Cristo. Es el fuego de nuestras buenas intenciones y fervor humano por querer agradar a Dios, pero sin pasar por el altar del sacrificio, de la entrega. Es el fuego de la carne; aparenta ser espiritual, pero no lo es.

El fuego verdadero trae como resultado el carácter de Jesús. Nos da una pasión por obedecer a Dios y buscarlo cada día, por querer que solamente Él sea glorificado, te empuja hacia delante, arde con la pasión de alcanzar a los perdidos. Te da victorias permanentes, y te capacita para enfrentar las pruebas.

Busca a Dios. Entrégale tu vida en el altar renunciando a toda impureza. Si vuelves a la oración sincera, el fuego de Dios volverá a arder en ti. Te dará la victoria en tus debilidades y encontrarás el propósito de Dios para tu vida.

¡Busca el fuego del altar! ¡No dejes que se apague!

Amado Dios, líbrame de hacer las cosas solamente en la carne. Quiero ofrecerte mi adoración y mi servicio en el poder del Espíritu Santo. En el nombre de Jesús, amén.

«Y ni mi palabra ni mi predicación fue con palabras persuasivas de humana sabiduría, sino con demostración del Espíritu y de poder».

1 CORINTIOS 2.4

UNA ODONTÓLOGA QUE vivía frente a la plaza escuchó a muchas personas testificar que sus muelas habían sido empastadas por el Señor durante nuestra campaña evangelística. Una noche, vino con su pequeña hija dispuesta a mirarle la dentadura a quien testificase su sanidad para desmentirlo. Mientras orábamos, la niña comenzó a gritar: «¡Me quema, me quema!» Cuando su madre le miró la boca, la pequeña tenía las muelas empastadas. ¡Dios mostraba una vez más su poder!

Otras personas llegaban a la plaza oprimidas por los demonios. En una ocasión, una joven budista se sentó frente a mí en la plaza, levantó una especie de altar y prendió una vela. Como era un lugar público, no podía impedírselo, así que nos pusimos a orar. Cuando reprendimos a los demonios que ataban a las personas, ¡esta joven salió despedida hacia atrás con vela y todo! Dios libertó a muchos oprimidos por el diablo en cada noche.

El Señor sufre por los perdidos y quiere que todos vengan al arrepentimiento. Para ello, ha equipado a su iglesia con poder para anunciar el evangelio.

Dios te ha llamado a predicar su mensaje de salvación. Te ha ungido para hacerlo. Esa unción se manifestará cuando estés en el campo de labor obedeciendo su llamado. Allí verás el respaldo divino. Los enfermos serán sanados, los oprimidos serán libres y las almas correrán a los pies de Cristo.

¡Predica el evangelio! ¡Cumple tu ministerio!

Amado Dios, ¡usa mi vida para que multitudes de almas te reciban como Señor y Salvador! En el nombre de Jesús, amén.

«Otra vez os digo, que si dos de vosotros se ponen de acuerdo en la tierra acerca de cualquiera cosa que pidieren, les será hecho por mi Padre que está en los cielos».

MATEO 18.19

HAY PERSONAS QUE nunca se ponen de acuerdo. Hay familias que nunca se ponen de acuerdo y cada uno hace su vida. Conozco aun congregaciones donde la rebeldía y el individualismo impiden que haya acuerdo para orar y llevar a cabo la obra de Dios. ¡Pero necesitamos ponernos de acuerdo!

Existen dos clases de oración. La primera es la oración individual, cuando oramos a solas con Dios cada día. Esta es absolutamente necesaria e irremplazable. La segunda es la oración colectiva, cuando varios hermanos se ponen de acuerdo para orar sobre un mismo asunto. Esta es tremendamente poderosa y no debemos desestimarla. ¡Jesús está allí, en medio nuestro!

Las parejas deben ponerse de acuerdo para orar por sus hijos, por la salvación de sus familiares y vecinos, entre otras cosas. Los hermanos de la congregación deben interceder por los perdidos y los que sufren, orar por la salvación de su ciudad y nación, por los gobernantes y todos los que están en eminencia y por el crecimiento de la iglesia. Deben ponerse de acuerdo especialmente para rogar por los pastores y líderes de la iglesia, para que Dios los guarde de las maquinaciones del maligno y sean eficaces en el ministerio. Estar de acuerdo implica, además, estar en paz y armonía con los otros. ¡Debemos ponernos de acuerdo para orar!

Tú debes tomar la iniciativa, y Dios te dará la estrategia y el momento para orar con otros.

Ponte de acuerdo para orar.

Señor, recibo esta palabra. Ayúdame a ponerla por obra.
En el nombre de Jesús, amén.

Huye de la tentación

«Y le dijo: ¡Sansón, los filisteos sobre ti! Y luego que despertó él de su sueño, se dijo: Esta vez saldré como las otras y me escaparé. Pero él no sabía que Jehová ya se había apartado de él».

JUECES 16.20

LA BANDERA ROJA alertaba sobre la prohibición de bañarse. El mar estaba enardecido y las ráfagas del frío viento recorrían la playa. Un grupo de adolescentes alardeaban de su valor para entrar en aquellas aguas. Era muy riesgoso, pero uno de ellos quería superar todos los límites. En vano trataron de disuadirlo. Poco tiempo después las olas apenas lo dejaban ver. Luego no lo vieron más. Nunca más.

Un fuerte señal de un cristiano en peligro es que juega al límite con la tentación. Se aleja de la seguridad de la Palabra hacia las aguas peligrosas del pecado pensando que va a poder dominar la situación, pero luego no puede volver atrás. Sansón es un ejemplo de esto. Su debilidad con las mujeres lo llevó a su fin.

¿Cómo quedamos vulnerables a la tentación? En primer lugar descuidando gravemente nuestra comunión con Dios. Sólo la presencia del Espíritu Santo nos enseña a amar la voluntad de Dios y nos da tal plenitud interior que no queremos ceder al pecado. En segundo lugar, son muy importante nuestras relaciones, particularmente nuestro matrimonio.

Muchas personas se involucran activamente en la obra de Dios, pero tienen un agujero emocional. No están sanos en sus relaciones. No están satisfechos en su matrimonio. Corren un serio peligro.

No juegues con la tentación. No coquetees con el pecado. Manténte firme en la Palabra de Dios y el amor de tu familia.

Señor, hoy decido huir de toda tentación. Fortalece mi matrimonio y mi vida emocional. Y lléname del Espíritu Santo. Amén.

«Y fueron todos llenos del Espíritu Santo, y comenzaron a hablar en otras lenguas, según el Espíritu les daba que hablasen. [...] Entonces Pedro, poniéndose en pie con los once, alzó la voz y les habló diciendo: Varones judíos, y todos los que habitáis en Jerusalén, esto os sea notorio, y oíd mis palabras».

HECHOS 2.4,14

DURANTE TRES AÑOS, Pedro fue testigo de las señales y milagros de Jesús. El mismo día de su llamado, vio sus redes colmarse con una gran pesca milagrosa. Desde el principio, Jesús le manifestó su poder y su llamado a ser «pescador de hombres». Sin embargo, este hombre llamado a ser testigo de Cristo negó al Señor tres veces y cuando Jesús murió, corrió nuevamente a tomar sus redes como cualquier pescador.

Tú puedes ver milagros de sanidad y endemoniados ser libres. Puedes participar de un hermosa alabanza y una predicación profunda y ungida, pero eso solamente no cambiará tu vida. Al igual que Pedro, necesitas la experiencia del aposento alto, ser lleno del Espíritu Santo.

La obra transformadora de Dios comienza en lo secreto del corazón del hombre. Nace de una búsqueda espiritual como la de aquellos 120 que estaban reunidos, velando, orando, esperando ansiosamente la venida del Espíritu Santo. No podemos cambiar sin que el Espíritu Santo nos llene y tome el control de nuestra vida.

Busca la llenura del Espíritu Santo, la unción que transformó al dubitativo y fluctuante apóstol Pedro en una columna de la iglesia. Tres mil almas vinieron a los pies de Cristo luego de la predicación de Pedro en Pentecostés. Finalmente, era un pescador de hombres.

Enciérrate con Dios. Necesitas la experiencia del aposento alto.

Amado Dios, ¡lléname con el fuego del Espíritu Santo!
En el nombre de Jesús, amén.

«Cualquiera, pues, que me oye estas palabras, y las hace, le comparo-
ré a un hombre prudente, que edificó su casa sobre la roca. Descendió lluvia, y vinieron ríos, y soplaron vientos, y golpearon contra
aquella casa; y no cayó, porque estaba fundada sobre la roca».

MATEO 7.24-25

ANTES DE COMENZAR la obra de ampliación de nuestro templo, los
ingenieros y arquitectos analizaron cuidadosamente la constitución
del suelo para decidir a qué profundidad encontraban la firmeza necesaria para apoyar el edificio. Cuando encontraron el lugar exacto, tuvieron que excavar. Una vez terminado el gran pozo, ¡colocaron allí
toneladas de hierro y concreto! Definitivamente, los cimientos son
muy importantes en toda obra.

Jesús utilizó esta verdad para hablar de nuestra vida. Muchos en el
mundo están construyendo una familia, persiguiendo un ideal, intentando ser felices, pero todo aquello que con tanto esmero construyen
puede venirse abajo porque no tiene los cimientos adecuados.

¿Dónde debes apoyar tu vida, todo lo que eres y tienes? ¡En la Palabra de Dios! ¡En Jesucristo! Si Jesucristo es tu Señor y obedeces su Palabra, como le dijo el Señor a Josué, «harás prosperar tu camino, y
todo te saldrá bien» (Josué 1.8). Él es el único fundamento seguro.

Jesús también habló de los que edifican sobre la arena, o sea, edificar sin Dios, apoyado en tus propias capacidades y criterios. El salmista se preguntó: «Si fueren destruidos los fundamentos, ¿qué ha de
hacer el justo?» (Salmos 11.3). En una sociedad que ridiculiza la Palabra de Dios y predica el «vivir a tu manera», ¿qué haremos los justos?
Sencillamente, «Teme a Dios, y guarda sus mandamientos; porque
esto es el todo del hombre» (Eclesiastés 12.13).

Padre amado, guárdame de actuar apoyado en mi propia prudencia.
Tú eres la roca. En el nombre de Jesús, amén.

Revolución espiritual

«Estos que trastornan el mundo entero también han venido acá».

HECHOS 17.6

LOS CRISTIANOS DEL libro de los Hechos eran revolucionarios. Cuando llegaban a una ciudad, producían una revolución espiritual con la bandera del evangelio. Confrontaban los poderes de Satanás, y las reacciones adversas, junto con las conversiones, no se tardaban en manifestar. Sin embargo, hoy la iglesia de Cristo no irrumpe en la sociedad con el mismo arrojo y determinación de aquellos días.

Cuando el Señor me llamó a realizar una campaña evangelística en el barrio de Belgrano, en Buenos Aires, representaba para mí un desafío enorme. Era irrumpir en el barrio, poner una plataforma en la plaza pública y anunciar a Jesucristo en medio de las tinieblas.

Cada noche de campaña vino la policía a controlar nuestros permisos, que estaban en orden. Mucha gente, desde los balcones, nos arrojaba tomates, huevos y otras cosas. Otros nos insultaban o gritaban al pasar. Aun personas con prácticas ocultistas se dieron cita en aquel lugar para oponerse. Pero ¡vimos la gloria de Dios! La gente que venía a escuchar el evangelio se multiplicaba cada noche y fueron tantos los que se salvaron que pudimos plantar una nueva iglesia en aquel barrio, la que todavía hoy pastoreamos con miles de almas.

Dios nos llama a impactar nuestra sociedad. Las estrategias de evangelización pueden ser muchas, pero no esperemos grandes resultados si no estamos dispuestos a incomodar y sacudir las estructuras que el diablo ha logrado posicionar en las personas. Muchos se van a oponer, pero muchos más verán la luz de Cristo.

¡Que todos te vean y digan: «Este que revoluciona el mundo entero también ha llegado acá»!

Señor, ¡hazme uno de aquellos que trastornan el mundo con la luz del evangelio! En el nombre de Jesús, amén.

«Y aconteció, como había trabajo en su parto, que le dijo la partera: No temas, que también tendrás este hijo. Y aconteció que al salírsele el alma (pues murió), llamó su nombre Benoni; mas su padre lo llamó Benjamín».

GÉNESIS 35.17-18

LA MADRE DE un joven cristiano era una persona muy nerviosa e irritable. Parecía estar siempre amargada. Sin embargo, este joven le comentó a un amigo de la iglesia que aprendió a comprenderla cuando conoció su historia. Le contó que su abuela murió como consecuencia del parto cuando ella nació, y siempre cargó inmerecidamente con esa culpa. En ocasiones, sus hermanas mayores le decían cuando discutían: «Ojalá hubieras muerto tú y no nuestra madre».

¡Pero esta no fue la actitud de Jacob hacia su hijo!

En su última agonía, Raquel, la amada esposa de Jacob, llamó a su hijo «Benoni», que significa «hijo de mi tristeza». Pero cuando llegó su padre, él le cambió el nombre y lo llamó «Benjamín», que significa «el hijo de la mano derecha». ¡Gloria a Dios! Jacob no permitió que el rótulo de la tristeza marcase la vida de Benjamín. Él ocuparía un lugar de privilegio, de honra.

Quizás en tu familia te llamaron «Benoni». Fuiste para todos el hijo problemático que causó tristeza y dolor a sus padres. Quizás aún cargas con sentimientos de culpa por no haber sido el hijo que esperaban. Pero tengo una gran noticia: ¡Ya no te llamas Benoni! Tu Padre celestial te ha puesto un nombre nuevo. ¡Tú eres Benjamín, el hijo que Dios exalta a una posición de honor!

No llames a tus hijos «Benoni», ni sigas mirándote así.

¡Tú eres su hijo amado!

Señor, gracias porque me has dado una nueva vida,
un nuevo nombre. Amén.

«Pero Daniel mismo era superior a estos sátrapas y gobernadores, porque había en él un espíritu superior; y el rey pensó en ponerlo sobre todo el reino».

DANIEL 6.3

DANIEL ERA UN hombre fuera de lo común que marcaba una diferencia con su presencia y conducta. Hoy, el mundo necesita personas así, que tengan un espíritu superior.

Los valores de una persona con un espíritu superior están por encima de todo. El profeta Daniel mantuvo sus convicciones aunque estas lo llevaron al foso de los leones. Así debe suceder contigo. Aunque te aprueben o rechacen, no negocies tus valores.

Una persona que tiene un espíritu superior no vacila en ir contra la corriente. Daniel «propuso en su corazón no contaminarse con la porción de la comida del rey» (1.8). A él, junto con otros jóvenes judíos, lo habían llevado cautivo a Babilonia para adoctrinarlo en esa cultura. Pero Daniel no estaba dispuesto a renegar sus raíces ni a participar de la comida del rey, que había sido dedicada a ídolos paganos. ¡Qué consagración! No dejes que tu corazón se contamine con las cosas del mundo. Guárdate para Dios.

Una persona que tiene un espíritu superior persevera en medio de la aflicción. A Daniel lo atacaban, lo golpeaban, pero él se levantaba con más fuerza. Si estás en pruebas, no te rindas. Esos vientos contrarios pueden llevarte más alto. ¡Esfuérzate y se valiente!

Daniel no se regía solamente por las circunstancias del momento. Veía con los ojos de Dios. Una persona con un espíritu superior tiene la capacidad de ver más allá de lo inmediato. No renuncies a tus sueños. ¡Sigue creyendo!

Tú tienes un espíritu superior.

Señor, gracias por hacerme diferente. Quiero marcar la diferencia con mi vida y mi conducta. Úsame. En el nombre de Jesús, amén.

«Sus caminos notificó a Moisés, y a los hijos de Israel sus obras».

SALMOS 103.7

TODA UNA GENERACIÓN de israelitas, a pesar de ver cada día la gloria de Dios, no entró a la tierra prometida.

¿Cuál fue la causa de este juicio divino? Que ellos no amaban a Dios, no buscaban conocerle.

Se contentaron con conocer sus obras. Convivieron con milagros extraordinarios. Vieron la gloria de Dios. Pero se limitaron allí. No querían mayores compromisos: «Y dijeron a Moisés: Habla tú con nosotros, y nosotros oiremos; pero no hable Dios con nosotros, para que no muramos» (Éxodo 20.19). No tenían interés en una relación personal con Dios.

¡Qué diferente fue la actitud de Moisés! Él quería conocer su rostro, tener intimidad con Él. Y Dios le notificó sus caminos. ¿Sabes por qué? Porque Moisés se lo pidió: «Ahora, pues, si he hallado gracia en tus ojos, te ruego que me muestres ahora tu camino, para que te conozca» (Éxodo 33.13). Y Dios lo hizo.

El Señor está deseoso por revelarse a todos los que le buscan. Nos invita a subir al monte, al lugar de la revelación. En el lugar de encuentro, seremos purificados. En su luz, nos veremos obligados a tomar decisiones conforme a la Palabra de Dios y podremos conocerlo cada día más. Es un privilegio único que no podemos perder.

No te conformes con sus obras, búscalo a Él.

Señor amado, perdóname si he dejado de buscar tu rostro. Si me he concentrado más en mis problemas que en conocerte y darte mi alabanza. No solamente quiero ver tus milagros, quiero tener comunión contigo. En el nombre de Jesús, amén.

> «No mires a su parecer, ni a lo grande de su estatura, porque yo lo desecho; porque Jehová no mira lo que mira el hombre; pues el hombre mira lo que está delante de sus ojos, pero Jehová mira el corazón».
>
> 1 SAMUEL 16.7

CUANDO DIOS ME mostró que debía establecer una iglesia en el Barrio de Belgrano, Buenos Aires, tenía plena conciencia del enorme desafío que esto significaba. Recuerdo que más tarde un misionero amigo me dijo: «Teníamos un proyecto para este barrio, pero no te teníamos en la lista».¡Gloria a Dios! ¡Él sí me tenía en su lista!

Los hombres, a veces, juzgamos por las apariencias. Pero Dios no busca personas brillantes o carismáticas sino dispuestas, que lo amen y se dejen usar; personas rendidas, quebrantadas, para que fluya su Espíritu Santo.

Nadie creyó en David. Su padre no lo tuvo en cuenta. Samuel también tenía otras ideas respecto al ungido. Sus hermanos no creyeron en su valor. El rey Saúl tampoco creyó en él cuando se ofreció para pelar con Goliat. Solamente Dios creyó en David. Él conocía su corazón. Allí, lejos de la mirada de los hombres, conocía su adoración, su fidelidad y valor al cuidado del rebaño.

Dios también te conoce. Él ve tu corazón. No importa que no estés en la lista de alguno. Hay alguien que mira tu corazón. Si tú eres fiel en lo poco, Él te pondrá sobre mucho.

¡Estás en los planes de Dios! Solamente adórale y se fiel en lo íntimo.

Padre santo, gracias porque te conozco y puedo servirte. Dame un corazón adorador y cumple tus planes en mi vida.
Te lo pido en el nombre de Jesús, amén.

«Tiempo de desechar». ECLESIASTÉS 3.6

LOS RETIROS ESPIRITUALES nos proveen la oportunidad de mirarnos en el espejo de la Palabra de Dios. Así, podemos descubrir nuestra realidad tal como la ve Dios y desechar aquellas actitudes que impiden nuestro crecimiento.

En los retiros que organizamos en la iglesia, luego de compartir diferentes enseñanzas que nos confrontan con la verdad de Dios, repartimos unas hojas que contienen una larga lista de pecados. Cada persona marca aquellos pecados que desea abandonar definitivamente. Luego, ponemos un gran cesto de basura en el altar, renunciamos a esos pecados, rompemos esas hojas y las arrojamos en el cesto de basura. ¡Es un momento de victoria!

Hoy es tiempo de desechar. Realiza un pequeño retiro con Dios y observa las siguientes preguntas sobre las tres grandes áreas de nuestro ser: espíritu, alma y cuerpo. Entonces, toma lápiz y papel, ora al Señor y comienza a mirarte en el espejo.

Con relación al espíritu, ¿hay en tu vida prácticas ligadas al ocultismo, idolatría o nueva era? ¿Consultas horóscopos, adivinos o curanderismo?

Con relación al alma, ¿hay pensamientos negativos o destructivos en ti? ¿Tienes sentimientos de odio, temores, amarguras? ¿Hay hábitos pecaminosos que debilitan tu voluntad?

Con relación al cuerpo, ¿hay prácticas sexuales pecaminosas? ¿Hay prácticas alimenticias inadecuadas?

Reflexiona y escribe todo lo que el Espíritu Santo te muestre que debes desechar en cada área de tu vida y renuncia a cada uno de esos pecados. Luego, rompe el papel, busca un gran cesto de basura ¡y arroja allí esos pecados para siempre! ¡Confiésate libre en el nombre de Jesús!

Es tiempo de desechar.

Padre, echo todo hábito pecaminoso fuera de mi vida y me declaro libre. Gracias por tu perdón. En el nombre de Jesús, amén.

Amor sin reservas

«Amarás a tu prójimo como a ti mismo».

MATEO 22.39

TODA LA LEY y los profetas derivan de dos mandamientos principales: Amar a Dios y amar al prójimo.

Ciertamente, amar a Dios no es difícil porque Él es perfecto y siempre nos da dones perfectos y buenas dádivas. Pero ¿resultará igual de fácil amar al prójimo?

El apóstol Pablo enseña que la verdadera madurez espiritual se mide por el amor, no por el conocimiento teológico, los dones, el tiempo de convertido o cuán activo estás en la iglesia. Los dones sin el fruto del amor son como «metal que resuena, o címbalo que retiñe» (1 Corintios 13.1).

Así que ¿cuánto amas? ¿Cómo te relacionas con Dios y con tu prójimo? ¿Cómo es tu conducta en el hogar, en el trabajo y en todo sitio?

Debes manifestar el amor primeramente en tu hogar. El apóstol Pedro les acercó un consejo a las casadas que bien pueden recibir los esposos: «[...] estad sujetas a vuestros maridos; para que también los que no creen a la palabra, sean ganados sin palabra por la conducta de sus esposas» (1 Pedro 3.1). En tu hogar, predica con tu conducta. Cuando vean el amor de Dios en ti, la luz les resplandecerá y glorificarán al Padre que está en los cielos (Mateo 5.14-16).

Te invito a medirte con la vara del perfecto amor. Lee 1 Corintios 13.4-7, y remplaza «el amor» por tu nombre. Si algo no concuerda con el modelo, toma las decisiones correctas.

El amor es poderoso y hace milagros. ¡Dios es amor!

Señor, ¿cuánto amor hay en mi vida? ¿Estoy fallando en amar a mi prójimo? Muéstrame lo que hay en mi corazón.
En el nombre de Jesús, amén.

«Y me dijo: Estas aguas salen a la región del oriente, y descenderán al Arabá, y entrarán en el mar; y entradas en el mar, recibirán sanidad las aguas. Y toda alma viviente que nadare por dondequiera que entraren estos dos ríos, vivirá...»

EZEQUIEL 47.8-9

EL PROFETA EZEQUIEL en su visión del templo es llevado a un río que sale de debajo del umbral de la casa. Y es desafiado una y otra vez a internarse en aguas más profundas (Ez 47.1-12). Precisamente allí descubrirá las bondades del río.

Hoy quiero desafiarte a entablar una comunión más profunda con el Espíritu Santo. El agua o los ríos simbolizan en la Biblia la presencia del Espíritu Santo en la vida del creyente. Jesús dijo: «El que cree en mí, como dice la escritura, de su interior correrán ríos de agua viva. Esto dijo del Espíritu que habían de recibir los que creyesen en él...» (Jn 7.38-38).

El Espíritu Santo es lo que marca la diferencia en tu vida. Puedes chapotear en la orilla de la mediocridad y la tibieza, o nadar en aguas profundas. Tú decides el nivel de comunión y compromiso que estás dispuesto a entablar con Dios.

Durante muchos años tuve una vida de oración constante y creía saber lo suficiente acerca del espíritu Santo, pero descubrí que había aguas muy profundas inexploradas por mí.

No te quedes en la orilla del plan de Dios. No te contentes con lo poco. Ora, busca el rostro de Dios. Camina con determinación hacia las aguas profundas.

Créeme, tu vida jamás volverá a ser la misma.

Espíritu Santo, quiero conocerte. Llévame a las aguas profundas de tu presencia. En el nombre de Jesús, amén.

«Dios, Dios mío eres tú; de madrugada te buscaré; mi alma tiene sed de ti, mi carne te anhela, en tierra seca y árida donde no hay aguas, para ver tu poder y tu gloria, así como te he mirado en el santuario».

SALMOS 63.1-2

EN LOS SALMOS, hombres de Dios como el rey David nos abrieron el secreto de su vida íntima con Dios. Nos introdujeron a sus mismos aposentos de oración para mostrarnos sus quebrantos, sus anhelos más profundos, sus quejas y, sobre todo, su tremenda pasión por Dios. Las Escrituras nos permiten conocer el corazón de estos hombres de Dios mediante sus oraciones inspiradas por el Espíritu Santo.

David se levantaba muy de madrugada para buscar el rostro de Dios. Anhelaba contemplar su poder y gloria. Hasta el recuerdo de las experiencias de su pasado embargaba su corazón de un anhelo por más de la presencia de Dios. Eso es tener hambre espiritual, una verdadera pasión por Él.

¿Tienes hambre por conocerlo? ¿Tienes sed del agua viva? ¿Estás esperando tener un encuentro con la gloria de Dios, una experiencia que te cambie, que te santifique? Ve a tu aposento de oración y búscalo también de madrugada. Verás que el amor de Dios seduce de tal manera que necesitarás buscarlo diariamente para disfrutar de su comunión. Una vez que pruebes sus manjares, las cosas del mundo no te satisfacerán. Solamente en Él hallarás la plenitud de gozo y de paz.

La presencia de Dios está allí, esperando manifestarse a tu vida. Aun en tu desierto, puedes contemplar su poder y su gloria.

Señor, tengo hambre de ti, sed de tu presencia. ¡Muéstrame tu gloria
y tu poder! En el nombre de Jesús, amén.

Sacia mi sed

«El que cree en mí, como dice la Escritura, de su interior correrán ríos de agua viva. Esto dijo del Espíritu que habían de recibir los que creyesen en él».

JUAN 7.38-39

ERA EL ÚLTIMO día en la fiesta de la tabernáculos; un día de júbilo para todos los que habían llegado desde diferentes lugares del imperio hasta Jerusalén para celebrar. Sin embargo, en ese ambiente de fiesta y aparente satisfacción, Jesús les dijo: «Si alguno tiene sed, venga a mí y beba» (Juan 7.37).

La sed es una necesidad básica, vital del hombre. Pero Jesús, estaba hablando de la sed espiritual. Es la sed que padecen millones de personas, incluyendo a muchos cristianos. Son personas que tienen sed de paz, de gozo, de llenar ese vacío interior y encontrarle un propósito a su vida.

Jesús ha prometido darles «ríos» de agua viva a los sedientos. ¡Ríos! En plural. ¿Puedes entender la plenitud de la obra del Espíritu Santo en tu corazón? Si vienes a Jesús con fe, ¡ríos de agua viva correrán de tu interior!

Los ríos simbolizan la frescura, la abundancia que encontramos en una relación profunda y verdadera con Jesús. Estos ríos no solamente sacian tu sed interior, también pueden saciar la sed de aquellos que te rodean. ¿Te sientes pleno en tu corazón? ¿Puedes compartir con otros lo que estás recibiendo de Dios?

Si estás sediento, Él te llama a su presencia. Allí, los diques que detienen el fluir del Espíritu Santo serán derribados, y tu vida se anegará con el agua viva. Saciará tus necesidades más profundas.

Acude a Jesús.

Gracias, Señor, por llenar mi vida y saciar mi sed. Gracias porque puedo compartir con otros esta plenitud. En el nombre de Jesús, amén.

¡Eres nuestro abogado!

«Bienaventurados los mansos, porque ellos recibirán la tierra por heredad».

MATEO 5.5

«¡No es justo!» «¡Confié en él, y me pagó mal!» Son expresiones que oigo con frecuencia en la consejería pastoral. Las personas sienten que sus derechos han sido pisoteados y, respiran amenazas, reproches, amargura y deseos de venganza.

Pero Jesús dijo: «Bienaventurados los mansos».

Algunos asocian la mansedumbre con la debilidad de carácter. Por eso, se exaltan en actitudes contenciosas. Pero ¿será verdad que una persona mansa es alguien débil y apocado?

Alguien dijo que la mansedumbre es la fuerza bajo control. El hombre manso defiende sus derechos sin odio ni deseos de venganza. Sabe que todo lo que tiene es propiedad de Dios y que es Él quien debe defenderle. Puede recurrir a un tribunal humano para defender sus derechos legales, pero en su corazón siempre está la paz de Dios, el amor de Jesús, la seguridad de que todo está en manos de Él.

Muchos cristianos sufren una injusticia y se llenan de odio. Pierden la paz y la alegría de vivir. Pero Jesús dijo: «Felices los mansos», aquellos que dejan que Dios los defienda, que siguen firmemente el consejo del apóstol Pablo: «No seas vencido de lo malo, sino vence con el bien el mal» (Romanos 12.21).

Quizás sufres una injusticia. Te sientes defraudado, estafado, humillado. No te defiendas solo, encomienda al Señor tu causa, y Él hará justicia a su tiempo.

¡Bienaventurados los mansos! ¡Dios les dará la tierra!

*Amado Dios, comprendo que mi vida y todo lo que tengo te pertenecen.
Te encomiendo mi causa y el dolor que hay en mi alma por las
injusticias que viví. ¡Eres mi abogado! Guárdame del rencor.
En el nombre de Jesús, amén.*

«Tiempo de matar».   ECLESIASTÉS 3.3

EL APÓSTOL PEDRO, orando en Jope, recibió la visión de un gran lienzo que descendía delante de él y en su interior había toda clase de animales impuros para los judíos. Y Dios le ordenó: «mata y come» (Hechos 10.13). Pedro creía que el evangelio era únicamente para los judíos, pero Dios le mostró esta visión para que entendiese que la salvación también era para los gentiles. El apóstol refutó: «Señor, no; porque ninguna cosa común o inmunda he comido jamás». Y Él le respondió: «Lo que Dios limpió, no lo llames tú común» (vv. 14-15). En realidad, lo que Pedro debía matar eran sus propios prejuicios.

Si quieres avanzar en el plan de Dios para tu vida, tendrás también que matar tus prejuicios. En particular, hay tres prejuicios respecto al obrar de Dios que debes matar.

El primero tiene que ver con el «qué». Muchos creyentes se pierden la bendición a causa de sus prejuicios en cuanto a lo que Dios puede o no hacer. Por incredulidad o frustración, limitan la acción de Dios aun cuando leen en la Biblia que todo es posible para Él.

El segundo prejuicio tiene que ver con el «cómo». Muchas iglesias oran por un avivamiento y, cuando Dios responde, lo rechazan por la manera en que se expresa el avivamiento.

El tercer prejuicio tiene que ver con el «quién». Nuestros prejuicios pueden impedirnos aceptar que Dios use a otros hermanos. Además, en ocasiones, nos impiden creer que pueda usarnos a nosotros.

Es tiempo de matar tus prejuicios antes que ellos maten el obrar de Dios en tu vida.

Señor, que muera en mí todo prejuicio para que puedas obrar y cumplir tu voluntad en mi vida. En el nombre de Jesús, amén.

«Señor, le respondió el enfermo, no tengo quien me meta en el estanque cuando se agita el agua; y entre tanto que yo voy, otro desciende antes que yo. Jesús le dijo: Levántate, toma tu lecho, y anda».

JUAN 5.7-8

HACE UNOS AÑOS estuve en el estanque de Betesda. La fisonomía del lugar ha cambiado mucho, pero la fuente de donde brota el agua sigue siendo la misma de los días de Jesús.

Casi todos tenemos en nuestro hogar un lugar donde vamos almacenando trastos viejos. Así sucede con el corazón. Dios conoce lo profundo de tu alma. Tus desazones, los dolores que has guardado, los sueños incumplidos.

El paralítico de Betesda no sólo estaba enfermo del cuerpo, estaba enfermo del alma. «¿Quieres ser sano?» (Jn 5.6), le preguntó el Señor. La puerta para su victoria estaba delante de él, pero no la veía. «No tengo quien me meta en el estanque» (Jn 5.7).

Él no tocó el borde del manto de Jesús como la mujer con flujo de sangre. No clamó por misericordia como el ciego Bartimeo, ni se postró a sus pies como el leproso. No manifestó fe, ni siquiera una actitud positiva. Sin embargo Jesús le dijo: «Levántate, toma tu lecho y anda» (Jn 5.8). Y fue sanado al instante.

Quizás no estás pasando tu mejor semana, no te encuentras en tu mejor momento. Te miras a ti mismo y no te ves en condiciones de recibir nada de parte de Dios. ¡Pero Él te ama! Y está dispuesto a hacer aún aquello que tú no mereces. Déjalo sanar tu corazón. Deja que Jesús cambie tu vida.

Padre, recibo tu amor y tu sanidad en este día. ¡Gracias por amarme de esta manera! En el nombre de Jesús, amén.

«Dios, habiendo hablado muchas veces y de muchas maneras en otro tiempo a los padres por los profetas, en estos postreros días nos ha hablado por el Hijo».

HEBREOS 1.1-2

¡DIOS HA HABLADO! ¡Qué bueno es tener un Dios que nos habla, que se comunica con nosotros!

Algunos cristianos no cultivan el diálogo con Dios. Necesitan «oídos para oír» (Mateo 13.9). Dios les habla muchas veces y de muchas maneras diferentes, pero no lo oyen. No disciernen su voz. ¡Qué pena! Cuando la Palabra de Dios se revela a nuestra vida de modo personal es cuando suceden los cambios.

Es necesario aprender a oír la voz de Dios. Cuando escuchas un sermón, cuando meditas en las Escrituras, cuando oras en el Espíritu, cuando te relacionas con otros hermanos, en la quieta meditación de tu alma y de muchas otras maneras, ¡Dios te habla! Solamente debes aprender a escucharlo por medio del Espíritu Santo.

El Espíritu Santo es quien camina a tu lado y te muestra a Cristo y su voluntad. Es tu ayudador, el que te guía a toda verdad. Pero Él te hablará solamente si le das lugar en tu vida, si lo haces sentir bienvenido. Debes cuidar tu comunión con Él. ¡Tu relación con el Espíritu Santo es la clave para conocer más a Dios!

Dios quiere hablarte. Lo hará de muchas maneras. Debes estar atento y expectante a su voz. Pídele a Dios en este día que te de «oídos para oír». Pídele al Espíritu Santo que te muestre a Cristo.

Dios desea entablar una relación de amistad contigo. Verás que nada es más maravilloso que relacionarse con Él.

Padre, dame un corazón manso y sensibilidad para oír tu voz.
¡Háblame! En el nombre de Jesús, amén.

Diciembre

Con ferviente amor

«Y ante todo, tened entre vosotros ferviente amor; porque el amor cubrirá multitud de pecados».

1 PEDRO 4.8

ORIGINALMENTE, LA PALABRA «ferviente» se utiliza para describir el agua en su punto de ebullición. Así que el apóstol Pedro no nos habla de un amor frío, distante, ¡sino de un amor que hierve en el corazón! Esta clase de amor «cubre multitud de pecados».

Dice Proverbios 17.9: «El que cubre la falta busca amistad; mas el que la divulga, aparta al amigo». ¿Cuál es tu actitud cuando te enteras que un hermano cometió una falta o atraviesa un problema? ¿Te duele? ¿Te es indiferente? Algunos, apenas lo saben, corren de inmediato a contarlo a los demás. ¿Es esta la actitud del amor ferviente?

Una vez, Noé, el hombre justo en su generación, se embriagó de tal manera que quedó tendido en su tienda totalmente desnudo (Génesis 9.18-29). Cam, uno de sus hijos, vio a su padre desnudo y salió para contarlo a sus hermanos. A pesar de que la situación de Noé no era la apropiada, la actitud de Cam desagradó profundamente a Dios. Tal vez dijo: «¡Sem, Jafet, vengan a ver el espectáculo que está dando papá!» Y por su actitud, Dios maldijo su descendencia. Pero sus hermanos actuaron de un modo muy diferente. Entraron a la tienda de espaldas, para no mirarlo, y cubrieron la desnudez de su padre con una manta. Ellos pensarían: «Sí, tal vez se equivocó, pero aun así sigue siendo nuestro padre y merece todo nuestro respeto y amor».

Así deber ser tu corazón hacia tu hermano en problemas. Él merece tu respeto y tu cuidado. Necesita tu oración.

Necesita tu amor ferviente.

Padre santo, dame el amor ferviente que cubre multitud de pecados.
En el nombre de Jesús, amén.

Una buena razón para perdonar

«Y perdónanos nuestras deudas, como también nosotros perdonamos a nuestros deudores».

MATEO 6.12

SEGÚN UN INFORME periodístico, casi un setenta por ciento de las enfermedades tienen su origen en la vida emocional de la persona. Particularmente, he notado que la falta de perdón destruye a las personas tanto emocional como físicamente.

En una campaña evangelística trajeron a una joven con una severa parálisis en las piernas. Le pidieron al evangelista que orase por su enfermedad, pero él comenzó a hablarle acerca del perdón. Mientras oraban, se escucharon dos muletas caer aparatosamente. Antes de sanar su cuerpo, Dios tuvo que sanar su alma.

En la Biblia, hay una historia similar. Cuatro amigos rompieron el techo de una casa y bajaron en su lecho a un hombre totalmente paralítico. Cuando el Señor vio la fe de ellos, le dijo al paralítico: «Hijo, tus pecados te son perdonados» (Marcos 2.5). Jesús se ocupó primero de su vida espiritual, del pecado como la causa de su mal.

El que no perdona es esclavo de su odio. Pierde la comunión con Dios, que no puede perdonarlo, ni bendecirlo, porque él tampoco perdona a su prójimo.

Tal vez te han lastimado, te han rechazado, humillado o engañado. Pero tienes una llave para dejar atrás todo ese dolor y comenzar una nueva vida con Dios. Esa llave es el perdón.

Mira en tu corazón. Si debes perdonar a alguien, toma la mejor decisión. Así como Dios te ha perdonado, debes perdonar hoy.

No esperes más. Sé libre.

Padre amado, quiero dejar atrás el dolor y el resentimiento. Quiero que sanes mi alma y mi cuerpo. Tomo la decisión de perdonar a quienes me ofendieron. En el nombre poderoso de Jesús, amén.

«Hermanos, yo mismo no pretendo haberlo ya alcanzado; pero una cosa hago: olvidando ciertamente lo que queda atrás, y extendiéndome a lo que está delante, prosigo a la meta».

FILIPENSES 3.13-14

EN UNA OCASIÓN, Jesús fue recibido en su casa por dos hermanas llamadas Marta y María. Marta trabajaba arduamente en muchos quehaceres de la casa, pero María «sentándose a los pies de Jesús, oía su palabra» (Lucas 10.39). Fastidiada por la situación, Marta se quejó delante del Señor por la actitud de su hermana. Jesús le respondió: «Marta, Marta, afanada y turbada estás con muchas cosas. Pero sólo una cosa es necesaria; y María ha escogido la buena parte, la cual no le será quitada» (Lucas 10.41-42).

Las múltiples actividades, aun cuando tengan su importancia, no deben distraernos de lo principal. Jesús le aclaró a Marta que solamente «una cosa» era la necesaria y que María había hecho la elección correcta.

El apóstol Pablo tenía la premisa: «Una cosa hago». Tenía sus prioridades en orden y se concentraba en la principal: «conocerle, y el poder de su resurrección» (Filipenses 3.10).

Nuestro primer ministerio es adorar al Señor, recibir sus enseñanzas, amarle con todo nuestro corazón y con toda nuestra mente. La vida cristiana no es un loco activismo desenfrenado que agota y confunde; es conocer a Cristo y seguir sus instrucciones. Esa debe ser nuestra absoluta prioridad.

No podemos saltar de un tema a otro en nuestra vida sin profundizar en nada. Dios te llama a concentrar tu esfuerzo en tu primer ministerio: conocerlo y adorarlo. Luego, también te mostrará las actividades que deberán ocupar tu especial atención.

«Una cosa hago»: que sea tu consigna.

Padre amado, enséñame a ordenar mis prioridades y buscar tu rostro.
Te lo pido en el nombre de Jesús, amén.

«Y vine a los cautivos en Tel-abib, que moraban junto al río Quebar, y me senté donde ellos estaban sentados, y allí permanecí siete días atónito entre ellos».

EZEQUIEL 3.15

UN QUERIDO PASTOR me comentó una experiencia en su labor pastoral que marcó su vida para siempre.

Una hermana fiel de la congregación atravesaba una dura prueba. A su hijo tuvieron que amputarle una pierna. Los hermanos de la iglesia al visitarla le entregaron fríos textos de la Biblia o palabras supuestamente aleccionadoras, que no hacían otra cosa que profundizar su dolor. «Debo confesar que mi actitud no sería muy diferente», me contaba este pastor amigo. Pero al llegar la hermana me dijo: «Mire pastor, ya me han herido mucho. Sólo le pido, que antes de decirme cualquier cosa, imagine a su hijo con una pierna amputada». Por la mente de aquel pastor pasó la imagen de su hijo sin una pierna y se estremeció. Se puso llorar, abrazó a esta hermana en silencio por unos minutos y luego se fue.

A veces nos tenemos que sentar donde otros están sentados, ponernos en su lugar. El profeta Ezequiel fue llevado por el Espíritu Santo a sentarse junto a los cautivos en Tel-abib durante siete días en completo silencio. Allí pudo ver de cerca la necesidad, supo cómo vivían, pensaban y sentían. Y desde allí Dios lo levantó como atalaya con un mensaje para el pueblo.

Identifícate con el dolor de tu prójimo. Las pruebas que atraviesas o viviste en tu pasado, Dios quiere utilizarlas para traer consuelo a otras personas.

Acércate a la necesidad con un corazón sensible y amoroso.

Amado Dios, hoy abro mi corazón para llorar con los que lloran.
Úsame a favor del que sufre. En el nombre de Jesús, amén.

«Bienaventurado todo aquel que teme a Jehová, que anda en sus caminos. Cuando comieres el trabajo de tus manos, bienaventurado serás, y te irá bien».

SALMOS 128.1-2

EL SALMO 128 nos presenta la imagen de una familia bendecida por Dios. El hombre de la casa se presenta como un hombre dichoso que llega de su trabajo con el fruto en sus manos y es prosperado en todo lo que emprende. Su esposa es «como vid que lleva fruto» a los lados de su casa (v. 3), una mujer que se ofrece como un refugio para su esposo y sus hijos, que tiene el fruto del Espíritu Santo. Los hijos de este hombre son «como plantas de olivo» alrededor de su mesa (v. 3), creciendo sanos y vigorosos, plenos de vida. Además, el salmista nos señala que esta familia habitará en paz en su ciudad (v. 5), y tendrá larga vida (v. 6). ¡Son también promesas de Dios para ti!

Pero estas promesas y bendiciones se les da «a todo aquel que teme a Jehová» (v. 1). ¡Ese es el hombre bienaventurado! El temor de Dios es la condición ineludible para hacerte acreedor de tan ricas promesas.

¿Qué es el temor de Dios? El predicador, autor del libro de Eclesiastés, dijo: «Teme a Dios, y guarda sus mandamientos; porque esto es el todo del hombre» (Eclesiastés 12.13). El temor de Dios es obedecer sus mandamientos. Es el respeto por su voluntad que te lleva a apartarte del mal y guardar su Palabra.

Dios quiere bendecir tu vida y tu familia. El temor de Dios es la clave.

Ordena tus caminos con los del Señor y espera los resultados.

Padre amado, enséñame a caminar en tu santo temor.
En el nombre de Jesús, amén.

«Tiempo de guardar».   ECLESIASTÉS 3.6

EN CASI TODOS los ámbitos de la vida cotidiana existen medidas de seguridad. Los bancos tienen bóvedas, sistemas de alarma y vigilancia. Los aeropuertos más que nunca han reforzado sus controles. Los autos, las casas, se protegen también. Y, por supuesto, el hombre además procura guardar su vida de los peligros del mundo.

Dios, que considera nuestra vida como el bien más valioso, también nos llama a protegerla, a guardarla, no solamente en la integridad física: «y todo vuestro ser, espíritu, alma y cuerpo, sea guardado irreprensible» (1 Tesalonicenses 5.23).

Dice Proverbios 4.23: «Sobre toda cosa guardada, guarda tu corazón; porque de él mana la vida». ¿Cómo guardarás tu corazón? En primer lugar, atesora las palabras de Dios: «guárdalas en medio de tu corazón» (Proverbios 4.21). ¿Obedeces la Palabra de Dios? ¿La amas? Un corazón lleno de la Palabra de Dios es un corazón protegido.

Dice también Proverbios que debes guardar tu boca: «Aparta de ti la perversidad de la boca» (4.24). ¿Es edificante lo que hablas? ¿Bendices con tu boca?

Debes guardar además tus ojos: «Tus ojos miren lo recto» (Proverbios 4.25). Tu mirada puede traer luz a tu vida o llenarla de tinieblas. Es importante que reflexiones sobre lo que miras.

Por último, debes guardar tus pies: «Examina la senda de tus pies, y todos tus caminos sean rectos» (Proverbios 4.26). ¿Estás caminando en la voluntad de Dios? Si eres sensible a la voz de Dios, Él puede alertarte para que corrijas el rumbo.

Tu vida es preciosa para Dios, guárdala del mal, protégela del pecado.

Es tiempo de guardar.

Dios amado, en el nombre de Jesús, guardo mi vida del mal y del pecado. Propongo en mi corazón no contaminarme y caminar en santidad. Amén.

Abrazos de amor

«Tiempo de abrazar».   ECLESIASTÉS 3.5

UNA PAREJA DE adolescentes, que no conocían al Señor, decidió casarse porque ella quedó embarazada, pero fue un desastre. Cada uno hacía su vida. Cuando el bebé nació, de noche lloraba solo en su cuna hasta quedarse dormido. Al tiempo, los abuelos decidieron hacerse cargo del pequeño, pero constantemente le hablaban mal de sus padres. Una tarde, llevaban al niño de urgencia al hospital a causa de uno de sus habituales ataques de asma, pero murió en el camino. El médico, que conocía su historia, le comentó con dolor a otra persona: «Este niño no murió por el asma; murió por falta de amor».

Es tiempo de abrazar. Abrazar es una expresión de amor, y todos tenemos la necesidad de sentirnos amados.

Dios quiere que lo abracen, que le expresen amor. Tú puedes extender tus brazos a través de una adoración profunda y abrazar a tu Padre celestial.

También, tus seres queridos necesitan tu abrazo. En toda familia hay discusiones, roces que el enemigo usa para levantar barreras, pero un abrazo, un beso, una palabra que exprese amor rompe cualquier barrera y disipa cualquier tensión. Abraza a tus familiares; demuéstrales cuánto los amas.

Abraza también a los necesitados. Eres parte del cuerpo de Cristo; tus brazos son los brazos del Señor. La única manera que la gente tiene de saber que Dios los ama es a través de los creyentes, así que abrázalos.

Abrázate de Dios, y tu vida será renovada. Abraza a tus amados, y tu vida será fortalecida. Abraza a los necesitados, y tu vida tendrá sentido.

Es tiempo de abrazar.

Amado Dios, me abrazo a ti y, en tu amor, abrazo a mi familia, mis hermanos y a aquellos que tanto te necesitan. En el nombre de Jesús, amén.

Palabra edificante

«Ninguna palabra corrompida salga de vuestra boca, sino la que sea buena para la necesaria edificación, a fin de dar gracia a los oyentes».

EFESIOS 4.29

UNA VIDA LLENA del Espíritu Santo hablará solamente lo bueno, lo puro, aquello que edifica. ¿Cuáles son tus temas de conversación? ¿Qué clase de vocabulario usas? El Señor Jesús dijo: «de la abundancia del corazón habla la boca» (Mateo 12.34). ¿De qué está lleno tu corazón?

En el día de Pentecostés, el Espíritu Santo tomó autoridad sobre esa pequeña parte de nuestro cuerpo que pocos pueden dominar: La lengua. Entonces, comenzaron a hablar en diferentes idiomas «las maravillas de Dios» (Hechos 2.11).

Una persona espiritual tiene una conversación que edifica. No utiliza el lenguaje soez del mundo, ni se ríe con chistes de doble sentido. Tampoco murmura de los demás.

Hemos educado a nuestra iglesia así. No hay lugar para la murmuración ni para el chisme. Si alguno comienza a hablar ese idioma del mundo, quedará expuesto. Hemos «vacunado» a la iglesia con la sana Palabra de Dios, y cualquier «bacteria extraña» será repelida por el cuerpo.

Algunos «santifican el chisme». Luego de hablar de la intimidad de otros añaden: «Te lo cuento para que ores», lo cual no los justifica. Debemos hablar las maravillas de Dios, contarnos los testimonios de su poder y hablar aun las pequeñas cosas cotidianas en un marco de santidad, como lo haría el Señor.

Llénate de su Espíritu Santo y habla de sus maravillas.

Señor, como lo hiciste con el profeta Isaías, toca mi boca con carbones encendidos de tu altar y purifica mi lenguaje. Quiero hablar solamente lo que edifica. En el nombre de Jesús, amén.

«Y pensando él en esto, he aquí un ángel del Señor le apareció en sueños y le dijo: José, hijo de David, no temas recibir a María tu mujer, porque lo que en ella es engendrado, del Espíritu Santo es».

MATEO 1.20

JOSÉ ES UN personaje sin demasiado brillo a simple vista, pero, en realidad, nos da un ejemplo de entrega digno de imitar.

La escritora Evelyn Christenson nos relata los sacrificios que hizo José. Él renunció a su derecho de casarse con una señorita, es decir, una mujer no embarazada. Renunció al derecho de ser el padre del primer hijo de su esposa. Renunció a su derecho de ponerle el nombre al bebé, porque Dios ya lo había determinado. Ni siquiera pudo soñar con el futuro de su hijo y encaminarlo en esa dirección porque Dios ya había planificado su vida.

El Señor escogió a José para que protegiera y enseñase a su Hijo, para que respondiera a sus necesidades materiales. Y José cuidó con amor y diligencia lo que fue engendrado por el Espíritu Santo.

Tú debes hacer lo mismo. Dios ha puesto en ti su santa presencia, su preciosa unción. ¡Debes protegerla, cuidarla para que se acreciente en tu vida! El diablo intentará «matar» lo que ha sido engendrado por el Espíritu Santo en ti. Pero, como José, cuida aquello que Dios a puesto en tus manos. Tu comunión diaria con Dios, tu ministerio ungido son como un tierno bebé. Necesitan de tu protección y cuidado.

Quizás te consideras una persona sin demasiado brillo, pero si estás dispuesto a obedecer a Dios, Él puede usarte grandemente.

Señor, dame un corazón humilde y obediente como el de
tu siervo José. Que cuide siempre tu presencia.
Te lo pido en el nombre de Jesús, amén.

«También si dos durmieren juntos, se calentarán mutuamente; mas ¿cómo se calentará uno solo?»

ECLESIASTÉS 4.11

EXISTE «UN CALOR» en la comunión de unos con otros que puede incluso encender la chispa de un gran avivamiento.

Nunca olvidaré cuando durante las campañas evangelísticas podíamos ver a cinco mil personas pasar al frente para confesar a Jesucristo como el Señor de sus vidas.

Definitivamente, cuando dos o tres nos ponemos de acuerdo en pedir algo al Padre en el nombre de Jesús, suceden cosas tremendas.

Reflexiona: «¿cómo se calentará uno solo?» Algunos hermanos se mueren de frío porque se quedan solos. No comparten sus cargas con otros para que los ayuden en oración. ¡Que pena! Otros, teniendo la posibilidad de recibir del fuego espiritual de hombres de Dios que están siendo usados, tal vez se aíslan y pierden ese «calor espiritual».

Sin embargo, hay un calor de familia en la Iglesia de Cristo que, como dice el apóstol Pedro, nace de un amor ferviente, que puede cubrirte en las diversas pruebas. Es un calor de avivamiento que se enciende en llamas cuando la iglesia se une para interceder y servir a Jesucristo en su ciudad. Es esta unidad en la iglesia, donde todos los ministerios nos bendecimos unos a otros, la que provoca los grandes avivamientos.

Debemos aprender del profeta Eliseo que anhelaba el fuego, quería la unción que estaba sobre Elías y no estaba dispuesto a dejarlo hasta tenerla en su vida.

No te quedes solo tiritando de frío, ¡tienes una gran familia!

Bendito Dios, gracias por tener esta familia tan preciosa. Quiero, en el calor del amor, ser parte del gran avivamiento que vendrá.
Comienza en mi corazón. Amén.

Tiempo de pruebas

«Y te acordarás de todo el camino por donde te ha traído Jehová tu Dios estos cuarenta años en el desierto, para afligirte, para probarte, para saber lo que había en tu corazón, si habías de guardar o no sus mandamientos».

DEUTERONOMIO 8.2

EL DESIERTO EN la Biblia simboliza el tiempo de prueba, de preparación. Son momentos de riquísimas experiencias que nos preparan en lo íntimo para cumplir el plan de Dios.

En el desierto, Dios nos aflige, nos disciplina como un padre al hijo que ama. Él nos habla a través de las circunstancias adversas. Nos llama a reflexionar sobre nuestros caminos y purificarnos. Allí, en la dificultad, Dios prueba nuestro corazón. ¿Seremos fieles y obedientes en medio de los problemas? ¿Lo seguiremos amando y alabando? Muchos cristianos en medio de las pruebas se preguntan: «¿Por qué estoy atravesando esta difícil prueba si procuro ser un cristiano fiel y vivir íntegramente?»

Nosotros quizás quisiéramos olvidar los momentos de adversidad, esos días de dolor o fracaso, pero para Dios, esos días son importantes porque, a través de ellos, Él nos transforma a la imagen de su Hijo.

Aunque no estés en falta delante de Dios, Él quiere enseñarte a vivir por fe, y las pruebas te desafían a correr tus límites espirituales y buscar más que nunca el rostro de Dios. Aprenderás a depender de Él.

Dios está en control de tu vida y todas tus circunstancias. ¡Confía en Él! Con esta prueba, la gloria del Señor se revelará en tu vida.

Dios nunca está más cerca de ti que en los momentos del quebranto. No temas, ni desmayes.

Señor, deposito esta prueba en tus manos. Dame la fe y la fortaleza
para seguir adelante. Confieso que veré tu gloria.
En el nombre de Jesús, amén.

«Cuando terminó de hablar, dijo a Simón: Boga mar adentro, y echad vuestras redes para pescar. Respondiendo Simón, le dijo: Maestro, toda la noche hemos estado trabajando, y nada hemos pescado; mas en tu palabra echaré la red».

LUCAS 5.4-5

HABÍA SIDO UNA larga noche para Pedro y sus amigos. Estaban cansados, sin dormir, y un sentimiento de resignación invadía su corazón luego de una jornada tan frustrante. No pescaron ni siquiera un pez. Echaron sus redes con esperanza, pero al recogerlas sólo recibieron el vacío de su decepción. Pero la respuesta que no lograron en toda una noche, Jesús se la daría en pocos minutos.

Quizás estás cansado de intentar ser feliz. Has recogido muchas redes llenas de desilusión, pero es posible revertir el fracaso. Pedro le ofreció a Jesús su barca para que enseñara a una multitud que estaba en la orilla, y fue el principio de su éxito. Jesús es la clave. Debes invitarlo a tu barca, ofrecerle tu corazón. Si le entregas a Dios el control de todo y te consagras por completo, podrás oír la voz del Maestro guiándote al lugar de la abundancia.

Jesús le ordenó a Pedro: «Boga mar adentro, y echad vuestras redes para pescar». Luego de tu consagración, viene la obediencia diaria a la voluntad de Dios, dejarte llevar por Jesús. Pedro obedeció la orden de Jesús aun cuando esta le parecía sin sentido. Hizo a un lado sus sentimientos negativos de enojo, de desánimo, y se dejó guiar por el Maestro. Dios bendijo a Pedro con una pesca tan abundante que sus amigos también fueron bendecidos.

Confía en la palabra de Jesús y espera lo mejor. Es el comienzo de nuevas victorias.

Señor Jesús, ¡ven a mi barca hoy!

Acude a tu refugio

«Anda, pueblo mío, entra en tus aposentos, cierra tras ti tus puertas; escóndete un poquito, por un momento, en tanto que pasa la indignación».

ISAÍAS 26.20

MARTÍN LUTERO SOLÍA decir: «Tengo tanto por hacer que hoy tengo que orar tres horas». Por el contrario, muchos cristianos en el tiempo de la crisis se alejan de la oración. Su estado de ansiedad y nerviosismo los hace desesperarse y no buscan la paz y el gozo que nace en la comunión con Dios.

En estos tiempos, se percibe la indignación de Dios, justa e irreprochable, contra aquellos que en su materialismo e idolatría se han olvidado de Él. A ellos, con amor, Dios los sigue llamado a la reconciliación en medio de la crisis. Por otra parte, vemos la indignación del hombre que, con amargura y violencia, arremete contra sus semejantes sin reconocer la verdadera causa de su problema. ¿Qué debe hacer la iglesia de Jesucristo en estos tiempos?

Dios nos llama a orar con un mayor nivel de intensidad. Somos los sacerdotes de Dios en este mundo, y la oración es la clave inicial de todo avivamiento. El Señor obrará maravillas mediante una iglesia que ora. Así lo expresa el apóstol Santiago: «La oración eficaz del justo puede mucho» (Santiago 5.16).

Tú tienes la autoridad de Dios para abrir y cerrar los cielos. En el día de la indignación, acude a tu refugio secreto, a tu aposento. El Señor te dará reposo en tu conflicto y te usará como un intercesor a favor de la tierra. Te llevará a un mayor nivel de intensidad en la oración. Solamente escóndete un poquito.

Padre santo, en medio de la crisis y la indignación, me refugio en tu presencia. ¡Tócame, Señor! En tu nombre amado, amén.

Detenidos a mitad del camino

«Jehová nuestro Dios nos habló en Horeb, diciendo: Habéis estado bastante tiempo en este monte. Volveos e id al monte del amorreo y a todas sus comarcas, en el Arabá, en el monte, en los valles, en el Neguev, y junto a la costa del mar, a la tierra del cananeo, y al Líbano, hasta el gran río, el río Éufrates».

DEUTERONOMIO 1.6,7

A MENUDO, DIOS NOS recuerda que hay una tierra por conquistar. Al igual que los israelitas, nos detenemos a mitad de camino. Es cierto que necesitamos descansar y reponer fuerzas; pero al detenernos más de lo necesario, nos estancamos y debilitamos en la fe.

¿Por qué nos detenemos a mitad del camino? A veces, se debe a nuestra comodidad, a nuestro conformismo. ¡Qué grave error! En el campo espiritual siempre hay «nuevas tierras» por conquistar, aunque esto implica presentar batalla. Los israelitas debían batallar. También tú debes batallar y conquistar la bendición.

El enemigo intentará detenerte, pero la victoria está asegurada. Dios te dice como a Josué: «Mira que te mando que te esfuerces y seas valiente; no temas ni desmayes, porque Jehová tu Dios estará contigo en dondequiera que vayas» (Josué 1.9).

¿No has hecho algo que Dios te pidió? ¿Te has estancado? ¿Has dejado de batallar por tu victoria? Si te detuviste en la comodidad, en el conformismo o por un gran dolor, Dios te dice: «Levántate y toma la bendición que he preparado para tu vida».

¡Sigue adelante!

Bendito Dios, hoy me pongo en pie para seguir adelante. Muéstrame tu perfecta voluntad. Quiero llenar tus expectativas y tomar toda la tierra que tienes para mí. En el nombre de Jesús, amén.

Con los ojos del Espíritu

«Por fe andamos, no por vista».   2 CORINTIOS 5.7

LAS PERSONAS QUE nacieron ciegas o contrajeron posteriormente esta enfermedad enfrentan un gran desafío diariamente. Deben luchar contra el temor de desenvolverse, caminan encorvadas, arrastran sus pies, necesitan tocar y palpar para sentirse seguras, por lo que se les dificulta entender conceptos de inmensidad como cielo o montaña, porque no los pueden palpar.

Por eso, Jesús habló de la ceguera espiritual. ¡Cuántas personas viven inseguras y temerosas porque sus ojos espirituales están velados! Caminan encorvados, arrastran los pies por el dolor y la impotencia. No se atreven a dar un salto de fe y apenas se guían por lo que pueden palpar con sus manos, ¡pero la fe es «la convicción de lo que no se ve»! (Hebreos 11.1).

Para «mirar lo invisible», necesitamos la revelación del Espíritu Santo acerca de Dios, su grandeza y las preciosas promesas que tiene para nuestra vida. Es comprobar que Dios, como «poderoso gigante», está a nuestro lado, aunque no lo podamos tocar. Simplemente, «lo vemos» en el Espíritu.

Pídele al Señor que te dé «espíritu de sabiduría y de revelación en el conocimiento de él» (Efesios 1.17). Si tus ojos espirituales se abren a la realidad de Dios, vivirás confiado. Caminarás erguido, imitando a tu Señor, que ha triunfado sobre toda adversidad. Te sentirás seguro. La Palabra viva del Señor, ardiendo en tu corazón, te dará plena confianza. Podrás ver a tu Dios sentado en el trono y teniendo absoluto control sobre tus circunstancias.

Camina por fe, no por vista.

Bendito Padre, alumbra mis ojos para ver tu gloria y tu grandeza.
Te lo pido en el nombre de Jesús, amén.

«Y subió el rey a la casa de Jehová con todos los varones de Judá, y con todos los moradores de Jerusalén, con los sacerdotes y profetas y con todo el pueblo, desde el más chico hasta el más grande; y leyó, oyéndolo ellos, todas las palabras del libro del pacto que había sido hallado en la casa de Jehová».

2 REYES 23.2

CUANDO EL REY Josías tenía dieciocho años, se encontró el libro de la ley en la casa de Jehová. ¡Nadie se acordaba de su existencia! Su hallazgo fue todo una novedad. Y el corazón del rey Josías se enterneció cuando le leyeron el libro de la ley. Se humilló con temor delante de Dios al tomar conciencia que él y su pueblo no habían guardado los mandamientos. ¡Qué hermosa actitud para acercarnos a la Palabra!

Como cristianos tenemos que comprender el inmenso valor que tienen las Escrituras. Desde el momento en que nos convertimos, la Biblia dejó de ser un libro viejo, difícil de entender. Ahora es nuestro pan diario. ¡No te olvides de leer la Biblia cada día! Nada puede remplazar tu tiempo a solas con la Palabra.

En las Escrituras encontrarás hermosas promesas de parte de Dios; también hallarás sus demandas. Y, así como el rey Josías compartió con el pueblo «todas las palabras del libro del pacto», así nosotros debemos considerar y poner por obra toda la Escritura, sus promesas y demandas.

Sé obediente a la Palabra de Dios y marcarás la diferencia con una vida íntegra que sea sal y luz para un mundo que sufre.

Somete a Dios cada área de tu vida. Muéstrale al mundo la diferencia.

Padre, perdóname si he descuidado la lectura bíblica. Decido volver a tu Palabra y obedecerla. En el nombre de Jesús, amén.

La salvación de tu casa

«Ellos dijeron: Cree en el Señor Jesucristo, y serás salvo, tú y tu casa».

HECHOS 16.31

UN HERMANO QUE asistió al retiro espiritual «Encuentros» que organiza nuestra iglesia nos estremeció diciendo entre lágrimas: «Tengo 62 años y nunca creí en Dios. [...] Me pasé la vida amargado y maldiciendo. Poco tiempo atrás quise terminar con mi vida. Me puse una soga al cuello y me colgué. No sabía que mi cuñado estaba en la casa. Él corrió y cortó la soga justo a tiempo. Allí me di cuenta que no podía más. Mi hijo estaba asistiendo a la iglesia y por primera vez accedí a venir. Esa tarde acepté a Cristo como mi Señor y hace una semana me bauticé en aguas. Hoy puedo decir que conozco a Dios». Su hijo subió corriendo a abrazarlo: «Que hoy mi padre esté aquí es un milagro. Dios hizo lo que parecía imposible». ¡Gloria a Dios!

Quizás eres el único creyente en tu hogar, o tienes algún familiar alejado del Señor. ¡No pierdas la esperanza! La Biblia nos indica dos caminos para ver a toda nuestra familia a los pies del Señor. Primero, predica con tu conducta. Tu familia te conoce demasiado bien, no los satures con palabras.

Segundo, sigue intercediendo en oración por ellos cada día. Cuando oras, batallas contra las huestes de maldad que no quieren la salvación de tu casa (2 Corintios 4.4).

Eres luz a tu familia. Alumbra con tus buenas obras, con tu oración y con la predicación oportuna. Dios hará la obra completa en tu casa.

No desmayes. ¡Cree en el Señor Jesucristo, y serás salvo, tú y tu casa!

Padre, te pido por la salvación de toda mi familia y me tomo de tus promesas con fe. En el nombre de Jesús, amén.

Prisionero de la esperanza

«Volveos a la fortaleza, oh prisioneros de esperanza; hoy también os anuncio que os restituiré el doble».

ZACARÍAS 9.12

LA NACIÓN DE Israel había perdido su prestigio, su preeminencia. A causa de la rebeldía y la idolatría de su corazón, fue llevada cautiva.

Pero Dios, en su infinito amor, les habla por el profeta. Serían nuevamente una nación y tendrían un futuro glorioso. ¡Qué grande es la misericordia de Dios!

Durante muchos años, en mi ministerio, me sentí prisionero del fracaso. Todos mis esfuerzos por progresar y ganar las almas para Cristo resultaban estériles. Mi fe parecía insuficiente frente a semejante prueba y llegué a pensar en dejar el ministerio.

Pero Dios fue quebrantando mi corazón. Me ayudó a entregar todo mi orgullo y autosuficiencia. ¡El fuego del Espíritu Santo empezó a arder en mi vida! Participaba de campañas evangelísticas donde multitudes venían los pies de Cristo. Y volvía a mi pequeña iglesia en Parque Chás, con mis pocas y amadas ovejas, con una visión que ardía en mi alma. Ya no era prisionero del dolor, del fracaso, de la frustración. ¡Ahora era prisionero de la esperanza! Sabía que Dios haría algo grande en mi vida y en mi ministerio.

Quizás te sientes prisionero de tus circunstancias. Los has intentado todo, pero resultó inútil. Te sientes prisionero de tu angustia y depresión. Amarrado al dolor. ¡Hoy Dios quiere tocar tu vida! Si te vuelves a Él, Él se volverá a ti; y su Palabra te sostendrá.

Dios tiene un futuro glorioso para tu vida. Vuelve a la fortaleza. Búscalo con pasión. Bebe del Espíritu Santo y deja que Él te hable.

¡Eres prisionero de la esperanza!

Señor, me declaro libre de la angustia y prisionero de la esperanza.
En el nombre de Jesús, amén.

Perder para ganar

«Tiempo de perder».   ECLESIASTÉS 3.6

MIKA HAKKINEN, EL dos veces campeón mundial de automovilismo, al ver que su rival Michael Schmacher se coronaba nuevo campeón mundial, dijo: «Para ser un buen campeón es preciso saber perder».

En nuestro mundo triunfalista lo único que vale es ganar; aun pensar en perder resulta patético. Pero Jesús nos enseñó: «todo el que quiera salvar su vida, la perderá; y todo el que pierda su vida por causa de mí, éste la salvará» (Lucas 9.24).

Perder para ganar es una de las «locuras» del evangelio que funciona. Uno de los temas fundamentales donde tenemos que perder es en el control de nuestra vida. Nuestra tendencia es que todo esté bajo nuestro control, pero Jesús dice que si queremos ir en pos de Él, debemos negarnos a nosotros mismos, es decir, subordinar nuestra vida a los deseos y voluntad de Cristo.

Muchas veces, tu voluntad será diferente a la voluntad de Dios. ¿Lucharás con Dios? Quizás ganes la batalla e impongas tu voluntad, pues Dios te ha hecho libre para escoger, pero ciertamente perderás la guerra. Por el contrario, si pierdes y cedes a los deseos de Dios renunciando a los tuyos, ¡en realidad ganas!

Tu vida únicamente tendrá sentido si vives la vida que Dios tiene para ti. Su voluntad es la agradable y perfecta. Y lo que hay que perder es porque merece perderse. Confía en Dios. Si lo haces, verás los dividendos de tu entrega.

En el reino de Dios, es preciso perder para ganar; morir para resucitar.

Es tiempo de perder.

Señor, toma el control de mi vida. Renuncio a mi voluntad porque confío en que tú sabes lo que es mejor para mí. Guíame.
En el nombre de Jesús, amén.

«Y se juntaron con él todos los afligidos, y todo el que estaba endeudado, y todos los que se hallaban en amargura de espíritu, y fue hecho jefe de ellos; y tuvo consigo como cuatrocientos hombres».

1 SAMUEL 22.2

CUATROCIENTOS HOMBRES que vivían en la marginalidad se juntaron a David cuando huía del rey Saúl. Con ellos, David levantó un poderoso ejército.

¿Cómo personas débiles, dañadas, amargadas, pudieron transformarse en hombres valientes y conquistadores? Ellos se pusieron bajo la influencia del ungido, «se juntaron con él».

Esa es la experiencia con Jesucristo. Todo aquel que se «junta con Él», que convive diariamente con Jesús, es transformado. Jesús «estableció a doce, para que estuviesen con él, y para enviarlos a predicar» (Marcos 3.14). Cuando fueron llamados, no tenían ninguna virtud destacable para ser convocados.

Los apóstoles aprendieron estando con Jesús. No aprendieron en una «clase con Jesús», sino viviendo todo el tiempo con Él, observando su perfecto modelo en un discipulado de relación, de convivencia. Así se convirtieron en sus valientes.

Nuestro primer ministerio es estar con Jesús. Es amarlo y adorarlo cada día. Quizás te sientes débil, lleno de defectos y limitaciones, pero no importa cuán nefasto sea tu pasado, o si llevas en tu alma las marcas del dolor y la amargura, «júntate con el ungido». Ven a vivir con Jesús y dejarás de ser una persona sin propósito. Serás «un valiente de Jesús», alguien útil para Dios, un testimonio de lo que Dios hace cuando una vida se pone a los pies del Ungido.

Señor Jesús, hazme uno de tus valientes. Quiero tener tu carácter, tu poder, ser un buen discípulo tuyo. Cambia mi vida por completo. Amén.

Jesús hace la diferencia

«He aquí que para justicia reinará un rey, y príncipes presidirán en juicio. Y será aquel varón [...] como arroyos de aguas en tierra de sequedad».

ISAÍAS 32.1-2

HACE UNOS AÑOS, tuve el privilegio de conocer la tierra santa junto a mi familia. Además de ser un verdadero retiro espiritual, pudimos comprobar que zonas absolutamente desérticas se habían convertido hoy en tierras de cultivo.

El agua hace la diferencia.

Pienso en muchos cristianos cuyas vidas, en determinadas áreas, se parecen mucho a una tierra seca. No tienen fruto. No logran alcanzar sus metas. Esa «tierra de sequedad» necesita agua.

Jesús es «como arroyos de aguas en tierra de sequedad». Él es quien hace la diferencia en tu vida.

Puede que tu vida sea como una tierra seca, pero debes acercarle el agua. Jesús dijo: «El que cree en mí, como dice la Escritura, de su interior correrán ríos de agua viva» (Juan 7.38).

Para Dios todo es posible. Nada lo limita. Quizás hayas intentado muchas veces, pero jamás has logrado nada. ¿Cómo hará Dios para revertir esta sequía? La respuesta es el Espíritu Santo; Él hará la obra si le das lugar.

Ora y clama a Dios por tu milagro. Déjate guiar por el Espíritu Santo: «No con ejército, ni con fuerza, sino con mi Espíritu, ha dicho Jehová de los ejércitos» (Zacarías 4.6).

A tu tierra seca, acércale el agua viva. ¡Verás el fruto!

Jesús hace la diferencia.

Amado Padre, te presento las áreas de mi vida que todavía están sin fruto y en las que he perdido la esperanza. Tú eres un Dios de milagros. ¡Para ti todo es posible! En el nombre de Jesús, amén.

«De cierto os digo que todo lo que atéis en la tierra, será atado en el cielo; y todo lo que desatéis en la tierra, será desatado en el cielo».

MATEO 18.18

DIOS NO HARÁ nada sin la oración de la iglesia.

Muchos cristianos se preguntan al orar «¿Qué necesito? ¿Qué quiero?» Su oración se limita a su pequeño mundo y sus necesidades. Pero Dios quiere desafiarnos a entrar a nuestro lugar de oración con otra expectativa: «¿Qué quiere hacer Dios?» Él quiere darnos sensibilidad para oír su voluntad y pedir en consecuencia.

Es de fundamental importancia orar de acuerdo al deseo de Dios porque Él nunca contestará una oración que no esté en su voluntad. Por eso debemos orar en el Espíritu. En Hechos 15.28 dice: «Porque ha parecido bien al Espíritu Santo, y a nosotros [...]». ¡Ellos caminaban de acuerdo con el Espíritu Santo!

La oración en el Espíritu describe un círculo perfecto. Nace en el corazón de Dios, se revela a nuestro corazón y vuelve a Dios en nuestro ruego intercesor. Las Escrituras nos revelan muchos motivos buenos y agradables por los cuales orar, pero el Espíritu Santo te guiará a interceder por personas y motivos específicos.

Como iglesia, tenemos un papel preponderante en su obra. No te limites a pedir por tus necesidades personales. Déjate usar por Dios en la oración. Que Él encuentre en ti un guerrero de oración, un intercesor que cause daño en las filas enemigas orando por los perdidos, las naciones, los pastores y misioneros.

Deshaz toda obra del diablo en el nombre de Jesús mediante la oración. El Señor atará en los cielos si tú atas en la tierra.

Señor, acepto tu llamado al ministerio de la oración.
En el nombre de Jesús, amén.

«Yo soy el buen pastor; el buen pastor su vida da por las ovejas. Mas el asalariado, y que no es el pastor, de quien no son propias las ovejas, ve venir al lobo y deja las ovejas y huye, y el lobo arrebata las ovejas y las dispersa».

JUAN 10.11-12

EN OCASIONES NOS sorprende la noticia de que un bebé fue abandonado. Nos cuesta comprender los motivos que impulsan a una madre a abandonar a su hijo. Sin embargo, en la casa de Dios a veces ocurre lo mismo. Damos a luz los hijos por medio del evangelio, pero luego no les damos el amparo y la dirección necesaria para que permanezcan en la fe. Ellos dependen de nosotros, pero los dejamos abandonados a su suerte.

La iglesia de Cristo necesita obreros que tengan el corazón de Jesús. Él veía a las multitudes desamparadas «como ovejas que no tienen pastor» (Marcos 6.34). Ciertamente la gente del mundo necesita de nosotros, pero ¿habrá hermanos en la iglesia que se sienten desamparados, que no reciben el cuidado que necesitan en medio de las dificultades?

El pastor era el dueño de las ovejas; aquel que las vio nacer, que las crió, las alimentó desde pequeñas y las sanó cuando estuvieron enfermas. El buen pastor les da valor a sus ovejas y las protege. Da su vida por las ovejas.

Así como el buen pastor, los buenos obreros tienen compasión por las vidas que se pierden, les dan valor a las almas que se convierten y se preocupan por sus hermanos.

Dios busca obreros con el corazón del buen pastor.

¿Serás tú uno de ellos?

Padre, dame el corazón de Jesús para darle el cuidado y el valor a cada alma. Te lo pido en el nombre de Jesús, amén.

¡Ha nacido un Salvador!

«En el principio era el Verbo, y el Verbo era con Dios, y el Verbo era Dios. [...] Y aquel Verbo fue hecho carne, y habitó entre nosotros (y vimos su gloria, gloria como del unigénito del Padre), lleno de gracia y de verdad».

JUAN 1.1,14

¡OH SUBLIME TIEMPO de Navidad! Tiempo de regocijo y adoración. Esta noche es la noche buena. La humanidad se prepara para celebrar el misterio de la encarnación: Dios se hizo hombre. Quizás no muchos alcancen a comprender el mensaje de la navidad. Para algunos solamente será un tiempo en familia con buena comida. Para otros, que sufren la soledad o la desgracia, la fiesta tendrá el sabor amargo de la melancolía. Ellos necesitan comprender el mensaje de la navidad.

El hijo de Dios, coeterno con el Padre y la Palabra creadora de todas las cosas, hizo su ingreso en su misma creación haciéndose tan pequeño como una semilla en el vientre de María. ¿Quién podrá comprenderlo? ¿Quién no se sentirá compelido a adorarle postrado? Nosotros no podíamos ir a Él, y Él vino a nosotros.

Cuando llegó el tiempo establecido por Dios, así como sucedió al momento de la creación original (Génesis 1.2-3), vino Jesús, nuestra luz, a nacer en un pesebre, para ordenar nuestra vida desordenada y vacía y para regalarnos la vida eterna. ¡Bendito niño que nació para morir! Nació para mostrarnos a Dios en su revelación perfecta y final, y murió para que tengamos el derecho de ser llamados hijos de Dios.

¡Guíame, estrella de Belén, al encuentro de mi Salvador para adorarle! ¡Canten conmigo loores, oh huestes celestiales! ¡Permítanme un lugar para postrarme, humildes pastorcillos! ¡Nos ha nacido un Salvador!

Jesucristo, te adoro y me postro a tus pies.
¡Gracias por venir a salvarme! Amén.

«Y mirarán a la tierra, y he aquí tribulación y tinieblas, oscuridad y angustia; y serán sumidos en las tinieblas. Mas no habrá siempre oscuridad para la que está ahora en angustia [...] Porque un niño nos es nacido, hijo nos es dado, y el principado sobre su hombro».

ISAÍAS 8.22-9.1,6

LA NAVIDAD ES la respuesta del amor divino a nuestra pobre condición humana. Los últimos versículos de Isaías 8 describen con crudeza la realidad de nuestro mundo: «Y pasarán por la tierra fatigados y hambrientos, [...] teniendo hambre, se enojarán y maldecirán a su rey y a su Dios, levantando el rostro en alto. Y mirarán a la tierra, y he aquí tribulación y tinieblas, oscuridad y angustia; y serán sumidos en las tinieblas» (Isaías 8.21-22). ¿Conoces personas cansadas de vivir, hambrientas de paz, de sentido para su vida? ¿Conoces personas enojadas con los gobernantes y políticos y aun con Dios? ¿Has visto gente atribulada? Dios también la ha visto y, en la navidad, nos ha dado el mensaje de esperanza para el mundo que sufre.

«La luz en las tinieblas resplandece, y las tinieblas no prevalecieron contra ella. [...] Aquella luz verdadera, que alumbra a todo hombre, venía a este mundo» (Juan 1.5,9). Jesucristo nació en un humilde pesebre para hacer temblar y retroceder a las mismas huestes del infierno. Él vino para prevalecer sobre tus debilidades, complejos y angustias, sobre las tinieblas que intentan destruir tu familia. ¿Será tu corazón tan sencillo como aquel pesebre para recibir la luz que te liberta?

En esta navidad, renueva tus fuerzas y esperanzas. ¡Gózate en tu Salvador! Él tiene la respuesta que tú necesitas.

Señor, tú eres mi luz y mi salvación. En esta navidad pongo toda mi esperanza en ti. En el nombre de Jesús, amén.

«En lugares de delicados pastos me hará descansar; junto a aguas de reposo me pastoreará. Confortará mi alma; me guiará por sendas de justicia por amor de su nombre».

SALMOS 23.2-3

DAVID CAMINABA CON DIOS. En la soledad de su tarea pastoril, no estaba solo. Tenía comunión con el Señor. Hablaba con él, le componía salmos, lo adoraba. Era tan fuerte la presencia de Dios en su vida que él podía afirmar: «Jehová es mi pastor; Él me guía, me da reposo, me cuida, me protege, me da victoria». ¡Qué maravillosa experiencia!

Cuando caminas con Dios, Él se revela como tu pastor. En medio de la angustia y el temor, te dirige a su lugar de paz, de reposo. Conforta tu alma. Imparte su soplo de vida en tu corazón refrescando tu ser y sientes que nada te falta. Él adereza la mesa delante de tus enemigos y te sustenta con los manjares de su trono. Aquellos que desean tu mal crujirán los dientes al ver las bendiciones que Dios te da. ¡Qué bueno es tener al Señor como nuestro pastor!

David afirmó: «Unges mi cabeza con aceite; mi copa está rebosando» (v. 5). El pastor ungía sus ovejas al menos con dos propósitos: para curar sus heridas y como repelente para algunos insectos. Así también Dios quiere ungirte con el Espíritu Santo, el óleo de alegría con el cual ungió a Jesús (Hebreos 1.9), para que camines sano, victorioso y rechazando todo ataque del enemigo. ¡Recibe el óleo de gozo!

Digamos con David: «Ciertamente el bien y la misericordia me seguirán todos los días de mi vida» (v. 6).

Nada resulta más placentero que caminar diariamente con Dios.

Señor, gracias por ser mi Pastor y darme victoria. Recibo tu unción y bendición. En el nombre de Jesús, amén.

«Cuando volvió Jesús, le recibió la multitud con gozo; porque todos le esperaban».

LUCAS 8.40

AÑOS ATRÁS, EN una cruzada en Argentina, la gloria de Dios se manifestó en el lugar en el que nos reuníamos. La iglesia y los pastores estaban hambrientos de Dios y su Palabra. Por eso, hubo un mover renovador del Espíritu Santo que cambió muchas vidas.

Luego nos trasladamos a otra provincia, donde también nos esperaban para realizar una cruzada. Apenas llegamos sentimos en nuestro espíritu una gran opresión demoníaca. Era una tierra repleta de brujos y curanderos. Tuvimos una gran batalla espiritual, pero el Señor se glorificó liberando a decenas de personas, y nos dio una victoria completa.

Entonces, pensé que, así como hay lugares en los que se siente una atmósfera espiritual diferente, también existen diferentes tipos de corazones: unos receptivos, deseosos de recibir más de Dios y hacer su voluntad; otros cerrados, esquivos, infructuosos.

En nuestro texto de hoy, Jesús venía de la otra orilla del mar. Allí, los lugareños le rogaron que se marchase porque tenían temor. Pero, en cambio, en la otra orilla, «le recibió la multitud con gozo; porque todos le esperaban».

Existen corazones que se cierran, rechazando la plenitud de Dios. Pero también están los que se abren, dispuestos a aceptar a Jesús, ansiosos de recibir más de su presencia. Y cuando hay un corazón dispuesto a darle la bienvenida con gozo, Jesús viene.

¿Cómo está tu corazón en este día? ¿Esperas tener un encuentro gozoso con Jesús?

Bendito Señor, mi corazón te espera.
Quiero en este día tener un encuentro maravilloso contigo.
Te anhelo. Ven con tu presencia. Amén.

Fieles testigos de Jesús

«Recibiréis poder, cuando haya venido sobre vosotros el Espíritu Santo, y me seréis testigos en Jerusalén, en toda Judea, en Samaria, y hasta lo último de la tierra».

HECHOS 1.8

EL BAUTISMO EN el Espíritu Santo puede compararse con el anillo de bodas. Cuando nos casamos, damos las promesas en el pacto del matrimonio, y nos colocamos los anillos como señal de este compromiso. Pero es en el cotidiano vivir de la vida matrimonial donde debemos hacer realidad nuestras promesas. Tener el anillo puesto no garantiza que seamos buenos esposos. De igual modo, el bautismo en el Espíritu Santo es la señal de nuestro compromiso con Dios, pero luego debe verse el testimonio cristiano cotidianamente.

Los discípulos una vez llenos en el Pentecostés comenzaron a hablar en nuevas lenguas «las maravillas de Dios» (Hechos 2.11). El bautismo en el Espíritu Santo te proporciona un nuevo lenguaje de oración que te ayudará para alabar a Dios e interceder. Esto te proporcionará una relación mucho más estrecha con tu Salvador.

Pero esta llenura debe manifestarse en tu conducta. Un hombre de Dios dijo a sus discípulos: «Vayan y prediquen el evangelio y, si es necesario, usen palabras». Tu forma de vivir testificará acerca de tu relación con Cristo.

También, el poder para el servicio y la predicación del evangelio son consecuencias de ser investidos con el poder de lo alto. Luego de ser lleno del Espíritu, el apóstol Pedro se levantó para predicar con poder y ganó las primeras 3.000 almas de la gran cosecha. El bautismo en el Espíritu Santo te capacitará para ser un testigo fiel de Jesucristo.

¡Sé lleno del Espíritu Santo! ¡Testifica diariamente con tu vida!

Espíritu Santo, ¡llena mi vida con tu presencia! En el nombre de Jesús, amén.

«Y ellos le han vencido por medio de la sangre del Cordero y de la palabra del testimonio de ellos, y menospreciaron sus vidas hasta la muerte».

APOCALIPSIS 12.11

UNA PREDICADORA QUE vive en África visitó el seminario donde cursa mi hija Daniela y compartió que ha sido amenazada de muerte en varias ocasiones por brujos y hechiceros, pero no tiene miedo a morir, ¡porque ya está muerta en Cristo! Ella dijo: «Y lo que ahora vivo en la carne lo vivo en el poder de Dios». ¡Qué gran ejemplo de victoria!

Nosotros somos más que vencedores en Cristo. ¡Él venció al diablo! Y la Palabra nos desafía a reconocer nuestra victoria para luego «andar» en la fe práctica (Efesios 4.1-3; 5.1-2; 5.8; 5.15) y «estar firmes contra las asechanzas del diablo» (Efesios 6.11). ¡Firmes en nuestra victoria!

Hemos sido lavados con la sangre de Cristo, justificados por Él, ¿quién podrá condenarnos? Tenemos la Palabra de Dios, «la espada del Espíritu» (Efesios 6.17) que pone al enemigo en retirada. El diablo no puede resistir el «Escrito está» (Mateo 4.4) en la boca de un cristiano íntegro. Además, ¡el diablo no puede matar a un muerto! Aquellos que hemos rendido por completo nuestras vidas estamos muertos en Cristo (Romanos 6.3), y como dice la Palabra: «ya no vivo yo, mas vive Cristo en mí» (Gálatas 2.20). Él es la garantía de nuestro triunfo.

No abandones tu posición de victoria. No renuncies a lo que te pertenece. Si la batalla arrecia, recuerda que mayor es el que está en ti que el que está en el mundo.

El Señor ya te dio la victoria.

Padre, ¡soy más que vencedor por medio de Jesucristo!
¡Proclamo tu victoria en mi vida! En el nombre de Jesús, amén.

«Pero Jesús dijo a Simón: No temas; desde ahora serás pescador de hombres».

LUCAS 5.10

LA PRIMERA VEZ que vi a aquella joven, que más tarde sería mi esposa, quedó grabada para siempre en mi mente. Desde ese día, ya no pude pensar en tener algo en el mundo sin compartirlo con ella.

Así sucede con Dios. El día que conociste al Señor, robó tu corazón. Ahora el anhelo de Dios es tu anhelo y sus propósitos los tuyos.

Simón era un rústico pescador de Galilea. Era impetuoso e inconstante. Pero Simón se encontró con Jesús.

¿Qué metas y sueños tendría Simón Pedro antes de conocer a Jesús? No lo sabemos. Pero Jesús lo levantaría de lo cotidiano a un lugar de honor, trascendente en el reino de Dios. Sería un «pescador de hombres», uno de los doce apóstoles y uno de los tres del círculo más íntimo de Jesús.

Tal vez vienes de una familia humilde. No tienes reconocimiento social, ni mucho dinero, ni grandes estudios. Para todos, eres un simple empleado en una fábrica o una ama de casa, ¡pero te enamoraste de Jesús! Tienes un lugar de privilegio en su reino. Ya no te desvelan las metas del mundo. Eres «un pescador de hombres», alguien que sirve a Dios en la tierra, alguien que ha abrazado la voluntad de Dios y tendrá su recompensa.

Eres una persona importante y valiosa en el reino Dios.

Padre, te doy gracias por haberme llamado con un llamamiento santo;
porque me levantaste de la mundanalidad para ser un siervo de Cristo.
Te amo y quiero hacer tu voluntad. Cuenta conmigo.
En el nombre de Jesús, amén.

«Jehová, hasta los cielos llega tu misericordia, y tu fidelidad alcanza hasta las nubes».

SALMOS 36.5

UN AÑO TERMINA y de nuestro corazón brotan las estrofas de aquel viejo himno:

«Oh Dios eterno, tu misericordia
ni una sombra de duda tendrá.
Tu compasión y bondad nunca fallan.
Y por los siglos, el mismo serás.
¡Oh tu fidelidad, oh tu fidelidad!
Cada momento la veo en mí.
Nada me falta pues todo provees.
¡Grande Señor es tu fidelidad!»

Cuando un año finaliza tendemos a hacer un balance de lo ocurrido. Ponemos en la balanza todas nuestras vivencias y finalmente algo queda firme en nuestro corazón: ¡Dios ha sido fiel!

Nosotros le hemos fallado muchas veces. Sin embargo Él no ha cambiado. Él no puede negarse a sí mismo, eres parte de su vida, de su mismo corazón. Siempre está dispuesto a perdonarte y darte una nueva oportunidad.

Quizás este año que termina ha sido difícil para ti. Dios quiere que, juntamente con el año, dejes atrás tu angustia; y confíes en que comienza un tiempo diferente. Él te ayudará a superarlo.¡Él no te va a fallar!

Por lo demás, ¡tenemos tantos motivos para agradecerle a nuestro Padre celestial! Dale gracias por su presencia. Por la dulce y gloriosa comunión del Espíritu Santo. Por su consuelo. Por sus milagros. Por sus maravillosos planes. Por la salvación de tu alma. Por todas aquellas veces en las que Él te guardó y tú ni sabes. ¡Dale gracias por todo!

Tú Dios es un Dios fiel. Y créeme: ¡Lo mejor aún está por venir!

¡Gracias Señor por este año de victoria y conquista! ¡Tú has sido fiel!
Te entrego mi corazón y proclamo que lo mejor para mi vida aún esta
por venir. En el nombre de Jesús, amén.

Acerca del autor

EL REV. CLAUDIO FREIDZON es el fundador y actual pastor de la Iglesia Rey de Reyes, de las Asambleas de Dios, en Buenos Aires, Argentina. Su pujante congregación más de 12.000 miembros se encuentra ubicada en el barrio de Belgrano, una céntrica zona de esta capital porteña. Pero Dios lo ha llamado y ungido para ministrar no sólo a su congregación, sino a iglesias, pastores y líderes de todo el mundo, debido a lo cual realiza anualmente múltiple cruzadas y conferencias en los cinco continentes.

Cursó sus primeros estudios teológico en el Instituto Bíblico Río de la Plata, entidad dependiente de las Asambleas de Dios y realizó estudios de posgrado en el Instituto de Superación Ministerial (SUM) donde se graduó como Licenciado en Teología. Por muchos años ocupó el cargo de presbítero sobre todas las congregaciones de Buenos Aires vinculadas a las Asambleas de Dios.

Es autor de los libros *Espíritu Santo, tengo hambre de ti*, traducido a nueve idiomas y *Tesoro en vasos de barro*. Conduce diversos programas evangelístico a través de la radio y la televisión.

Para comunicarse con su ministerio, visite su sitio en el internet: www.reydereyes.sion.com

Printed in the USA
CPSIA information can be obtained
at www.ICGtesting.com
LVHW051531210724
785408LV00008B/57

9 781602 554283